디지털 변화 속 광고PR 산업

· 현재와 미래 ·

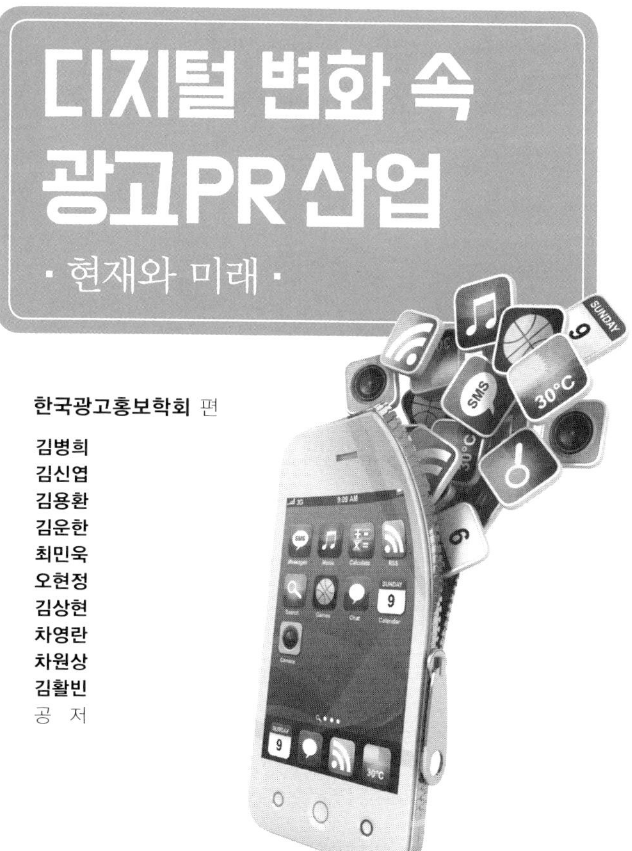

한국광고홍보학회 편

김병희
김신엽
김용환
김운한
최민욱
오현정
김상현
차영란
차원상
김활빈
공 저

학지사

이 책은 정부광고 수수료로 조성된 언론진흥기금의 지원을 받아 발간되었습니다.

발간사

디지털 환경의 등장으로 인해 광고PR 산업도 많은 영향을 받고 있습니다. 광고 산업에 있어 전통매체 소비보다 디지털 매체 소비가 늘어나면서 산업적 · 교육적 측면에서 많은 변화가 일어났습니다. 광고대행사에서는 디지털 매체를 담당하는 부서와 데이터를 다루는 부서들이 생겨났으며, 대학교의 커리큘럼에서도 디지털을 다루는 수업이 늘어났습니다. 그린 가운데, 이러한 디지털 환경으로의 변화가 앞으로의 광고홍보학에 어떤 영향을 줄지에 대한 관심이 늘어나 이 책을 발간하기에 이르렀습니다.

한국광고홍보학회 회장 임기를 시작하면서 광고홍보학에 관하여 어떤 지식을 전달할 수 있을지에 늘 관심을 가지고 있었습니다. 이 책만으로 그 목적을 모두 이루기는 어렵다 하더라도 일부 역할은 할 수 있으리라 생각됩니다. 이 책의 저술에 참여하신 교수님들은 각 분야에서 훌륭한 성과를 이룬 분들로, 책을 구성하는 여러 개념과 적용을 충분히 전달해 주셨습니다. 바라건대 이 책이 디지털 시대가 본격적으로 시작되는 이 시기에 바이블 같은 역할을 할 수 있었으면 합니다.

한국광고홍보학회는 지금까지 매년 KADPR 지식총서를 출간하였습니다. 2017년 첫 KADPR 지식총서로 『100개의 키워드로 읽는 광고와 PR』, 2018년에는 두 번째 KADPR 지식총서 『4차 산업혁명 시대의 광고기획 솔루션』과

세 번째 『광고PR 커뮤니케이션 효과이론』이 발간되었습니다. 2019년에는 네 번째 책인 『데이터 기반 PR 기획』과 다섯 번째 책인 『반갑다 광고와 PR』이 발간되었습니다. 여섯 번째 책인 『브랜드 평판관리의 이론과 실제』와 함께, 이 책 『디지털 변화 속 광고PR 산업』은 KADPR 지식총서 시리즈의 일곱 번째 책입니다.

이 책은 디지털이 광고와 PR 산업에 어떠한 영향을 주었는지 그 현황을 살펴보고 예측하는 내용을 담고 있기에 대학교 학부생, 대학원생, 산업계에 계신 분들에게 도움이 되리라 생각합니다. 그리고 이 책을 통해 이러한 상황이 많이 논의되어 학계뿐만 아니라 산업계에도 두루 활용되었으면 합니다.

이 자리를 빌려 감사의 말씀을 전할 분들이 있습니다. 먼저, 이 책을 기획하고 저자 선정부터 책 내용 구성까지 맡아 주신 서원대학교 김현정 교수님께 깊이 감사드립니다. 더불어 이 시리즈를 출간하는 데 도움을 주신 한국언론재단의 민병욱 이사장님과 차성진 광고본부장님께 깊이 감사드립니다. 그리고 이 책의 편집과 출판 작업을 맡아 준 학지사 임직원분들에게도 감사드립니다.

무엇보다 이 책의 완성을 위해 애쓰신 저자분들에게 깊은 감사를 드리며 이 책이 많은 분에게 활용되기를 기대합니다. 감사합니다.

2020년 11월

한국광고홍보학회 第15대 회장 심성욱

(한양대학교 광고홍보학과 교수)

디지털 변화 속 광고PR 산업
차례

제2부 _ 광고 산업 관련 주제의 변화와 과제

제3부 _ 광고 산업의 변화 사례와 미래적 함의

1

디지털 변화 속 광고PR 산업

제1부

미디어와 기술의 변화

제1장

광고PR 산업의 변화와 광고 개념의 재정의

김병희(서원대학교 광고홍보학과 교수)

언제나 그랬듯이 광고와 PR의 생태계는 유기체처럼 움직인다. 컴퓨터의 중앙처리장치와 개인 단말기가 통신 회선으로 직접 연결되어 온라인이 세상을 바꾸리라고는 누구도 예상하지 못했었다. 네크워크 기술은 미디어 환경을 바꿨고, 미디어 환경의 변화는 광고와 PR의 생태계를 바꿨다. 광고의 기능도 '미디어를 통한 메시지의 전달'이라는 전통적인 관점에서 '콘텐츠를 매개로 플랫폼에서의 만남'이라는 새로운 관점으로 달라지고 있다. 즉, 광고의 본질적 기능도 '널리 알리는 목적'에서 '폭넓게 모이게 하는 목적'으로 바뀌고 있는 것이다.

전통 미디어와 새로운 미디어가 충돌하고 융합되는 과정에서 광고의 개념과 범위도 달라지고 있으며, 소비자 행동도 날이 갈수록 복잡해지고 있다. 온라인 미디어는 광고의 생태계를 바꾸며 지각변동을 일으켰지만 동시에 PR의 영역을 확장시키며 전통적인 PR 활동의 패턴을 변화시켰다. 더욱이 동영상은 소셜미디어를 만나 온라인 마케팅 커뮤니케이션 활동의 지형도를 바꾸며 날개를 달았다. 이처럼 광고와 PR의 생태계가 달라진 상황에 발맞춰 광고의 개념을 새롭게 정의해야 한다는 문제 제기가 계속되고 있다. 이 장에서는 광고 산업과 PR 산업의 변화 양상을 살펴보고 광고의 개념을 다시 검토해 보고자 한다.

1. 광고 산업과 PR 산업의 변화

1) 마케팅 커뮤니케이션 패러다임의 진화

미국마케팅학회(AMA, 1963)가 제시한 광고의 개념은 오랫동안 타당성을 인정받아 왔는데, 광고주의 명시, 비용을 지불하는 유료, 아이디어와 제품 및 서비스 내용의 포함, 비대인적 제시, 판매를 촉진하는 활동이 광고 개념의 핵심 구성 요인이었다. 그렇지만 전통적인 광고의 정의가 디지털 미디어 시대의 광고 현상을 설명하지 못한다며 광고의 개념을 재정의해야 한다는 주장이 계속되어 왔다. 온라인 광고, 양방향 TV 광고, 소셜미디어(SNS) 광고처럼 소비자와의 상호작용이 중요해진 상황에서 광고주의 명시성, 비용 지불의 여부, 비대인적 제시 같은 광고 개념의 구성 요인이 오늘날의 미디어 환경과 맞지 않는다는 비판이 꾸준히 제기되고 있는 것이다(김현정, 2018). 오랫동안 광고의 개념이 바뀌지 않았는데도 가구 단위에서 완전 맞춤형의 실시간 타깃팅과 상호작용이 가능한 어드레서블 TV(Addressable TV) 광고까지 현실화되었으니, 이제 광고의 개념을 재정립하는 문제는 시급한 당면과제로 떠올랐다.

광고의 개념을 재정립하게 만드는 핵심 동인은 급변하는 미디어 기술이었다. 이제 정보통신 기술(ICT)을 바탕으로 자동화와 지능화를 추구하는 제4차 산업혁명 시대에 본격적으로 접어들었다. 마케팅 패러다임이 '하이테크와 하이터치의 융복합 마케팅'(마켓 4.0)으로 진화를 거듭하고 있는 가운데, 디지털 기술에 의한 초연결 지능이 실현되고 있다. 빅데이터, 인공지능(AI), 사물인터넷(IoT) 같은 제4차 산업혁명의 핵심기술을 바탕으로 사물의 지능화를 실현하는 초연결 네트워크 사회가 우리 앞에 다가온 것이다.

미디어 기술이 발전함에 따라 마케팅 커뮤니케이션의 패러다임도 진화를 거듭했다. 마케팅 커뮤니케이션의 패러다임이 진화하고 발전해 온 과정은 〈표 1-1〉에서 확인할 수 있다(김유나, 변혜민, 2018, p. 297). 광고업계와 PR업계에서는 빅데이터, 인공지능, 사물인터넷이라는 4차 산업혁명의 핵심기술을 바탕으로 사실과 데이터에 근거하는 '데이터 주도(data-driven)' 혹은 데이터 기반의 마케팅 커뮤니케이션 활동을 전개하고 있다. 데이터가 주도하는 마케팅 커뮤니케이션 활동은 다음과 같은 두 가지 방향에서 진화를 거듭하고 있다(김유나, 2020).

〈표 1-1〉 마케팅 커뮤니케이션의 패러다임 진화

	1세대 아날로그 시대	2세대 디지털1.0 시대	3세대 디지털2.0 시대	4세대 디지털3.0 시대
패러다임	자극-반응 패러다임	교환 패러다임	관계 패러다임	연결 패러다임
핵심기술	전파방송	인터넷	소셜 네트워킹	모바일, 인공지능
미디어 특성	단일미디어	멀티미디어	크로스미디어	트랜스미디어
네트워크 특성	방송	상호작용	공유, 개방, 참여	초(hyper) 연결
커뮤니케이션 특성	일방향 소통	양방향 소통	사회적 소통	개인 맞춤형 소통
마케팅 특성	대량 마케팅	통합 마케팅	관여 마케팅	체험 마케팅

첫째, 구매와 소비가 이분화되는 추세다. 빅데이터의 유형을 소비자의 행동 동선(動線)에 따라 나누면 '구매 관점의 데이터'와 '소비 관점의 데이터'로 구분할 수 있다. 소셜, 검색, 결제, 로그, 통신, 리뷰, 이미지, 날씨, 교통, 위치 데이터에 이르기까지 빅데이터의 유형이 다양해진 상황에서, 마케터는 소비자 행동을 세세하게 파악할 수 있는 모든 맥락 데이터를 수집할 수 있게 되었다. 마케팅 커뮤니케이션 활동이 펼쳐지는 장소는 개인별 로그 데이터를 수집·분석할 수 있는 웹사이트와 앱사이트다. 빅데이터 분석 방법만 알면 소비자 행동에서 구매의 맥락과 소비의 맥락을 손쉽게 파악할 수 있게 된 것이다. 여기에서 구매의 맥락이란 검색, 쇼핑, 로그, 구매 데이터를 바탕으로 소비자의 여정(consumer journey)을 파악하는 일이고, 소비의 맥락이란 소셜, 리뷰, 앱, 유튜브(Youtube) 데이터를 바탕으로 소비자의 라이프 스타일(consumer lifestyle)을 파악하는 일이다. 여기에 공공 데이터의 분석 내용이 추가되어 환경적인 맥락까지 고려된다면 소비자의 생활 동선은 물론 상황 정

보까지 전 방위에서 관리할 수 있는 데이터 플랫폼이 완성되는 것이다.

둘째, 개인화 마케팅과 브랜드 마케팅의 추세다. 먼저, 개인화 마케팅은 온라인이나 모바일 쇼핑몰의 고객 행동 패턴(로그)을 분석하고 구매 가능성이 높은 개인에게 맞춤형으로 상품을 추천하기 위해 소비자 개개인의 특성에 최적화된 메시지를 전달하는 마케팅 기법이다. 이는 프로그래매틱 광고(programmatic advertising)나 퍼포먼스 마케팅(performance marketing)을 가능하게 하는 알고리즘에 따라 진행된다. 광고업계와 PR업계에서는 웹, 앱, 소셜미디어를 비롯한 온라인과 오프라인 채널을 모두 활용해 퍼포먼스 마케팅을 시도함으로써 이용자를 확보하고 있다. 퍼포먼스 마케팅의 강점은 전통 마케팅에서 부족했던 부분을 보완함으로써 기대하는 소비자 행동을 보다 정교하게 설계할 수 있다는 점이다. 한편, 프로그래매틱 광고는 각각의 디지털 광고에 의해 창출되는 임프레션(impression)을 실시간으로 분석해 각 광고를 자동으로 배치하는 것인데, 소비자에게 더 나은 경험을 제공하는 것이 핵심이다. 광고업계와 PR업계에서는 퍼포먼스 마케팅이나 프로그래매틱 광고를 통해 클릭, 다운로드, 결제 같은 소비자 행동을 구체적으로 유도함으로써 효율을 극대화하는 일련의 디지털 마케팅 활동을 전개하고 있다.

다음으로, 브랜드 마케팅의 추세도 보편화되었다. '구매'에서 '소비'로, '소유'에서 '공유'로 변화되는 시대에서 소비자의 라이프 스타일을 파악하는 일이 더더욱 중요해졌다. 광고인과 PR인들은 소비자의 라이프 스타일에 있어서 소득과 경제력은 어떠한지, 소비자가 어떠한 경험을 쌓아 왔고 어떠한 욕구에 더 민감한 반응을 나타내는지, 어떠한 환경에서 누구와 함께 지내고 있으며 어떠한 일을 선호하는지, 어떠한 가치관을 추구하며 살고 있는지와 같은 일상생활의 문제를 파악함으로써 보다 구체적인 마케팅 커뮤니케이션 메시지를 도출한다. 이때, 어떤 브랜드의 브랜딩 작업은 본질적으로 소비자의 소비 가치에서 출발하지만 브랜드의 혜택(benefit)을 중시할 것인지, 브랜드의 서비스 경험(experience)을 중시할 것인지 그리고 브랜드를 생산한 기업에서 추구하는 브랜드 철학을 중시할 것인지에 따라 브랜드 정체성이 결정된다

(김유나, 2020). 성공적인 브랜드 마케팅은 다양한 생활 데이터를 분석해 마케팅 전략을 수립할 수 있는 분석 프레임을 갖추고 이를 실행할 수 있는 캠페인 전략을 실행함으로써 비로소 가능하다. 광고와 PR 활동 역시 개인화 마케팅과 브랜드 마케팅의 추세를 구체적이고 현실적인 맥락에서 고려해야 비로소 효과를 발휘할 수 있을 것이다.

이 밖에도 마케팅 커뮤니케이션 환경은 이전과는 전혀 다른 양상으로 변모하고 있다. 모바일 미디어가 보편화되자 PC 기반의 온라인 쇼핑 위주의 전자상거래 시장이 모바일 상거래 시장으로 확장되고 국경도 사라졌다. 누구나 안방에서 세계 곳곳의 매장에 접속해 상품을 구매하는 시대가 되었다. 쇼핑 채널이 다양해지고 새로운 구매 형태가 등장함에 따라, 언제 어디서나 접속이 가능한 O2O 서비스 플랫폼이 새로운 상거래 모델로 등장했다. 오투오(O2O)는 온라인에서 오프라인으로(Online-to-Offline) 혹은 오프라인에서 온라인으로(Offline-to-Online)의 축약어로, 온라인과 오프라인의 서비스를 서로 연결시켜 소비자의 구매 활동을 도와주는 새로운 서비스 플랫폼이다. 스마트폰이 보편화되어 언제 어디에서나 구매할 수 있는 스마트 쇼핑이 가능해져, O2O 서비스 플랫폼이 발전하는 결정적 계기로 작용했다. 소비자들의 구매 행태는 대개 다음과 같은 세 가지 형태를 나타냈다. 오프라인 매장에서 상품 정보를 탐색하고 실제로는 컴퓨터나 스마트폰을 이용해 가격이 저렴한 온라인 사이트에서 구매하는 쇼루밍(Showrooming) 구매(오프라인 매장 → 온라인 사이트), 온라인에서 상품 정보와 가격을 비교한 다음 오프라인 매장에서 써 보고 만져 보고 나서 구매하는 웹루밍(Webrooming) 구매(온라인 검색 → 오프라인 매장), 모바일을 활용해 상품이나 서비스를 이용하는 모루밍(Morooming) 구매가 있다(모바일 앱 검색 → 결제 후 오프라인 매장 이동).

〈표 1-2〉 **유통 채널별 특성의 비교**

구분	싱글채널	멀티채널	크로스채널	옴니채널
중심	기업 위주	기업 위주	기업 위주	고객 위주
운영	독립적	독립적	일부 독립적	통합적
채널	소비자와 대면하는 단일 채널로 온라인에는 없고 오프라인에만 존재하는 점포	여러 채널 분리해 독자 운영하고 채널 간 단순 연계로 채널별 경쟁 관계	채널별 활동이 완벽히 독립적이지 않고 필요에 따라 동일한 판촉 활동 전개	온 · 오프라인에서 다양한 채널 간에 보완적 관계를 유지하고 유기적으로 연계
전략	점포별 매출 신장과 수익 추구	채널 운영의 효율성과 수익성 강화	필요할 경우 채널별 연계 시도	소비자의 구체적인 경험을 극대화
모형				

한편, 온라인 쇼핑의 풍부한 정보를 물리적 매장의 장점과 연결해 소비자에게 통합적 경험을 제공하는 옴니채널(Omnichannel)의 등장은 유통의 개념을 바꿨다. 옴니채널은 멀티채널이 진화된 형태로 PC, 모바일, 오프라인 매장, TV, 다이렉트메일(DM), 카탈로그 등 모든 쇼핑 채널을 통해 고객의 경험이 끊어지지 않고 집중되는 것이다(Wikipedia, 2020). 인터넷, 모바일, 카탈로그, 오프라인 매장 등 여러 채널을 유기적으로 결합해 소비자의 경험을 극대화하고 판매를 촉진하는 것이 옴니채널 전략의 핵심이다. 옴니채널 이전에도 유통채널은 있었다. 유통업 분야에서는 〈표 1-2〉에서 알 수 있듯이 그동안 싱글채널, 멀티채널, 크로스채널이 존재해 왔다. 옴니채널은 이상의 세 가지 유통채널을 거쳐 진화한 소비자 지향적인 유통 형태로, 온 · 오프라인의 경계를 완전히 허물고 소비자에게 놀라운 쇼핑 경험을 제공한다. 멀티채널이 오프라인 매장, 온라인 쇼핑몰, 모바일 앱 같은 여러 채널별로 개별 매출

을 높이는 데 집중했다면, 옴니채널은 독립 채널들을 연결해 상호보완적인 관계를 지향한다. 따라서 소비자들은 옴니채널 환경에서 시간과 장소에 구애받지 않고 여러 채널을 비교하면서 쇼핑의 즐거움을 누릴 수 있고, 기업은 일관된 메시지를 다양한 접점에 내보내며 소비자의 쇼핑 만족도를 높인다.

2) 광고 산업과 PR 산업의 환경 변화

제4차 산업혁명 시대에 접어들어 정보통신 기술(ICT)은 플랫폼의 다각화를 유도하면서 광고와 PR 산업에도 결정적인 영향을 미치고 있다. QR코드, 사물인터넷, 증강현실, 가상현실, 비콘 같은 위치 기반 서비스, 홀로그램, 드론을 활용한 광고 등은 광고와 테크놀로지가 결합된 '광고 기술(AD tech)'이라는 개념을 탄생시키며, 광고 형태나 PR 기법에 획기적인 변화를 가져왔다. 광고와 PR 분야에서 주목받는 기술은 가상현실(VR), 증강현실(AR), 혼합현실(MR) 기술이 대표적이다. 세 가지 기술은 소비자 스스로 직접 겪어 보고 느낄 수 있도록 경험을 제공하는 경험 마케팅(experiential marketing)과 광고 분야에 폭넓게 활용될 가능성이 높다.

새로운 정보통신기술 기반의 광고가 증가하고, 빅데이터를 활용해서 광고주, 광고 매체, 광고 타깃을 연결하며 정확한 시기에 정확한 소비자에게 정

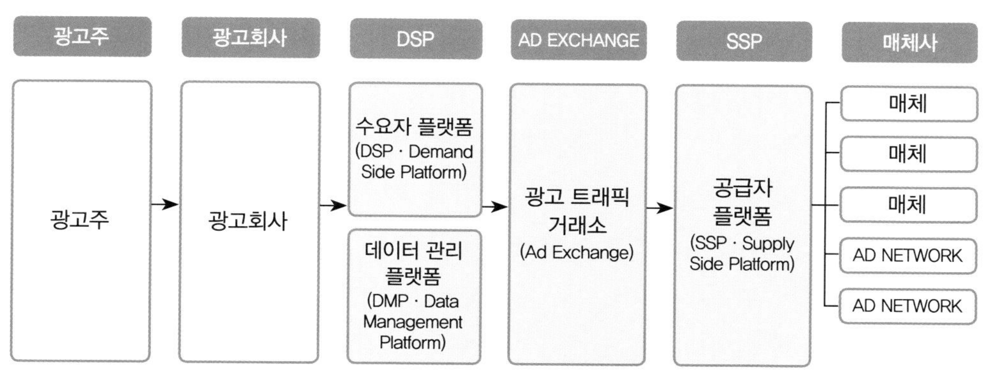

[그림 1-1] **프로그래매틱 광고의 거래 구조 흐름도**

확한 메시지를 전달하는 기술도 현실화되었다. 프로그래매틱(programmatic) 광고가 대표적이다. 프로그래매틱 광고는 광고주, 광고회사, 수요자 플랫폼, 광고 트래픽 거래소, 공급자 플랫폼이라는 경로를 거쳐 매체사와의 거래가 이루어진다. 이 과정에서 광고 주체들은 수시로 상호작용을 하게 된다. 수요자 플랫폼(Demand Side Platform: DSP)은 광고주가 광고 트래픽 거래소(Ad Exchange)에서 막대한 물량의 지면을 효과적으로 선택해 구매할 수 있는 디지털 미디어의 구매 플랫폼이다. 이 플랫폼에서는 광고주의 입장에서 효과적인 광고 인벤토리를 편리하게 구매할 수 있도록 실시간 입찰(Real Time Bidding: RTB) 기능을 제공하고 다양한 데이터를 제공해 준다. 프로그래매틱 광고 거래의 흐름은 [그림 1-1]에서 확인할 수 있다. 미디어 환경이 변화함에 따라 전통적인 광고PR 산업이 위기에 처한 상황에서 정보통신 기술은 광고와 PR의의 개념과 영역을 변화시키는 주요 동인이자 새로운 발전을 유인하는 토대가 될 수 있다.

개인 맞춤형 광고도 급성장했다. 개인 맞춤형 광고란 이용자의 온라인 검색 기록과 브라우징 정보를 종합한 개인정보를 일정 기간 수집해서 만든 행동 프로필을 바탕으로 개인별로 최적화시킨 광고 기법이다. 소비자 행동을 반영한 맞춤형 광고에서는 같은 인구통계적 특성을 지닌 소비자일지라도 각자의 취향과 관심사에 맞춰 광고 메시지를 제공한다. 예컨대, 미국의 훌루(Hulu), 페이스북(Facebook), 구글(Google), 아마존(Amazon), 영국의 애드스마트(AdSmart), 홍콩의 나우(NOW)-TV를 비롯해, 네이버와 카카오에서도 맞춤형 광고를 다양하게 시도하고 있다. 개인 맞춤형 광고를 노출하려면 웹이나 디지털 매체에서 정보를 확보할 수 있는 다양한 입력 정보가 필요하다. 소비자의 로그인 정보를 바탕으로 개인의 소비 행태를 추적할 수 있어야 비로소 개인 맞춤형 광고가 가능하다는 뜻이다.

더불어 OTT(Over The Top) 광고도 급성장했다. 보통 '온라인 동영상 제공 서비스'로 번역되는 OTT는 디지털 콘텐츠를 텔레비전이나 유사한 장치로 보내는 데 사용되는 모든 장치나 서비스를 말한다. 전파나 케이블 없이 동영상을 보내는 스트리밍 서비스가 시작되자, 시청자들은 셋톱박스가 없어도 다양한 동영상 콘텐츠를 저가에 즐길 수 있게 되었다. 온라인 동영상 제공 서비스 플랫폼에서 노출되는 OTT 광고는 텔레비전 광고와 유사한 측면도 많지만 결정적인 차이는 OTT 플랫폼의 스트리밍 미디어를 통해 광고가 노출된다는 점이다. 스마트 TV나 셋톱박스의 경우에는 텔레비전 광고와 같은 길이의 동영상 광고가 대부분이지만, OTT 플랫폼에서는 광고의 길이를 자유롭게 늘려 삽입할 수 있다. OTT 광고는 기존의 텔레비전 광고와는 달리 가구별 특성에 알맞게 맞춤형 메시지를 전달할 수 있고, 프로그래매틱 광고 거래도 할 수 있다. 이 밖에도 인터넷을 연결할 수 있는 장치가 있다면 기존의 인터넷 광고와 모바일 광고 형식을 그대로 적용할 수 있다.

모바일 디바이스에서 모든 것이 연결되는 트랜스 미디어 환경이 조성되자 다중채널 네트워크(Multi-Channel Networks: MCNs)도 활성화되었다. 다중채널 네트워크는 광고와 PR 영역에 새로운 기회를 제공하고 있다. 다중채널 네트워크란 전통 미디어에서의 콘텐츠 제작과는 달리 디지털 시대의 개인 창작자가 작가, 연기자, 프로듀서, 마케팅 기획자 같은 여러 역할을 수행하는 상황에서 개인의 창작 과정을 지원하면서 손수 창작물의 체계화와 상업화를 지향하는 서비스다(Gardner & Lehnert, 2016). 이에 따라 소비자와의 일방향 소통이 아닌 양방향 소통이 가능해졌다. 유튜브(Youtube)에는 개인 창작자인 유튜버(Youtuber)가 올린 독특한 콘텐츠가 인기를 끌면서 광고 수입도 늘어났다. 다중채널 네트워크 회사는 수익원을 다각화하기 위해 광고나 PR 활동의 수익 이외에도 해외 시장의 진출, 플랫폼 다양화, 브랜디드 콘텐츠(Branded Content), 제품배치(Product Placement: PPL), 캐릭터 상품 판매 같은 다양한 비즈니스 모델을 모색해 왔다(고문정, 윤석민, 2016). 이러한 추세 속에서 마케팅 커뮤니케이션 활동에서도 다중채널 네트워크를 넘나들며 소비자의 관심을 유도하는 마케팅 커뮤니케이션 전략은 더더욱 중요해질 수밖에 없다.

소비자(광고)나 공중(PR)은 메시지 형태에 관계없이 자신이 흥미를 느끼는 메시지에 능동적으로 접촉하며 자신만의 욕구를 충족한다. 능동적 소비자나 적극적 공중은 광고와 PR 산업의 패러다임을 바꾸는 데 결정적으로 기여했다. 능동적 소비자나 적극적 공중이 있었기에 소셜미디어(SNS)나 1인 미디어도 급격한 성장을 이루게 되었다. SNS와 1인 미디어의 성장은 광고와 PR 산업은 물론 정치, 경제, 사회, 문화를 바꾸는 데 결정적인 영향을 미쳤다. 소셜미디어와 1인 미디어 환경에서 개인들은 생비자(Prosumer, 생산자+소비자)로서 광고나 PR 캠페인에 참여하기 시작했다.

더욱이 광고나 PR 메시지는 브랜드 콘텐츠라는 성격을 띠게 되었다. 전통적인 광고가 메시지를 강제 노출하는 형식이었다면, 네이티브 광고나 브랜드 저널리즘에서는 광고 메시지와 PR 메시지의 경계가 무너지면서 서로 섞여 융합되는 형태로 바뀌기 시작했다. 전통 미디어 환경에서는 미디어 콘텐츠(방송 프로그램이나 기사)와 브랜드 메시지(광고나 PR)가 분리되었지만, 디지털 3.0 시대에는 미디어 콘텐츠에 브랜드 메시지를 연계하는 간접광고나 가상광고가 보편화되었다. 네이티브 광고나 브랜드 저널리즘처럼 콘텐츠와 광고와 PR 메시지가 버무려진 혼종 콘텐츠가 다수 등장했다. 따라서 광고와 PR의 경계도 모호해질 수밖에 없다.

이런 현상을 대표하는 장르가 브랜디드 콘텐츠(branded contents)다. 기업에서는 콘텐츠와 광고를 물리적으로 결합시키는 데서 나아가 기사나 프로그램 같은 콘텐츠를 직접 제작해 브랜드 메시지를 전달하며 그 영역을 확장시켜 왔다. 광고가 프로그램 콘텐츠에 섞여 나오는 프로그램 내 광고(Commercial in Program: CIP)도 상용화되었다. 소비자들은 양방향 데이터 방송 환경에서 자신이 원하는 광고나 광고량을 선택할 수 있는 양방향 광고를 제대로 체험하게 되었다. 디지털 방송에서 양방향 서비스를 시작하자 소비자들은 풍부한 선택권과 편리한 접근권을 보장받았다. 따라서 광고의 기능은 더 복잡해지고 다양해질 수밖에 없다. 앞으로는 광고가 소비자에게 능동적으로 수용되도록 '전달되는 광고(passed-on advertising)'가 되도록(최민욱, 2019), 광고의 개념을 재정립할 필요가 있다.

PR 산업 분야에서도 2010년 이후부터 온라인 PR회사가 증가한 점이 두드러진 현상이다. 온라인 PR회사들은 온라인 바이럴 마케팅 활동을 전개하는 과정에서 회원을 단기간에 확장하고 매출을 증대를 모색하는 PR기획을 적극적으로 시도했다. 그렇게 하다 보니 PR주들은 PR기획을 매출 증대의 수단으로만 활용하려고 했다(이진우, 조재형, 2018). 이런 경향은 디지털 미디어 시대에 접어들어 PR의 영역을 확장할 수 있는 호기(好機)를 놓칠 수 있다는 문제가 있었다. 더욱이 좋은 기회를 살리지 못하고 업계 스스로 PR 영역의 봉쇄를 자초했다는 지적을 받기도 했다.

광고와 PR 업계에는 지금 해결해야 할 과제가 산적해 있다. 예컨대, 패러다임의 변화에 따른 새로운 소비자나 새로운 공중에 대한 이해, 미디어와 크리에이티브 콘텐츠의 새로운 양상에 대한 해결책의 제시, 광고 효과와 PR 효과를 제고할 수 있는 구체적인 운영 전략의 수립, 광고와 PR의 실행 과정에서 각각의 차별성을 활용할 방안의 마련, 광고와 PR 분야의 인력 양성과 산업계의 지원에 이르기까지 구체적이고도 현실적인 대응 방안을 찾는 문제가 시급하다.

이제 광고와 PR의 마케팅 커뮤니케이션이 나아갈 미래의 방향을 고민해야 할 시점이다. 새로운 환경 변화를 정확히 읽어 내고 주어진 자원을 다각적으로 활용함으로써 시시각각 변화하는 기업 비즈니스의 문제를 해결하기 위한 해결책으로서의 광고와 PR 활동이 필요하다. 융합 전략의 시대에 광고와 PR을 별도로 구분하는 것은 무의미한 일이다. 다만 콘텐츠를 어떻게 구성함으로써 소비자나 공중이 그 콘텐츠를 어떻게 경험하고 즐기게 할 것인지가 중요할 뿐이다. 즐거운 체험이나 경험은 브랜디드 콘텐츠의 가장 중요한 요소이지만, 또 다른 화두는 기업의 사회적 책임(Corporate Social Responsibility: CSR)이라고 할 수 있다(김운한, 김현정, 2018).

브랜디드 콘텐츠는 엄밀한 의미에서 광고의 정의에 부합되기 힘든 측면도 있기 때문에 광고적으로 접근하기보다 기업의 사회적 책임이라는 거시적 측면에서 접근하는 경우가 많다. 직설적으로 우수성을 자랑하며 구매하라고 역설하기보다 간접적 형식으로 콘텐츠에서 즐거움과 행복을 느끼게 하며 사회적 책임을 환기함으로써 브랜드에 대한 호의를 높이는 방식이다. 결국 재미있고 유익한 콘텐츠에 브랜드를 배치하는 방식은 앞으로 광고와 PR 활동에서 필수적인 요소가 될 수밖에 없다. 앞으로의 광고와 PR 활동에서는 오직 콘텐츠끼리의 경쟁만 필요하기 때문에, 광고와 PR을 애써 구분하지 말고 마케팅 커뮤니케이션 활동에 필요한 상호보완적인 수단으로 관계를 설정해야 한다.

2. 광고 개념의 재정의

1) 광고의 어원과 광고 개념의 변화

일찍이 1655년에 『메르쿠리우스 폴리티쿠스(Mercurius Politicus)』라는 뉴스북(오늘날의 신문 같은 뉴스 전달 매체)에 책 출판을 알리며 '애드버타이즈먼트(advertisement)'라는 말을 썼는데, 이때 처음으로 '광고'라는 말이 등장했다. 그 후 영국의 대표적 간행물에는 광고가 많이 실렸고 '애드버타이즈먼트'라는 단어도 자주 쓰였다. 1710년 에디슨이 편집한 『태틀러(The Tatler)』지에서는 광고 특집을 기획해 광고에 관한 논문을 여러 편 게재했고 광고의 정의도 내렸다. 그 무렵까지 모든 정보를 가리키는 뜻으로 광고라는 말을 썼으나, 『태틀러』지에서는 '광고'를 비즈니스 알림(business announcement)의 의미로만 한정시켜야 한다고 명시했다(Wikipedia, 2020).

광고(advertising)의 어원은 라틴어의 'adverter'인데, 이는 '돌아보게 하다' '주의를 돌리다'라는 뜻이다. 독일어의 광고(Die Reklame)와 불어의 광고(Reclame)라는 단어는 '부르짖다'라는 의미의 라틴어 어원 'Clamo'에서 나왔으며, '반복해 부르짖다'는 뜻이었다. 이처럼 광고의 어원을 종합하면 광고란 '반복해 부르짖음으로써 주의를 끌게 하는 것'이라고 할 수 있다. 세계 광고사의 초창기에 광고인을 광호인(廣呼人, crier)이라고 불렀는데 이 역시 광고의 어원을 충실히 반영한 것이었고, 우리말에서 광고의 의미도 라틴어의 어원과 비슷한 뜻이다(송용섭, 리대룡, 1996, pp. 41-59).

〈표 1-3〉 **광고의 정의들**

연구자	광고의 정의
John E. Kennedy (1894)	광고란 인쇄된 판매술이다.
Advertising Age (1932)	광고는 광고주의 이익을 높이기 위한 아이디어, 서비스, 제품에 관한 정보의 전달이다.
미국마케팅학회 (AMA, 1963)	광고란 명시된 광고주가 유료로 아이디어와 제품 및 서비스를 비대인적으로 제시하고 촉진하는 일체의 형태다.
Tillman & Kirkpatrick(1972)	광고란 매스컴을 통해 전달하고 원하는 바를 이루기 위해 설득하는 것을 목적으로 하는 유료의 상업적 촉진형태다.
미국광고회사협회 (AAAA, 1976)	광고란 소비대중에게 자사 제품의 판매나 서비스의 이용을 궁극적인 목표로 삼고, 이에 필요한 정보를 미디어를 통해 유료로 전달하는 모든 활동이다.
Wright (1977)	광고란 대중매체를 통한 통제된 명시적 정보 및 설득이다.
Dunn & Barban (1986)	광고란 광고 메시지 속에 어떤 형태로든 명시된 기업이나 비영리조직 또는 개인이 다양한 미디어를 통해 특정 집단의 수용자에게 정보를 제공하거나 설득하고자 하는 유료의 비대인적 커뮤니케이션이다.
Bovee & Arens (1989)	광고란 확인 가능한 광고주가 대가를 지불하고 다양한 매체를 통해 제품, 서비스, 아이디어에 관한 정보를 전달하기 위한 설득적 · 비대인적 커뮤니케이션이다.
Pride & Ferrell (1989)	광고란 대중매체를 통해 표적 청중에게 전달하기 위한 조직이나 제품에 관한 유료의 비대인적 커뮤니케이션의 형태다.
Wells & Burnett (1989)	광고란 명시된 광고주가 대중매체를 이용해 청중을 설득하거나 영향력을 행사하려고 하는 유료의 비대인적 커뮤니케이션의 한 형태다.
Russel & Lane (1990)	광고란 명시된 광고주가 대중매체를 이용해 전달하는 유료의 메시지다.

리대룡(1990)	광고란 인증된 스폰서가 유료적이고 비대인적인 매스커뮤니케이션 수단을 통해 제품이나 서비스를 판매하는 것이다.
Nylen (1993)	광고란 특정 제품, 서비스, 신념, 행동에 관한 정보를 제공하거나 사람들을 설득할 목적으로 대중매체에 대가를 지불하고 싣는 메시지다.
한국광고학회(1994)	광고란 광고주가 청중을 설득하거나 영향력을 미치기 위해 대중매체를 이용하는 유료의 비대면적 의사전달 형태다.
차배근(1995)	광고란 커뮤니케이션의 한 형태로서 소비자나 고객 또는 일반대중에게 제품이나 서비스에 대한 정보를 제공해 광고주가 의도하는 방향으로 영향을 미치기 위한 커뮤니케이션이며, 광고주와 소비자 간의 커뮤니케이션의 행위다.
Arens (1999)	광고란 확인 가능한 광고주(스폰서)가 다양한 미디어를 통해 제품이나 서비스 또는 아이디어에 관해 통상적으로 비용을 지불하고, 대개는 사실상 설득적인 정보를 제시하는 비대인적 커뮤니케이션이다.
Wells, Burnett, & Moriarty (1999)	광고란 알려진 광고주가 수용자를 설득하거나 영향을 미치고자 대중매체를 이용하는 유료 형태의 비대인적 커뮤니케이션이다.
Advertising Age (1999)	광고란 판매, 이용, 투표, 승인에 영향을 미치기 위해 광고주의 비용으로 사람, 제품, 서비스, 운동 등에 대해 인쇄하거나 쓰거나 말하거나 그려서 제시하는 것이다.
김봉현, 김태용, 박현수, 신강균(2011)	광고란 명시된 스폰서로부터 대중매체를 통해 수용자를 설득하거나 영향을 줄 목적으로 전달되는 비인적 커뮤니케이션이다.
김병희, 한상필 (2012)	광고란 명시적 비명시적 광고 주체가 목표 고객에게 브랜드 자산을 구축하기 위해 직간접 매체를 활용해 내용을 전달하는 마케팅 커뮤니케이션 활동이다.
김병희(2013)	광고란 광고 주체가 수용자를 설득하는 데 영향을 미치기 위해 매체를 활용해 아이디어와 제품 및 서비스 내용을 전달하는 단계별 커뮤니케이션 활동이다.

* 다음 문헌을 바탕으로 재구성함(김병희, 2013a, 2013b, 2017; 김병희, 한상필, 2012; 김봉현, 김태용, 박현수, 신강균, 2011; 이두희, 2006)

광고 산업의 전문 분야 종사자나 광고 연구자들이 광고 활동의 어떤 측면을 강조하느냐에 따라, 광고학계의 연구자들이 마케팅과 커뮤니케이션 중 어떤 관점을 지지하느냐에 따라, 각양각색으로 광고를 정의해 왔다. 〈표 1-3〉에서 제시한 광고의 정의들은 광고를 '마케팅의 도구'로 보는 관점과 '커뮤니케이션의 수단'으로 보는 관점, 그리고 두 관점을 통합하려는 관점으로 대별할 수 있다(김병희, 2013a, 2013b, 2017).

첫째, 광고의 정의에 대한 마케팅적 관점이다. 지난 1963년에 미국마케팅학회의 광고정의위원회는 광고의 개념을 다음과 같이 정의했다. 즉, "광고란 명시된 광고주가 유료로 아이디어와 제품 및 서비스를 비대인적으로 제시하고 촉진하는 일체의 형태다(Advertising is any paid of nonpersonal presentation and promotion of ideas, goods, services by an identified sponsor)." 광고에 대한 이 정의는 그동안 광고학계와 광고업계에서 포괄적인 동의를 얻으며 광고 개념의 유효성과 설명력을 가지는 것으로 인정받아 왔는데, 이 정의는 마케팅 관점에서의 광고의 개념을 대표해 왔다. 여기에서 제시된 광고의 정의는 다음과 같은 네 가지 특성을 지닌다.

첫 번째 특성은 유료의 형태(paid form)로 노출된다는 것이다. 광고주는 돈을 내고 여러 미디어의 지면(space)이나 시간(time) 또는 사이버 공간(cyber space)에 광고 메시지를 노출한다. 이런 의미에서 광고는 돈을 지불하지 않고 제품이나 서비스에 대한 정보를 보내는 퍼블리시티(publicity)와는 다르다.

두 번째 특성은 비대인적으로 제시(nonpersonal presentation)된다는 것이다. 매체별로 약간의 차이는 있지만 대부분의 광고는 다수의 소비자 혹은 대중을 대상으로 자사의 제품이나 서비스에 대한 정보를 제공한다. 따라서 광고는 소비자들과 직접 접촉하는 면대면(face-to-face)의 대인 판매와는 달리 다수를 대상으로 하기 때문에 비대인적(非對人的)으로 제시된다.

세 번째 특성은 아이디어와 제품 및 서비스(ideas, goods, and services)를 전달한다는 것이다. 광고의 대상에는 어떤 기업의 제품만이 아니라 은행이나 항공사의 서비스도 포함된다. 기업PR 광고나 공공광고처럼 어떤 철학이나 정책을 전달하려는 목적으로 광고를 하기 때문에 광고의 대상에는 제품, 서비스, 아이디어가 포함된다고 할 수 있다.

네 번째 특성은 명시적 광고주(identified sponsor)가 있어야 한다는 것이다. 광고는 광고주의 마케팅 목표나 광고 목표를 달성하기 위해 제품이나 서비스나 아이디어에 관한 정보를 전달한다. 따라서 거의 모든 광고물에는 광고를 하는 주체가 반드시 명시된다.

여기에서 특히 주목할 대목은 PR(public relations)과 선전(propaganda)은 '유료의(paid)'와 '명시적(identified)'이라는 두 가지 측면에서 광고와 구별되는 것으로 간주되었다는 사실이다. 즉, PR과 선전은 광고와는 달리 유료의 비용을 지불하지 않아도 가능하며, PR과 선전을 하는 주체를 명시하지 않아도 된다는 것이다. 이 밖에도 공공광고(public service advertising)의 경우에는 매체사에 비용을 지불하지 않고 무료로 광고를 한다.

둘째, 광고의 정의에 대한 커뮤니케이션적 관점이다. 마케팅 관점에서의 광고의 정의와는 달리, 커뮤니케이션 관점을 지지해 온 학자들은 광고를 판매자와 수요자 사이의 커뮤니케이션 연결(communication link)을 가능하게 해 주는 매개체로 보았다. "광고란 대중매체를 통한 통제된 명시적 정보 및 설득이다." (Wright, 1977) "광고란 알려진 광고주가 수용자를 설득하거나 영향을 미치고자 대중매체를 이용하는 유료 형태의 비대인적 커뮤니케이션이다 (Advertising is paid nonpersonal communication from an identified sponsor using mass media to persuade or influence an audience)."(Wells, Burnett, & Moriarty, 1999) 이와 같은 정의가 커뮤니케이션 관점에서의 광고의 개념을 대표해 왔다.

커뮤니케이션의 관점을 지지하는 학자들은 광고에 대해 정의할 때 '정보'와 '설득'이라는 두 가지 단어가 반드시 포함되어야 한다고 하면서, 미국마케팅학회에서 제시했던 광고의 정의를 비판했다(Wright, 1977). 즉, 미국마케팅학회에서 내린 광고의 정의가 마케팅 연구자들에게는 유용할지 몰라도, 광고 현장의 실무자들에게 커뮤니케이션 기술로서의 광고의 개념을 설명하기에는 미흡한 점이 많다는 이유 때문이었다. 이 관점을 지지해 온 학자들은 광고의 정의에 다음과 같은 네 가지 기본 요인이 포함되어야 한다고 강조했다.

첫 번째 요인은 정보(information)와 설득(persuasion)이 포함되어야 한다는 것이다. 광고란 명시된 광고주가 매스미디어를 통해 불특정 다수의 소비자에게 제품 정보를 전달해 판매를 촉진하는 설득 커뮤니케이션이기 때문에, 광고란 소비자들에게 정보를 전달하거나 설득하기 위한 커뮤니케이션 활동의 특성을 가져야 한다는 뜻이다.

두 번째 요인은 통제적(controlled) 특성을 지니고 있다는 것이다. 여기에서 '통제적'이라는 형용사에는 광고 메시지의 내용이나 광고의 규격이 광고주에 의해 통제되고, 경우에 따라서 광고심의 과정을 거쳐 규제를 받는다는 의미가 담겨 있다. 이러한 '통제적'이라는 수식어 때문에, 광고가 다른 커뮤니케이션 형태인 대인판매(personal selling)나 퍼블리시티(publicity)와 구별된다는 뜻이다.

세 번째 요인은 명시적(identifiable) 특성을 지녀야 한다는 것이다. 이는 광고의 주체를 확인할 수 있거나 광고 주체가 분명해야 한다는 뜻으로, '명시적'으로 제시되어야 한다는 특성을 지니기 때문에 광고를 PR이나 선전과는 다른 개념으로 인식해야 한다는 것이다.

네 번째 요인은 대중매체(mass media)를 통해 광고 메시지가 전달된다는 것이다. 광고 메시지는 반드시 대중매체를 통해 목표 고객에게 도달된다는 뜻으로 광고가 매스커뮤니케이션의 영역에 해당된다는 특성을 지니며, 이 특성은 광고를 대인 판매와 구별하는 요인으로 간주되어 왔다.

셋째, 광고의 정의에 대한 통합적 관점이다. 시간의 흐름과 미디어 환경 변화를 고려해 마케팅적 관점과 커뮤니케이션적 관점을 통합하려는 시도들이 있었다. 두 가지 관점을 통합해 1980년대 미국의 광고 환경을 설명하려 했던, "광고란 광고 메시지 속에 어떤 형태로든 명시된 기업이나 비영리조직 또는 개인이 다양한 미디어를 통해 특정 집단의 수용자에게 정보를 제공하거나 설득하고자 하는 유료의 비대인적 커뮤니케이션이다."(Dunn & Barban, 1986)와 같은 정의에서는 이윤을 추구하는 기업에서만 광고를 한다는 기존의 정의에서 벗어나, 비영리 조직인 정부나 정당이 행하는 정치 커뮤니케이션, 교육기관이나 자선단체가 행하는 사회문화적 커뮤니케이션도 광고의 새로운 정의

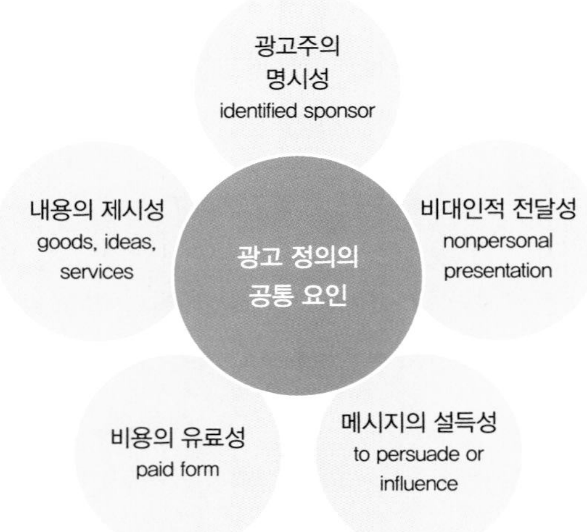

[그림 1-2] **광고의 정의에 필요한 다섯 가지 요인**

출처: 김병희(2013b). p. 36.

에 포함되어야 한다고 광고의 개념을 새롭게 정립했다. 이에 따라 광고의 주체가 기업은 물론 정부기관, 대학, 교회 같은 비영리 단체나 개인에 이르기까지 확대되었으며, 정치광고나 공공광고 영역도 광고의 새로운 범위에 포함되었다.

이후 광고의 정의가 다시 한번 수정되었다. 광고의 정의에 '유료'나 '설득'이라는 두 가지 단어가 반드시 포함될 필요는 없다는 주장은 광고의 개념을 되돌아보게 만들었다. "광고란 판매, 이용, 투표, 승인에 영향을 미치고자 광고주가 자기 비용으로 사람, 제품, 서비스, 운동 등에 대해 인쇄하거나 쓰거나 말하거나 그려서 제시하는 것이다."(Advertising Age, 1999) 이와 같은 광고의 정의에는 '유료'나 '설득'이라는 두 단어가 빠져 있다. 여러 가지 광고의 정의들을 종합하면, 광고의 정의에 필요한 구성 요인은 [그림 1-2]에서 제시한 다섯 가지 요인에 집중되어 있다(김병희, 2013a, 2013b, 2017).

첫째, 광고주의 명시성이다. 광고에 광고주가 표시되지 않는다면 광고 주체가 누구인지 알 수 없다. 따라서 전통적인 광고의 정의에서는 거의 모든 광고에 광고주가 명시되어야 한다고 강조했다.

둘째, 비대인적 전달성이다. 광고주는 소비자에게 제품 메시지를 직접 전달하지 않고 대중매체(mass media)를 통해 전달하기 때문에, 비대인적 전달성이란 대중매체를 통해 전달된다는 사실과 동일한 의미를 지닌다. 따라서 전통적으로 공인된 광고의 정의에서는 어떤 광고 메시지가 비대인적으로(non-personal) 전달된다는 점을 강조해 왔다.

셋째, 메시지의 설득성이다. 광고주가 대중매체에 비용을 지불하고 광고를 하는 이유는 소비자 설득에 영향을 미치기 위해서다. 따라서 전통적인 광고의 정의에서는 소비자를 설득하거나 영향을 미친다는 광고 목적이 들어가야 한다고 강조했다.

넷째, 비용의 유료성이다. 광고를 무료로 내 주는 미디어는 거의 없다. 물론 공익광고 같은 공공 캠페인의 경우 무료 광고가 가능하지만 이는 예외적인 사례다. 따라서 전통적인 광고의 정의에서는 광고가 유료의 형태라는 내용이 들어가야 한다고 강조했던 것이다.

다섯째, 내용의 제시성이다. 모든 광고에서는 소비자에게 알리고자 하는 제품과 아이디어 및 서비스에 대한 내용을 어떤 메시지로 구성해 제시한다. 따라서 전통적인 광고의 정의에서는 제품과 아이디어 및 서비스의 내용이 제시된다는 점을 강조해 왔다.

여기에서 설명한 광고의 정의를 디지털 융합 시대의 미디어 환경 변화나 소비자 행동의 변화에 비춰 보면 수정할 필요성이 제기된다. 광고의 정의에서 광고의 기본적인 구성 요인으로 알려진 명시된 광고주, 유료의 형태, 설득과 영향, 그리고 비대인적 전달이라는 기존의 광고의 개념으로는 현재 우리나라의 광고 현상을 설명하기 어려워진다. 현대 광고는 콘텐츠의 특성을 가졌기 때문에 광고의 정의를 새롭게 내려야 한다는 주장도 제기되었다(이시훈, 2007). 광고에 대한 세 가지 관점을 종합하면 명시된 광고주라는 내용이 들어가야 하지만 현대의 광고에서는 광고주가 명시되지 않은 광고 형태도 있고, 비대인적으로 제시된다는 내용이 들어가야 하지만 대인적으로 제시되는 광고 형태도 있으며, 유료의 형태라는 내용이 들어가야 하지만 공익광고처럼 무료로 하는 광고의 형태도 있다. 또한, 소비자 설득에 영향을 미친다는 목적이 들어가야 하면서 소비자 정보 탐색 과정에서 각 단계별로 영향을 미친다는 의미도 반영되어야 하며, 제품과 서비스의 내용을 표현한다는 내용이 들어가야 하지만 제품과 서비스 내용을 표현하지 않으면서 소비자와의 관계성을 지향하는 광고도 증가하고 있다.

여기까지 제기된 쟁점을 요약하면 광고 개념의 변화를 다음과 같이 정리할 수 있다. '광고주의 명시성'은 '광고 주체의 (비)명시성'으로, '비대인적 전달성'은 '(비)대인적 전달성'으로, '메시지의 설득성'은 '메시지의 (단계별) 설득성'으로, '비용의 유료성'은 '비용의 (무)유료성'으로, '내용의 제시성'은 '내용의 제시성(관계성)'으로 광고의 개념을 바꿔야 한다는 것이다.

지금까지 살펴본 광고의 정의를 구성하는 요인들은 나름대로 의의가 있지만 여전히 디지털 시대의 광고 현상을 완벽하게 설명하지 못한다는 한계점이 있다. 따라서 기존의 정의에서 광고의 개념을 구성하는 요인들을 디지털 시대의 광고 환경에 알맞게 도출해야 한다. 이런 문제의식에 따라 서베이 결과와 초점집단면접 결과를 바탕으로 광고의 새로운 개념 정립을 시도하는 연구들이 이루어졌다(김병희, 2013a, 2013b; 김병희, 한상필, 2012). 일련의 연구를 통해 도출한 광고의 새로운 정의는 다음과 같다. "광고란 광고 주체가 수용자를 설득하는 데 영향을 미치기 위해 매체를 활용해 아이디어와 제품 및 서비스 내용을 전달하는 단계별 커뮤니케이션 활동이다."(김병희, 2013a, 2013b)

이 정의에서는 '광고주'(sponsor, advertiser)를 '광고 주체(advertising subject)'로 바꿨다. '광고주'라는 단어에는 광고주가 '갑'이고 광고회사가 '을'이라는 뉘앙스가 강하지만, '광고 주체'라는 표현에는 그런 뉘앙스가 줄어들고 광고를 관리하고 제작하는 누구도 광고의 주인이라는 의미가 담기기 때문이었다. 결국, '명시된 광고주'(American Marketing Association, 1963)라는 말에 비해 더욱 포괄적인 개념인 '광고 주체'가 현대의 광고 생태계를 설명하는 타당한 표현이라고 하겠다.

2) 디지털 시대에 적합한 광고의 정의

앞에서 제시한 2013년의 광고의 정의는 그 의의에도 불구하고 2020년대의 미디어 환경을 충분히 반영하지 못하는 한계가 있다. 유기체처럼 움직이는 미디어 생태계를 고려하면서 '광고의 새로운 정의와 범위'의 타당성을 높이는 작업은 끝없는 여정(endless journey)에 가깝다. 특히 미디어 환경이 디지털 기반으로 급변한 상황에서 광고의 새로운 정의를 모색할 때는 다음과 같은 몇 가지 전제를 고려해야 한다.

디지털 기반의 미디어 환경에서는 거의 모든 매체가 디지털화되고, 광고 서버를 통해 N스크린 광고 송출이 가능해지며, 광고 플랫폼을 통한 광고의 유통이 가능해지고, 유무선 구분 없이 동일한 접속 환경이 구현되었다. 그리고 광고물 자체도 디지털화됨에 따라 광고 서버를 통해 N스크린 광고를 실시간으로 조정할 수 있고, 하나의 매체에서 다양한 스크린을 통해 여러 가지 광고 형식으로 송출할 수 있게 되었다. 그리고 '데이터 주도(data-driven)'의 마케팅 커뮤니케이션 활동이 전개되면서 광고, PR, 콘텐츠의 경계가 무너져 애매해지는 혼종(hybrid) 전략이 보편화되었다는 사실도 중요하다.

따라서 스크린 크기나 송출 방식 또는 광고 형식 중에서 어떤 관점에서 광고를 보느냐에 따라 광고의 개념이나 범위를 정립하는 방향성이 달라질 수 있다는 점도 광고의 개념을 재정립할 때 고려해야 한다. 즉, 기존의 미디어 플랫폼이나 디바이스가 무의미해지는 상황이 도래할 것이라는 뜻이다. 소비자와 광고의 접점 형식에서 스크린의 크기가 어느 정도 되느냐(스마트폰에서 전광판까지)에 따라, 소비자들이 광고물에 대해 어떻게 행동하느냐(노출형 및 검색형)에 따라, 소비자가 보는 광고 콘텐츠의 형식이 무엇이냐(텍스트, 이미지, 동영상)에 따라, 광고를 보는 관점이 달라질 것이다.

한편, 2020년대에 접어들어 가장 주목받는 광고 영역인 온라인 광고만 해도 어떤 부분을 강조하느냐에 따라, 온라인 광고의 체계나 범위는 물론 광고의 개념도 달라질 수 있다. ① 소비자가 보는 광고 콘텐츠의 형식이 무엇인지, ② 소비자들이 광고에 어떻게 반응하는지, ③ 소비자와 광고의 접점인 스크린의 크기나 형태가 어떠한지, ④ 광고비를 산정하는 과금(課金) 체계는 무엇인지 등에 따라, 온라인 광고의 체계와 범위를 설정할 수 있다.

온라인 광고 혹은 모바일 광고의 유형은 관점과 용도에 따라 다양하게 분류할 수 있다. 여러 가지 유형이 있을 수 있지만, 광고학계나 광고업계에서는 미국의 양방향광고협회(Interactive Advertising Bureau: IAB)에서 제시한 모바일 디스플레이(mobile display) 광고, 모바일 동영상(mobile video) 광고, 오디오(audio) 광고, 모바일 활성화(mobile activation) 광고, 브랜디드 앱(branded apps) 광고, 위치 기반(location-based) 광고 같은 여섯 가지 유형을 가장 보편적인 기준으로 인정하고 있다(IAB, 2012).

앞서 소개했지만 실증 연구를 통해 제시한 가장 최근의 광고에 대한 정의는 다음과 같다. "광고란 광고 주체가 수용자를 설득하는 데 영향을 미치기 위해 매체를 활용해 아이디어와 제품 및 서비스 내용을 전달하는 단계별 커뮤니케이션 활동이다."(김병희, 2013a, 2013b) 이 정의에서는 마케팅이란 단어가 빠져 있다. 실증 연구와 질적 연구에서 응답자들(respondents)과 정보제공자들(informants)은 어차피 광고란 마케팅 수단의 하나임을 누구나 알기 때문에 설득을 중시하는 커뮤니케이션을 강조하기를 권고했고, 당시의 광고업계에서도 커뮤니케이션을 중시하는 경향이 많아 그렇게 결정했었다.

그러나 2020년대에 접어들어 시장 환경이나 소비자 행동의 패턴이 180도 달라졌다. 미디어 플랫폼이 중요해졌고 브랜드 콘텐츠의 개념이 보편화되었다. 광고의 개념을 커뮤니케이션 위주로만 정립하기보다 포괄적이고 거시적인 차원에서 다시 검토해야 하는 반성적 성찰이 필요한 때다. 광고의 개념을 마케팅 커뮤니케이션의 과정이나 브랜드 커뮤니케이션의 과정으로 정립해야 한다고 주장하면서 이른바 '마케팅 광고'에 주목하는 관점도 등장했다(강소영, 2020). 다시 말해서 기존의 통합적 마케팅 커뮤니케이션이나 통합적 브랜드 커뮤니케이션을 바탕으로, 소비자에게 물리적 혜택을 제공하고 심리적 만족감을 경험하게 하려면 마케팅적 측면을 반영해야 한다는 뜻이다. 이런 상황을 고려한다면 디지털 시대에 적합한 광고의 정의를 모색할 때는 기존의 커뮤니케이션이라는 용어에 마케팅 용어를 추가할 필요가 있겠다.

현재는 물론 앞으로의 광고는 콘텐츠의 형태로 소비되며 소비자와의 양방형 소통을 지향할 수밖에 없다. 변화의 중심에는 스마트 미디어와 인공지능 같은 첨단 기술이 존재한다. 앞으로의 광고에서 광고의 영역에 국한된 협소한 시각을 버리고, 기술과 한계를 넘어 새로운 광고를 찾아내는 폭넓은 시각이 필요한 이유다(김현정, 2020). 예컨대, 인공지능 광고, OTT 광고, 가상현실(VR) 광고, 증강현실(AR) 광고, 융합현실(MR) 광고, 디지털사이니지 같은 여러 분야로 광고의 영역을 확장시키고, 위치 기반 서비스(Location Based Service: LBS)나 근거리 무선 통신(Near Field Communication: NFC) 같은 기술과 연계해야 한다.

더욱이 광고, PR, 콘텐츠가 혼재되고 융합되는 현상도 갈수록 보편화되고 있다. 예컨대, 네이티브 광고(native advertising)는 기존의 기사형 광고와 협찬 기사가 진화한 것으로, 비용을 지불하고 행하는 보다 적극적인 '브랜드 저널리즘'의 일종이다. 네이티브 광고라는 용어 이전에는 '콘텐츠 마케팅'이나 '브랜드 저널리즘(brand journalism)'이라는 말이 보편적으로 쓰였다. 브랜드 저널리즘이란 브랜드를 위한 스토리를 마케팅에 활용하려는 목적으로, 전통적 저널리즘에서 기사를 생산하고 편집하고 확산하는 과정과 유사하게 브랜드 스토리를 생산하고 유통하는 것을 의미한다. 네이티브 광고는 후원사나 협찬사를 명시하기 때문에 광고임이 분명하지만, 광고 주체(광고주)를 명시한다 하더라도 이용자들은 네이티브 광고를 기사의 영역으로 묶어서 볼 수 있는데, 이는 PR과 관련되는 영역이다. 미국마케팅학회(1963)에서 '명시된 광고주(identified sponsor)'라는 말이 광고의 정의에 포함되어야 한다고 강조한 것도 광고의 주체를 밝혀 광고와 PR을 구분하려는 의도가 깔려 있었다.

콘텐츠 측면에서도 모바일 기술이 발달하자 손가락 콘텐츠(finger contents)가 늘어났다. 바이럴 영상, 카드 뉴스, 모션그래픽, 웹툰 같은 디지털 콘텐츠는 콘텐츠 산업의 새로운 지평을 열고 있다. 이런 콘텐츠들은 광고

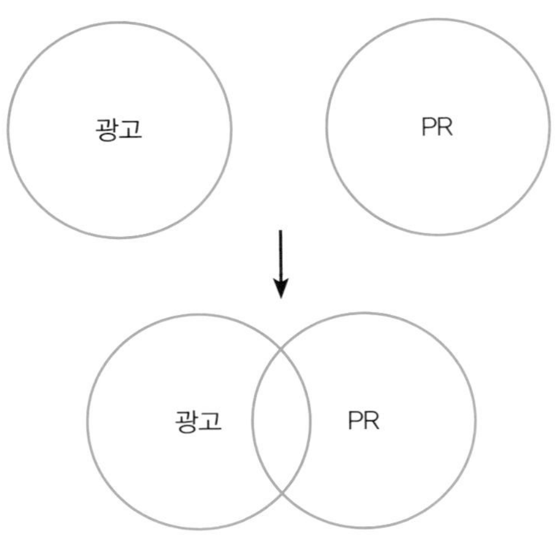

[그림 1-3] **광고와 PR의 관계 변화**

와 PR 산업에도 새로운 활력을 불어넣고 있다. 시공간의 제한을 벗어나 상호작용성, 비동시성, 정보의 무한성을 극대화하는 진정한 의미에서의 융합이 시작되었다. 광고와 PR 영역에서는 융합 미디어를 활용하는 융합 전략으로 콘텐츠를 소비시켜야 한다. 광고업계와 PR업계에서는 미디어 플랫폼에 따라 산업 구조가 재편되는 현상에 알맞게 브랜디드 콘텐츠를 생산하는 데 많은 노력을 기울이고 있다. 다양한 플랫폼과 디바이스에 적합한 브랜디드 콘텐츠가 활발히 생산되고 있으며, 상업적 콘텐츠와 비상업적 콘텐츠가 뒤섞이면서 미디어 간에 콘텐츠를 변형시켜 확산하려는 시도가 계속되고 있다(김운한, 김현정, 2018).

이를 종합하면 광고가 마케팅 커뮤니케이션의 기능을 선도해 왔기 때문에 광고의 영역과 기능이 더 포괄적이며 PR은 보조적인 위상을 유지해 왔다는 기존의 주장이 수정되어야 한다는 결론에 도달하게 된다. 현대의 마케팅 커뮤니케이션 활동에서는 광고든 PR이든 각 영역이 독립적으로 운영되지 않으며 경계선도 모호해졌다. 광고가 소비자를 대상으로 한다면 PR은 공중을 대상으로 하며, 광고와 PR은 모두 전략 커뮤니케이션 영역에 해당된다.

광고와 PR의 관계 변화에 대해 설명한 [그림 1-3]에서 알 수 있듯이, 광고와 PR은 상호 독립적인 관계에서 상호 지향적인 관계로 변모하고 있다. 메시지의 주체(정부, 기업, 공공, 개인 등)의 입장에서는 PR 캠페인을 전개하는 과정에서 광고를 함께 활용할 수도 있고, 광고 캠페인을 전개하면서 기능을 분담하기 위해 PR을 동반 수단으로 활용할 수도 있다. 연구자 입장에서 광고 전공인지 PR 전공인지 세부 전공을 구분할 수는 있겠지만 전공 영역의 순혈주의만 강조하는 것은 시대착오적이며 편협한 생각이다. 기업이나 정부의 입장에서는 목적과 필요에 따라 광고나 PR을 선택적으로 활용할 뿐이다. 따라서 광고 개념을 재정의할 때는 광고와 PR의 동반 관계성(companion relationship)을 반드시 고려할 필요가 있다. 앞에서 논의한 여러 쟁점을 바탕으로 디지털 시대에 적합한 광고의 새로운 정의를 다음과 같이 제시하고자 한다.

> "광고란 광고 주체가 미디어(플랫폼)를 통해 제품이나 브랜드 콘텐츠 메시지를 소비자에게 전달하거나 상호작용함으로써 소비자 행동에 영향을 미치기 위한 전략적 마케팅 커뮤니케이션 활동이며, 필요에 따라 PR 활동과 함께 실행된다."

여기서 제시하는 광고의 새로운 정의는 디지털 시대의 미디어 환경과 소비자 행동 변화를 환기했고, 기존의 정의에서 제외시킨 마케팅의 중요성을 고려했으며, PR 활동과의 동반 관계를 적극적으로 반영한 것이다. 현재의 광고 생태계를 포괄적으로 설명할 수 있는 광고의 정의를 제시하려고 했지만, 그럼에도 불구하고 한계점도 있다. 광고의 정의에 관한 선행연구를 고찰하는 과정에서 광고에 대한 다양한 관점이나 스펙트럼을 모두 고려해야 하지만 누락된 부분도 있을 것이다.

광고라는 대상에 대해 연구하는 학자들의 전공 영역도 커뮤니케이션학, 경영학, 심리학, 미학, 문학, 디자인학, 미디어학, 콘텐츠 텍스트학 같은 다양한 층위가 있다. 세부 전공에 따라 광고에 대한 관점도 다를 수밖에 없는데, 이 내용에서는 디지털 시대에 적합한 광고 개념을 다시 정의하는 데 치중함으로써 세부 전공의 층위를 두루 고려하지 못했다. 광고학자의 눈으로 보면 하루 건너 속출하는 새로운 콘텐츠 모두가 광고로 보이는 상황에서 그런 콘텐츠들을 어떻게 고려해야 할지 두루 포섭하지도 못했다. 광고학계, PR학계, 광고업계, PR업계의 전문가들이 여기에서 놓치고 있는 광고의 정의 부분을 함께 보완해 나가기를 기대한다.

참고문헌

강소영(2020). 광고의 개념과 중요성. 나준희 외 공저, **광고와 마케팅의 새로운 세계: 한국광고학회 광고지성총서5** (pp. 17-46). 서울: 학지사.

고문정, 윤석민(2016). 온라인 플랫폼에서의 다중채널네트워크(MCN) 비즈니스 모델 탐색. **정보통신정책연구, 23**(1), pp. 59-94.

김병희(2013a). 광고의 새로운 정의와 범위: 혼합연구방법의 적용. **광고학연구, 24**(2), pp. 225-254.

김병희(2013b). **광고의 새로운 정의와 범위**. 서울: 한경사.

김병희(2017). 광고의 정의. 김병희 외 공저, **100개의 키워드로 읽는 광고와 PR**(pp. 16-25). 경기: 한울엠플러스.

김병희, 한상필(2012). 광고의 새로운 개념 재정립을 위한 시론. **광고연구, 95**, pp. 248-282.

김봉현, 김태용, 박현수, 신강균(2011). **광고학개론**. 서울: 한경사.

김운한, 김현정(2018). 다음 시대의 광고와 PR. 김병희 외 공저, **디지털 융합시대 광고와 PR의 이론과 실제**(pp. 425-445). 서울: 학지사.

김유나(2020). 빅데이터와 광고. 김현정 외 공저, **스마트 광고 기술을 넘어서: 한국광고학회 광고지성총서8** (pp. 111-141). 서울: 학지사.

김유나, 변혜민(2018). 광고 캠페인. 김병희 외 공저, **디지털 융합시대 광고와 PR의 이론과 실제**(pp. 287-315). 서울: 학지사.

김현정(2018). 사옥 조형물의 OOH미디어로서의 역할 확장에 관한 탐색적 연구: 조형물에 대한 수용자의 지각과 평가를 중심으로. **광고학연구, 29**(7), pp. 95-125.

김현정(2020). 변화하는 광고. 김현정 외 공저, **스마트 광고 기술을 넘어서: 한국광고학회**

광고지성총서8(pp. 17-51). 서울: 학지사.

리대룡(1990). **광고의 과학**. 서울: 나남출판.

송용섭, 리대룡(1996). **현대광고론**. 서울: 무역경영사.

이두희(2006). **광고론: 통합적 광고**. 서울: 박영사.

이시훈(2007). 광고의 개념 재정립과 이론화: 상호작용 광고의 영향을 중심으로. **커뮤니케이션이론**, 3(2), pp. 153-188.

이진우, 조재형(2018). PR 기획. 김병희 외. **디지털 융합시대 광고와 PR의 이론과 실제**. (pp. 143-184). 서울: 학지사.

최민욱(2019). 새로운 패러다임에서의 광고와 광고산업. 최민욱 외 공저, **광고홍보 산업의 현재와 미래**(pp. 9-47). 서울: 한경사.

Dunn, S. W., & Barban, A. M. (1986). *Advertising: Its Role In Modern Marketing* (6th ed.). Chicago, IL: Dryden Press.

Gardner, J., & Lehnert, K. (2016). What's New about New Media? How Multi-Channel Network with Content Creators. *Business Horizons, 59*(3), pp. 293-302.

Wells, W. D., Burnett, J., & Moriarty, S. E. (1999). *Advertising: Principles and Practice* (5th ed.). Upper Saddle River, NJ: Prentice-Hall.

Wright, J. S. (1977). *Advertising* (4th ed.). New York: McGraw-Hill.

Advertising Age(1932, 1999, 2020). "Advertising" https://adage.com/

American Marketing Association(1963, 2020). "Advertising" https://www.ama.org/

IAB(2012. 2.). *Mobile Buyer's Guide*. (2nd ed.) https://www.iab.com/wp-content/uploads/2015/08/Mobile_Buyers_Guide_2012revision-final-a.pdf

Wikipedia(2020). "Advertising." https://ko.wikipedia.org/wiki/%EA%B4%91%EA%B3%A0

Wikipedia(2020). "Omnichannel." http://en.wikipedia.org/wiki/Omni-channel_Retailing

제2장

애드테크놀로지의 발견과 확장

김신엽(한양대학교 광고홍보학과 겸임교수)

애드테크란 광고와 기술의 합성어로 광고에 적합한 최적 소비자를 선정한 후 실시간으로 효율을 측정하여 대응하도록 하는 기술을 의미한다. 애드테크는 데이터에 기반한 타깃팅을 핵심으로 하며 자동화된 광고거래 방식인 프로그래매틱 광고를 중심으로 성장하고 있는데, 프로그래매틱 광고는 온라인과 모바일을 넘어 TV 및 디지털 옥외광고 등으로 확장될 수 있는 애드테크의 구조적 기반을 제공한다. 그러나 단기적인 성과와 미디어 기술을 중심으로 하는 프로그래매틱 광고는 장기적인 관점의 브랜드 전략과 통합할 것이 요구되고 있으며, 일종의 광고 사기인 애드 프라우드 문제와 브랜드 평판 관리를 위한 브랜드 세이프티 역시 지금 프로그래매틱 광고가 넘어야 할 도전이다. 이와 관련된 개념으로 고객과 접점을 형성해 마케팅의 목적을 신속하고 효과적으로 달성하게 해 주는 기술 및 도구로 정의된 마테크(Martech)는 디지털 기술을 본원적인 마케팅의 관점에서 해석하고자 하는 시도이며 프로그래매틱 광고로 대표되는 애드테크의 한계를 지적한다. 그러나 애드테크는 고객 경험을 통합시키고 우호적인 브랜드 행동을 유도하는 광고와 관련한 모든 기술이자 사상으로 온라인과 모바일 채널에 한정하지 않는다. 미디어 데이터에 한정하지 않고 목표 소비자의 커뮤니케이션 경험과 반응, 구매 행태, 태도와 특성 정보를 통합한 컨슈머 데이터 플랫폼은 애드테크와 마테크를 이어주는 연결점으로 기능하며 고객 구매 여정을 기반으로 두 개념은 통합될 수 있다.

이에 이 장에서는 프로그래매틱 광고로 작동되는 애드테크의 구조적 기반을 탐색한 후 미디어 전반으로 확장될 가능성과 기회 그리고 현재 애드테크의 도전 과제와 해결 방안을 제시하고자 한다.

1. 가속화되는 디지털 광고

디지털 산업 전문 조사기관인 eMarketer(2020. 6.)에 따르면 2019년 전 세계 디지털 광고비는 전년 대비 15.9% 증가한 3,250억 달러의 시장을 형성하여, 처음으로 전체 광고 비용의 절반(50.3%)을 넘어선 것으로 집계되었다. 2020년은 전 세계에 몰아닥친 'COVID-19'의 여파로 2.4%의 낮은 성장률을 예측하지만, 2021년에는 다시 상승세로 전환하여 2024년 기준으로 디지털 광고비가 전체 광고비의 62.6%를 점유하는 5,261억 달러로 2019년 이후 2024년까지 약 61%에 이르는 성장을 할 것이라고 전망되고 있다.

〈표 2-1〉 **글로벌 디지털 광고비용(2019~2024)** (단위: 1억 달러, %)

연도	2019	2020	2021	2022	2023	2024
디지털 광고비	3,250	3,328	3,892	4,411	4,852	5,261
전년 대비 성장률	15.9%	2.4%	17.0%	13.3%	10.0%	8.4%
전체 광고비 점유율	50.3%	54.1%	56.1%	58.7%	60.8%	62.6%

출처: eMarketer(2020. 6.).

국내의 경우 한국방송광고진흥공사의 방송통신광고비 조사보고서에 따르면 2016년은 디지털 광고비(온라인과 모바일)가 4조 1,546억 원을 차지하며 지상파TV를 포함한 방송 전체[1] 광고비, 4조 1,055억 원을 넘어선 첫해로 기록된다. 디지털 광고비는 전체 광고비 12조 1,626억 원 중 34.2%를 점유하였다. 2014년 대비 2019년 디지털 광고비는 전체 약 137% 성장하였으며, 2019년에는 6조 5,290억 원으로 전체 광고비의 46.9%, 2020년에는 13.2% 성장한 7조 3,889억 원 규모로 예측된다.

1) 방송전체 광고비: 지상파 TV, DMB, 케이블 SO와 PP, 위성방송, IPTV, 라디오를 포함한 금액이다.

〈표 2-2〉 **국내 디지털 광고비용(2014~2019)** (단위: 억 원, %)

연도		2014	2015	2016	2017	2018	2019(e)
디지털 광고비	온라인	21,410	20,533	21,730	19,091	20,554	19,613
	모바일	9,099	13,744	19,816	28,659	36,617	45,677
디지털 광고비 합계		30,509	34,277	41,546	47,750	57,171	65,290
전체 광고비 점유율		27.3%	29.1%	34.2%	37.4%	42.4%	46.9%
전년 대비 성장률	온라인	−6.2%	−4.1%	5.8%	−12.1%	7.7%	−4.6%
	모바일	91.3%	51.0%	44.2%	44.6%	27.8%	24.7%
	디지털 (합계)	10.6%	12.4%	21.2%	14.9%	19.7%	14.2%

출처: 한국방송광고진흥공사의 해당연도 연차보고서(2014~2019)의 내용을 취합하여 재구성

이처럼 디지털 광고의 성장이 거세어지고 있다. 관련성 있는 다수를 목표로 하며 일방향적인 매스미디어에 비해 타깃을 특정할 수 있고 상호작용이 가능한 디지털 광고는 광고주의 관심을 얻으며 빠르게 성장하고 있다. 타깃팅과 상호작용성은 측정 가능성에 기반을 둔다. 매스미디어는 추론으로 분류한 집단을 주요 측정 대상으로 하며 해당 집단에는 동질적인 개인이 속한다고 추정한다. 여기에 개인은 없다. 개인은 집단을 구성하는 분포이며 타깃 프로필은 집단을 대표하는 표상(Character)일 뿐이다. 또한, 집단의 크기만큼이나 그들의 상태변화를 실시간으로 추적하기도 어렵다. 반면, 디지털 세계에서는 광고 노출과 인지, 웹사이트 방문 행태에서 목표하는 행동 및 구매를 거쳐 소셜미디어 등을 활용한 브랜드 옹호의 수준까지 고유한 개인을 대상으로 측정 가능하다. 이 모든 것을 데이터로 확인할 수 있다. 우리는 데이터를 통해 타깃을 태도와 행동에 기반을 둔 동질적인 집단으로 분류할 수 있고 각 개인의 상호작용 수준에 따라 필요한 정보를 파악한 후 지속적인 참여와 체험을 제공하며 구매로 연결할 수 있다(그리고 이러한 활동이 중요해졌다). 인지부터 시작되는 구매경로의 각 단계에 걸쳐 광고 청중의 행동을 유발하여 목표하는 상위 단계로 이동시키는 것을 전환(Conversion)이라고 한다. 디

지털 광고 성과 측정의 중요한 기준이 되며 보통 비율로 표기한다(Conversion Rate).

이 같은 광고와 데이터의 결합은 현재의 애드테크(AD Tech) 개념을 출현시키며 디지털 광고 전반으로 확대되고 있다. 애드테크는 효과적인 타깃팅을 위해 목표 소비자를 선별하고 최적 메시지를 연결하여 향상된 고객 경험을 제공할 수 있는 기술을 말하는데 개별 기술들은 구조적으로 연결되어 하나의 산업 생태계를 구성한다.

2. 애드테크와 프로그래매틱 광고

1) 애드테크와 프로그래매틱 광고 개념

애드테크(AD tech)란 광고(AD)와 기술(Technology)의 합성어로서 온라인과 모바일 이용자가 남긴 데이터를 기반으로 구매를 예측하고 광고에 적합한 최적 소비자를 선정한 후 실시간으로 효율을 측정하여 대응하도록 하는 기술을 뜻한다(김현정 외, 2020). 애드테크는 광고 인벤토리(Inventory)[2]를 제공할 수 있는 웹사이트 및 모바일 앱이 폭발적으로 증가하고[3] 소비자 역시 관심사와 취향에 따라 다양하게 분화함에 따라 소비자가 필요로 하는 광고를 효과적으로 연결하기 위해 등장하였다.

전통적으로 광고 인벤토리 구매는 광고주가 광고 청중의 반응이 높을 것으로 예측되는 매체와 게재 지면을 선정하면 광고주와 매체의 개별 계약으로 광고 거래가 이루어진다. 계약에 따라 매체는 보유하고 있는 광고 인벤토리를 제공하는데, 이를 지면 구매(Placement buying)라 한다. 그러나 디지털 기

2) 매체에서 판매할 수 있는 광고 지면을 말한다.

3) internetlivestats.com에 따르면 2020년 08월 14일 현재, 전 세계 웹사이트 수는 약 17.9억 개에 달한다.

술 발전은 구매 가능성이 큰 청중 자체를 구매하는 오디언스 구매(Audience buying) 방식을 출현시켰다. 오디언스 구매는 성·연령, 최근 방문 사이트 및 검색기록, 위치와 지역, 쇼핑몰이라면 장바구니에 담긴 상품 리스트 등 광고 청중의 특성과 행동 정보에 기초해 타깃을 특정하고 분석된 특성에 따라 적합한 광고를 제공하여 목표하는 반응을 유도한다. 프로그래매틱 광고는 오디언스 구매를 특징으로 한다.

〈표 2-3〉 **지면 구매와 오디언스 구매**

지면 구매(Placement Buying)	오디언스 구매(Audience Buying)
매체/지면(Slot)을 선정하여 구매한다. 디지털 환경의 경우 해당 지면 방문자에 한정하여 성·연령, 지역별 타깃팅 및 노출 시간 선정 등이 가능하다.	광고 청중 데이터를 분석해 구매 가능성이 높은 특정 타깃층을 구매한다. 선정된 타깃에게 표출되는 광고는 특정 매체에 한정되지 않는다.

오디언스 구매는 포털사이트에서 입력하는 검색 키워드에 따라 관련된 상품 혹은 서비스 리스트 형태의 검색 결과가 제공된다거나, 여러 명의 사용자가 같은 화면에 동시 접속했더라도 게임을 좋아하는 이에게는 게임 광고가, 어떤 상품을 검색했던 이에게는 해당 상품 광고가 노출되는 방식을 말한다. 여행사의 여름 휴가 상품이라면 휴가 계획을 세우려는 사람들이 많이 접속하는 특정 웹사이트의 지면 구매가 아니라 여름 휴가 계획을 세우려는 사람들 자체를 구매하는 방식이다. 디지털 세계에서 광고는 그들의 흔적을 실시간으로 따라다닌다. 아마도 여러분이 검색했던 상품이나 사용자의 위치를 확인한 소셜미디어의 타임라인에는 여행지 인근 숙소나 렌터카, 식당 등의 광고가 표출되었던 경험이 있을 것이다.

광고 청중의 행동을 읽고 그에 적합한 메시지를 전달할 수 있는 데이터 기반 상호작용성은 도달률(Reach) 측면에서도 유연한 도구를 제시한다. 리타깃팅(Re-targeting) 광고는 광고주의 웹사이트에 방문했거나 광고 클릭 및 응모, 가입 등 해당 브랜드에 관심을 표현했던 사용자들에게 적합한 광고를 송출하여 구매 가능성을 높인다. 지속적인 연결을 통해 태도를 강화하고 행동을 유발할 수 있는 장점이 있다.

디타깃팅(De-targeting) 광고는 일정 수준의 노출을 달성한 사용자 혹은 특성 행태와 태도를 보유한 광고 청중을 제외하고 광고를 송출하는 것으로 필요 이상의 노출을 피함으로 광고 피로감을 해소하고 반복적으로 노출할 수 있는 자원을 신규 타깃에게 돌림으로써 광고 도달(Reach)을 넓힐 수 있는 장점이 있다.

광고 캠페인의 목적과 광고 예산에 따라 적합한 방법을 선택하거나, 특정 타깃에게 일정 빈도까지는 노출하지만 그 이상은 노출하지 않는 두 가지 방법을 혼용하는 것이 일반적이다.

2) 프로그래매틱 광고

(1) 프로그래매틱 광고 구조

프로그래매틱 광고란 컴퓨터 프로그램이 자동으로 이용자의 검색 경로, 검색어 등의 빅데이터를 분석해 이용자가 필요로 하는 광고를 띄워 주는 광고 기법(시사용어사전, 2016. 9.)을 말한다. 광고구매자와 공급자가 자동화된 광고 플랫폼으로 연결되는 광고 인벤토리 구매 방식의 하나다.

프로그래매틱 광고는 효율적인 거래 자동화를 위해 다양한 기술이 상호작용하는 생태계를 이루며 애드테크의 구조적 기반이 되고 있다. 해당 구조는 크게 광고 수요자(광고주)와 공급자(매체)로 나뉘며 두 영역은 애드 익스체인지(AD Exchange: ADX)와 애드 네트워크(AD Network: ADN)로 연결된다.

수요자 영역은 목표하는 광고 성과를 이루기 위해 적합한 광고 인벤토리를 구매할 수 있는 수요자 플랫폼(Demand side platform: DSP)과 목표 소비자의 특성을 이해하고 집행 계획에 반영할 수 있는 데이터 관리 플랫폼(Data management platform: DMP)으로 구성되어 있다.

공급자 영역은 광고 수요자에게 광고 지면을 제공하기 위한 공급자 플랫폼

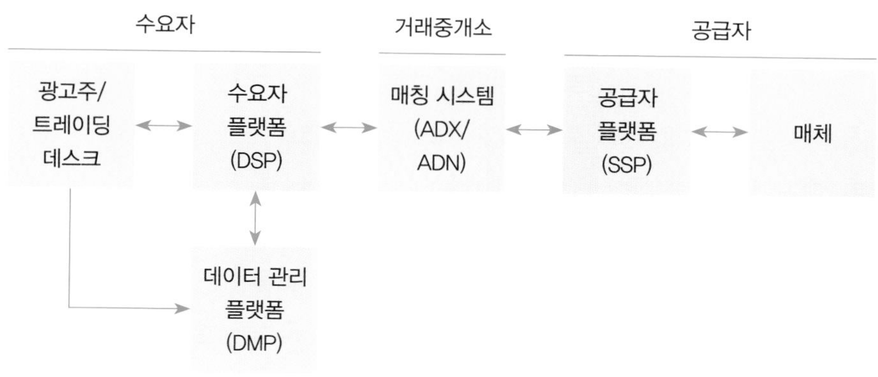

[그림 2-1] **프로그래매틱 광고 구조**

(Supply side platform: SSP)이 각 매체의 광고 인벤토리와 연결되어 있다. 애드익스체인지(ADX)는 수요자 플랫폼(DSP)과 공급자 플랫폼(SSP)을 연결하는 일종의 거래 중개소로서 애드 네트워크(ADN)를 포함한다.

프로그래매틱 광고의 전반적인 구조는 [그림 2-1]과 같다.

■ 수요자 플랫폼(DSP)

광고구매 플랫폼이라고 하며 광고 목표를 달성하기 위해 적절한 광고 인벤토리를 구매할 수 있다. 수요자는 공급자의 광고 인벤토리 정보를 확인하고 입찰 혹은 협의를 거쳐 광고 거래가 이루어진다. 그러나 하나의 수요자 플랫폼(DSP)에서 여러 매체의 광고 인벤토리를 구매할 수는 없다. 구글(Google), 페이스북(Facebook), 트위터(Twitter) 등 각자 자신의 강점과 고유성을 바탕으로 별도의 수요자 플랫폼을 구축하고 있다.

수요자 플랫폼은 수집된 광고 청중의 방문기록 및 광고 식별값 등의 정보를 데이터 관리 플랫폼(DMP)으로 전송한 후 분석된 정보를 회신하여 목표 소비자를 구별하고 광고 노출과 집행 방식 등을 조절한다. 광고 식별값이란 모바일 접속 환경에서 광고 청중 개인을 구별하기 위한 고유성을 가진 최소 식별단위로서 스마트폰 디바이스 단위로 구별하며 구글은 'ADID', 애플(Apple)은 'IDFA'라고 칭한다.

■ 데이터 관리 플랫폼(DMP)

소비자 특성 및 매체 반응 등에 따라 효과적인 광고 집행이 가능하도록 대량의 데이터를 수집하고 분석, 관리하는 플랫폼으로 목표 소비자를 특성 및 행태별로 세분된 그룹으로 조직하고 타깃팅에 활용한다.

데이터 관리 플랫폼(DMP)에서 처리되는 데이터는 크게 세 가지로 나뉠 수 있다(최민욱 외, 2017). 첫 번째는 퍼스트(1st) 파티 데이터다. 수요자(광고주)가 직접 보유하고 있는 데이터를 말하며 자사 웹 및 모바일 앱의 데이터, CRM 등의 고객 정보나 매장 거래 데이터 등을 포함한다. 두 번째는 세컨드(2nd) 파티 데이터로서 제휴 업체나 사이트 등을 통해 취득한 데이터인데 자사 제품을 쇼핑몰에 입점하여 판매하고 있다면 해당 쇼핑몰에서 제공한 소비자 정보 및 구매 데이터, 수요자 플랫폼으로부터 받은 광고 식별값 정보와 광고 반응 및 검색기록 등의 이용 행태 데이터를 포함한다. 세 번째는 외부에서 구매하는 서드(3rd) 파티 데이터로 소비자 패널 운영 전문업체 혹은 카드사 등에서 제공하는 구매 행동 데이터, 소셜미디어 및 온라인과 모바일 이용 행태와 방문기록, 기타 미디어 이용 행태 데이터 등을 포함할 수 있다. 데이터 관리 플랫폼의 모든 데이터는 누구인지 구별할 수 없는 비식별 정보 처리를 기반으로 한다.

〈표 2-4〉 **데이터 관리 플랫폼(DMP)의 구성 데이터**

1st 파티 데이터	2nd 파티 데이터	3rd 파티 데이터
광고주 데이터	제휴된 사이트로부터 습득한 데이터	외부에서 구입하는 데이터
CRM/POS 등	오디언스 데이터, 디바이스 타입/OS 등	구매 행동, 온라인/실시간 점포 구매, 소셜미디어, TV 시청 데이터 등

출처: 최민욱 외(2017). p. 196.

■ 공급자 플랫폼(SSP)

광고판매 플랫폼이라고도 하며 각 매체의 광고 인벤토리 수요자를 쉽게 찾고 광고 인벤토리를 효율적으로 전달하는 기능을 제공한다. 공급자는 수요자가 제시한 비용과 조건을 수요자와 협의하거나 애드 익스체인지(ADX)를 통해 복수의 수요자가 입찰한 결과에 따라 광고 인벤토리를 제공한다.

■ 애드 익스체인지(ADX)와 애드 네트워크(ADN)

애드 익스체인지(ADX)는 광고 인벤토리 수요자와 공급자를 연결하기 위한 거래 중개소로서 수요자 플랫폼과 공급자 플랫폼을 연결한다. 중개 방식은 실시간 입찰(Real time bidding: RTB) 방식이 일반적이다. 실시간 입찰의 경우 가장 높은 가격을 제시한 수요자가 선정되며 최종 거래가격은 보통 가장 높은 가격을 제시한 수요자(입찰자)의 다음 순위자가 제시한 가격으로 정해진다. 이는 지나치게 과열될 수 있는 광고비 상승을 방지하기 위한 정책이다.

애드 네트워크(ADN)는 수요자에게 효율적으로 광고 인벤토리를 제공하고자 다수의 매체를 묶고 분류하여(네트워크) 수요자가 일일이 개별 광고 인벤토리를 찾아야 하는 수고를 덜어 준다. 애드 네트워크는 자사 네트워크에 포함되지 않은 매체와는 광고거래를 하지 않는데, 여러 애드 네트워크가 참여하여 광고거래의 유연성을 확보하고자 생긴 플랫폼이 애드 익스체인지다.

■ 트레이딩 데스크(Trading desk)

광고거래의 수요자는 광고주 혹은 해당 업무를 대행하는 광고회사가 될 수 있다. 이 중에서 프로그래매틱 광고 방식을 통해 광고전략 및 운영 서비스를 제공하는 조직과 기능을 트레이딩 데스크라고 한다. 트레이딩 데스크는 다수의 광고구매 플랫폼에 대해 통합적인 광고 관리를 진행하며 광고목적을 이해하고 유효한 광고 청중을 연결하기 위한 타깃팅 전략과 광고 인벤토리 구매전략을 통해 효과적인 광고 운영을 담당한다. 트레이딩 데스크 역할을 담당하는 전문 광고회사가 있거나 광고주가 자체 조직을 운영하기도 한다.

그렇다면 프로그래매틱 광고는 과연 어떻게 작동할까? 데이터 관리 플랫폼(DMP) 활용을 중심으로 노트북을 판매하려는 가상의 브랜드 광고 담당자의 전략을 통해 이해할 수 있다.

먼저, 광고주는 가볍고 휴대성이 좋은 신제품을 개발하며 20~40대 남녀를 대상으로 노트북 구매 및 교체 가능성이 큰 고객을 목표 소비자로 선정한다. 그리고 다양한 노트북 활용 상황을 통해 소비자 혜택을 알리고자 맛집을 찾을 때, 여행의 감상을 SNS로 공유할 때, 집에서 편안하게 영화 감상을 할 때 그리고 이 3편을 종합한 영상 총 4편을 제작한다. 강조하고 싶은 주장(Key claim)은 언제 어디서나 노트북을 통해 더 나아질 수 있는 생활의 모습이다.

① 먼저, 유튜브(Youtube)와 같이 영상을 전송할 수 있는 광고 인벤토리를 확보하는 것을 우선시한다. 그렇다면 다음은? 해당 광고 인벤토리에 접속하는 수많은 20~40대 남녀 중 여행, 영화, 맛집 찾기 등의 영상에 좀 더 깊이 관여(Engagement)할 수 있는 광고 청중을 찾아야 한다.

② 광고 담당자는 각 매체의 20~40대 사용자 중 맛집, 여행, 영화 관련 검색 키워드를 설정한 후 맛집을 검색하는 사람에게는 맛집 영상을, 여행 관련 키워드를 검색하는 사람에게는 여행 영상 등 검색 키워드에 따라 관련 있는 영상을 노출하는 방식을 택한다. 매체 데이터를 활용하는 세컨드(2nd) 파티 데이터 관리 플랫폼 전략이다.

③ 다음은 퍼스트(1st) 파티 데이터 관리 플랫폼 전략이다. 광고 담당자는 자사 제품을 구매한 이력이 있고 자사 브랜드에 대해 강한 충성도를 가진 고객의 DB를 확인하여 새로 출시한 노트북 구매 가능성이 큰 가망 고객을 선별한다. 그리고 이들의 리스트를 데이터 관리 플랫폼에 탑재, 광고 식별값을 통해 이들이 각 매체에 접속했을 때 특정 키워드 검색과 상관없이 3편을 종합한 4번째 영상을 노출한다. 키워드 검색 조건을 걸지 않은 것은 자사 브랜드 구매 경험이라는 관계 수준을 고려한 것이다. 물론 이들의 정보는 비식별 정보 처리되며 광고 식별값은 사전에 보유하고 있어야 한다.

④ 그러나 아직은 부족하다. 신제품 출시인 만큼 좀 더 많은 목표 소비자

에게 도달할 필요가 있다. 광고 담당자는 국내 대표적인 소비자 패널 전문업체와 협의, 광고 식별값을 가진 20~40대 소비자 데이터를 구매하고자 한다. 서드(3rd) 파티 데이터 관리 플랫폼 전략이다. 그러나 해당 패널업체에서 제공하는 수많은 20~40대 소비자 데이터를 모두 구매해야 할까? 비용적인 면과 효과적인 면에서 함께 현명하지 못한 전략이다. 어떤 소비자에게는 해당 광고가 불편할 수도 있다. 광고 담당자는 비용과 효과 측면을 고려하여 핵심 전략 대상을 선정한다. 구매 대상이 될 수 있는 핵심 소비자로는 20~40대 중에서 일정 금액 이상의 소득 수준과 가족 분포, 소비 행태를 고려하고, 무엇보다 3년 내 노트북 구매 경험이 없는(해당 소비자 패널 데이터에 따르면) 소비자를 선정한다. 3년이라 함은 노트북 구매/교체 주기를 반영한 기간이다. 해당 데이터는 데이터 관리 플랫폼(DMP)에 탑재되었으며 해당 소비자가 선정된 매체에 접촉했을 때 키워드 검색 여부에 따라 해당 광고가 보일 예정이다. 특정 키워드 검색이 없다면 4번째 영상을 보여 주기로 한다.

⑤ 그리고 해당 영상 후면(Closing)에는 다른 상황의 영상으로 자연스럽게 이동할 수 있는 추천 기능을 설정하며 같은 소비자에게 같은 광고를 3회 이상 노출하지 않도록 한다.

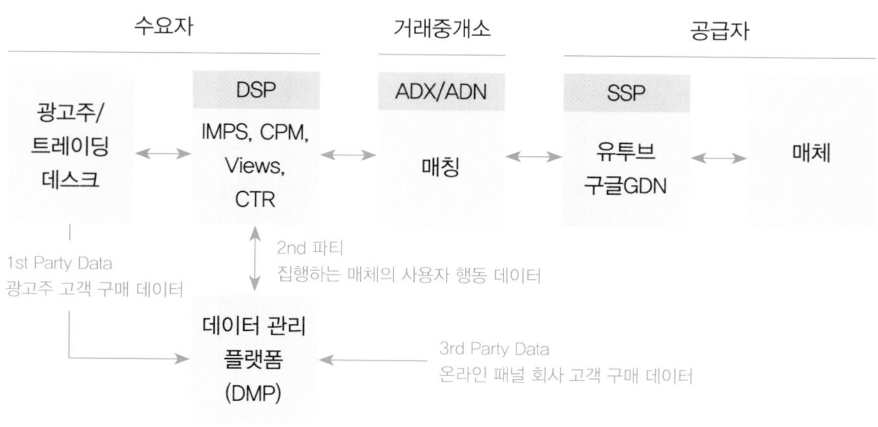

[그림 2-2] **가상 노트북 브랜드 광고 담당자의 전략**

서드(3rd) 파티 데이터의 경우 광고주가 직접 구매할 수도, 광고 서비스를 제공하는 수요자 플랫폼(DSP)에 연결된 데이터 관리 플랫폼(DMP)의 차별적 기능으로 제공할 수도 있다.

수요자 플랫폼에서는 노출 수(Imps)와 노출 1천 회 당 비용(CPM), 해당 광고를 시청한 횟수(Views), 영상을 클릭하여 광고주 사이트로 이동한 비율(Click Through Rate: CTR) 등의 광고 효과 지표를 제공하며 보통 노출 수와 기간에 따라 계약이 체결된다. 광고주 혹은 트레이딩 데스크에서는 해당 효과 지표를 근거로 광고비 투자 대비 이익률(Return on AD Spending: ROAS[4])을 산정하여 해당 광고 캠페인의 투자 성과를 판단한다.

이러한 내용은 전반적인 광고 집행의 흐름을 목표 소비자 선정 관점에서 그려 보았다. 의미 있는 수요자 플랫폼의 확보, 실시간 입찰(RTB) 금액과 비용 효율성 검토, 검색 결과에 따라 연결된 광고 청중의 적합성 판단, 메시지 이해 수준과 추천 영상 클릭률, 광고주 페이지 이동 결과(전환)에 따른 성과 분석 등 실제 광고 운영은 좀 더 복잡한 과정을 포함한다.

(2) 프로그래매틱 광고 유형

프로그래매틱 광고의 초기 개념은 실시간 입찰(RTB) 방식으로 중개되는 수요자 플랫폼(DSP)과 공급자 플랫폼(SSP)의 광고거래 방식을 말하였다. 그러나 데이터 분석역량 향상과 수요자 플랫폼 고도화에 따라 타깃팅 효과성과 미디어 운영 효율성을 목적으로 자동화된 광고 플랫폼을 이용하는 모든 광고거래로 개념이 확대되고 있는데 2019년 제일기획은 프로그래매틱 광고 유형을 입찰과 협상으로 구분한 4개 유형을 제시하였다(제일매거진, 2019).

4) ROAS=(매출 혹은 매출에 기여한 광고 성과를 금액으로 환산 / 광고 비용)×100으로 계산된다. 단위는 %다.

〈표 2-5〉 **프로그래매틱 광고 유형**

유형	공개 입찰	비공개 입찰	우선 거래	보장 거래
거래 방식	누구나 입찰 가능	초청된 구매자만 입찰 가능	비공개 고정가 1:1 거래	비공개 고정가 1:1 거래
단가	입찰	입찰	협상	협상
노출량 보장 여부	보장 불가	보장 불가	보장 불가	보장 가능 사전 예약 가능

출처: 제일매거진(2019)을 수정하여 인용.

■ 공개 입찰(Open Auction)

누구나 입찰에 참여할 수 있으며 입찰가격에 따라 구매자가 결정된다. 이때 해당 광고의 노출량은 보장하지 않는다. 수요자는 과거 데이터를 기준으로 집행 후의 광고 효과를 예측한다.

■ 비공개 입찰(Private Auction)

한정된 수요자에게만 입찰 기회가 제공되며 해당 광고의 노출량은 보장하지 않는다. 모두에게 공개된 것이 아닌 일부 수요자에게만 공개하는 것이 공개 입찰 방식과 다르다. 모든 입찰 대상 광고 인벤토리 중 상대적으로 우수한 광고 인벤토리를 선별하며 해당 매체가 신뢰하는 광고주를 위한 혜택이 된다. 판매가 되지 않은 비공개 입찰 대상 광고 인벤토리는 공개 입찰로 전환된다.

■ 우선 거래(Preferred Deals)

비공개 고정가로 상호 간의 협상으로 광고 거래가 이루어진다. 집행할 수 있는 광고 인벤토리를 문의하는 수요자와 공급자와의 관계로서 입찰 방식이 아니라 기준 가격에 대한 협의와 조정의 과정을 거친다. 원하는 목표 수요자에게 필요한 만큼만 노출할 수 있고 광고 효과가 좋지 않으면 협의에 따라 광고를 중지한 후 계약 기간 내 다른 광고 인벤토리로 변경할 수 있는 유연성이 있다. 그러나 광고 노출량은 보장하지 않는다.

■ 보장 거래(Guaranteed Deals)

비공개 고정가로 상호 간의 협상으로 광고 거래가 이루어지며 광고 노출량에 대한 보장이 이루지는 장점이 있다. 보통 해당 매체의 가장 인기 있는 광고 인벤토리가 주요 거래 대상이며 사전 예약 기간을 공지하기도 한다(업프론트 구매). 계약한 광고 노출량이 달성되면 광고를 게재하지 않기에(해당 매체의 서비스 제공 외) 계약으로 보장된 노출량을 기간별로 균등히 나누거나 어느 시점에 크게 하는 등 노출량 계획에 대한 협의가 필요하다.

3) 프로그래매틱 광고 시장 규모와 해결 과제

국내에 프로그래매틱 광고가 본격적으로 도입된 것은 약 2014년 전후로 구글 디스플레이 네트워크(GDN) 및 카울리, 인모비 등의 애드 네트워크(ADN)가 웹사이트 방문 행태 및 스마트폰의 모바일 앱 설치 현황 등을 통해 해당 사용자의 특성과 정보를 추정하고 적합한 광고를 노출하며 시작했다. 이를테면 게임 서비스를 많이 이용하는 사람에게 게임 광고를, 여행 및 레저 정보 사이트 방문량이 많은 사람에게는 여행 광고를 제공하는 형태다. 단순히 노출하는 광고와 비교해 광고 청중을 특성에 따라 분류하고 관심사에 따라 광고를 노출하는 방식은 더욱 높은 효과를 기록하며 광고주의 관심과 기대를 끌어낼 수 있다.

프로그래매틱 광고는 현재 애드테크의 구조적 기반으로 지속적인 성장을 예측하고 있는데 디스플레이 광고에 있어 글로벌 프로그래매틱 광고비는

〈표 2-6〉 **글로벌 디스플레이 광고의 프로그래매틱 광고비** (단위: 10억 달러,%)

연도	2019	2020	2021	2022
프로그래매틱 광고비	$59.57	$63.29	$79.61	$94.97
전년 대비 성장률	25.6%	6.2%	25.8%	19.3%
디스플레이 광고비 점유율	83.9%	84.5%	86.5%	94.7%

출처: eMarketer (2020. 8.).

2019년 현재 595억 달러로 추정되며 전체 디스플레이 광고의 83.9%를 점유하고 있다(eMarketer, 2020. 8.).

DMC 미디어에 따르면 국내 프로그래매틱 광고 시장은 2016년 2,692억 원 2017년은 4,390억 원으로 추정되며(김현정 외, 2020), 2017년 이후 2020년에는 10억 달러(한화 1조 1,795억 원) 규모까지 성장할 것으로 전망하기도 하였다(이대호, 2017). 국내 시장 규모를 추정하고 예측한 신뢰할 만한 자료는 아직 많지 않으나 광고 청중에게 최적화된 광고를 가장 적합한 채널에 노출할 수 있는 프로그래매틱 광고의 성장을 예측할 수 있다.

반면, 프로그래매틱 광고 성장을 위한 과제로 일종의 광고 사기인 애드 프라우드(AD Fraud) 문제와 브랜드 세이프티(Brand safety)를 들 수 있다. 애드 프라우드는 허수의 접속 트래픽 등 부풀린 광고 효과를 제공하는 한편, 광고주가 목적한 랜딩 페이지(Landing page)와 전혀 상관없는 광고를 강제로 노출시키며 성과를 위장하기도 한다. 보통 악성코드(멀웨어, Malware)를 침투시켜 특정 매체의 성과로 위장하거나 클릭 봇(Click bot)을 통한 가짜 클릭, 복수의 위장 IP와 ID를 통해 가짜 트래픽 정보를 발생시키는 방법을 사용한다.

브랜드 세이프티란 온라인 및 모바일 광고 시 의심스럽거나 부적절한 콘텐츠의 부정적인 영향으로부터 브랜드 이미지와 명성을 보호하기 위한 방안(최영호, 2020)으로 브랜드의 정책 및 철학에 위반되거나 폭력, 음란물 등 사회적 질서에 반하는 콘텐츠, 매체에 광고가 게재됨으로써 해당 브랜드에 악영향을 미치는 위험을 방지하기 위함이다. 애드 프라우드 문제 역시 브랜드 세이프티 정책 안에 포함된다. 일례로 사회적 물의를 일으킨 크리에이터의 광고 지원을 끊는 경우로, 2017년 테러리즘 및 반유대주의 영상에 광고가 삽입된 미국 최대 통신사 AT&T와 버라이즌의 유튜브 광고 중단(장혜진, 2017), 2020년 6월 트럼프(Donald Trump) 미국 대통령이 소셜미디어를 통해 쏟아낸 문제성 발언에 페이스북이 별다른 조처를 하지 않음에 대한 반발로 유니레버의 페이스북, 인스타그램(Instagram), 트위터 광고 중단(이고운, 2020) 등을 말할 수 있다

국내 프로그래매틱 광고가 도입될 당시 많은 광고주가 가진 의문은 광고 집행 전 게재되는 매체를 확인하기 어렵다는 것이었다. 수천 개를 넘는 수많은 매체가 소속되어 있는 대형 애드 네트워크는 목표 소비자에 접근할 수 있는 분명 매력적인 방안이지만, 과연 어느 매체에 우리의 광고가 게재될 것인가? 혹시라도 반사회적 정책이 담긴 사이트가 있는 것이 아닐까? 하는 의문이다. 물론 각 애드 네트워크는 브랜드의 목적과 정책, 철학 등을 반영해 제외 매체 등을 선정할 수 있지만 그만큼이나 위장 기술도 발전하고 있고, 특히 소셜미디어의 경우 공유되는 콘텐츠를 모두 통제하기가 어렵다.

이에 광고 인벤토리의 지속적인 점검과 블랙리스트 관리, 애드 프라우드에 대항할 수 있는 기술 개발 등 적극적인 브랜드 세이프티 정책 수행과 소비자 정보 보호 문제는 앞으로의 프로그래매틱 광고와 애드테크의 성장을 위한 중요한 과제로 부각되고 있다.

3. 커뮤니케이션과 기술의 결합, 애드테크의 확장

1) 미디어 확장

애드테크의 핵심을 이루는 프로그래매틱 광고의 구조적 기반은 디지털 미디어 전반으로 확대될 전략 요소가 될 수 있다.

SK브로드밴드는 IP TV 사업에 있어 2019년 6월 기존의 채널과 프로그램 타깃팅 방식을 벗어난 오디언스 타깃팅이 가능한 광고상품을 출시했다. SK브로드밴드는 고객분석을 위해 비식별 정보에 기반을 둔 빅데이터 플랫폼을 구축하고 실시간 광고 및 VOD 광고를 노출하고 있는데 해당 빅데이터 플랫폼은 B tv 시청 가구의 시청 이력 데이터와 11번가, 티맵, OK캐시백, 모바일 지갑 시럽(Syrup) 등의 데이터를 결합해 타깃 오디언스 그룹을 생성하고 특정할 수 있는 기능을 제공한다(박진형, 2019). 생성된 타깃 집단은 TV 애호가

군, 영화 애호가 군, 인테리어 관심군에서 취미 & 레저 관심군까지 약 15개 라이프 스타일에 따른 오디언스 그룹을 형성하고 있으며 시간과 요일, 좋아하는 프로그램 장르별, 지역별 속성에 기초해 노출 빈도를 조절할 수 있는 리타깃팅과 디타깃팅을 결합할 수 있다(온누리DMC).

옥외광고의 경우 외부 데이터와 결합해 인상적인 크리에이티브를 선보인 것이 돋보인다. 영국 브리티시 에어라인은 시내 중심가에 설치된 디지털사이니지에 자사 광고를 게첨[5]했는데, 공항의 비행기 운항 정보(시간, 항로 등의 위치정보)를 활용, 비행기가 디지털사이니지 인근을 지날 때 광고 속의 아이가 해당 비행기를 손으로 가리키는 장면은 많은 사람의 이목을 끈 바 있다([그림 2-3]).

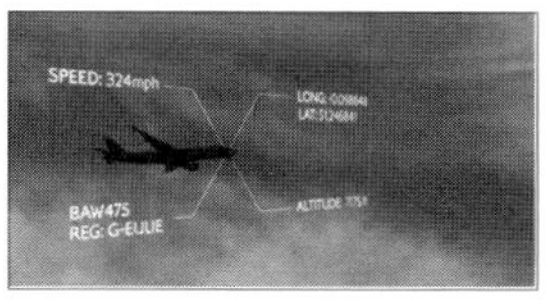

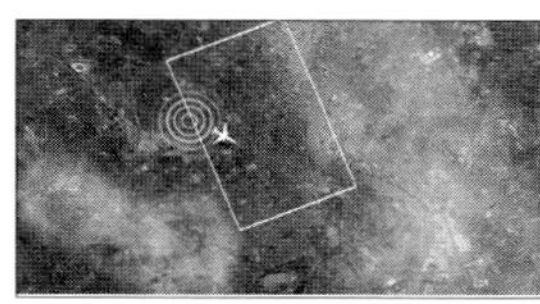

[그림 2-3] **The Magic of Flying 캠페인**

출처: 유튜브 Ogilvy UK 채널(2014. 3. 24.).

국내 갤러리아 백화점은 미세먼지의 위험성과 마스크 착용의 필요성을 알리기 위해 날씨 정보 데이터와 결합, 자사의 갤러리아 명품관 WEST 조명을 활용한 캠페인을 진행했다. 캠페인은 대기의 미세먼지 농도가 낮다면 미디어 파사드 형태의 기존의 테마 영상이 노출되고 수치가 높다면 붉은색 조명이 점멸되며 마스크를 나누어 주는 행사인데 지속 가능성에 기반을 둔 사회적 책임 활동(Social responsibility)으로 높은 호응을 얻었다([그림 2-4]).

5) 옥외광고의 경우 지면에 광고를 노출하는 것이 아니고 빌보드 등에 게시하는 시행 방식이므로, 광고 게재가 아닌 광고 게첨이라고 한다.

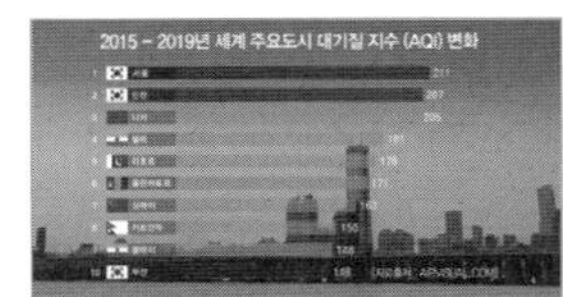

[그림 2-4] **Right! 갤러리아 캠페인**

출처: 유튜브 the Galleria 채널(2019. 5. 9.).

이어 데이터 관리 플랫폼(DMP)과 연동하여 광고 청중의 관여를 유발할 수 있는 수요자 플랫폼(DSP) 출현을 이야기할 수 있다. 종합광고대행사 이노션은 서울 센트럴시티 내 광고 매체 운영 총괄 사업자로서 고속버스 터미널의 승차장 상단 13기의 디지털사이니지를 설치했는데 단순한 배차시간표 및 탑승 안내, 차량 안내 외에도 도착지의 날씨, 미세먼지 상황 등을 실시간으로 제공하고 있다(조지원, 2019).

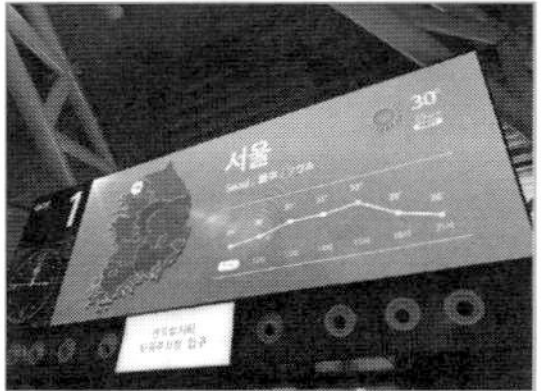

[그림 2-5] **서울 센트럴시티 고속버스 터미널 승차장 상단 디지털사이니지**

아파트 엘리베이터 내 디지털 포스터 형태의 사이니지를 설치한 포커스미디어 코리아는 이를 네트워크로 묶어 시간과 장소, 상황에 따라 적합한 광고 콘텐츠를 전송하고 있다. 자신이 거주하고 있는 아파트의 시세와 함께 다른 아파트 시세를 표출한다거나 인근 지역의 미세먼지 정보와 계절과 소비자 상황에 따라 다른 메시지를 전송하는 청소 용역업체, 일일 배송 쇼핑몰 등의 광고는 목표 소비자의 관심을 끌어올리며 호응을 얻고 있다(포커스미디어 코리아). 또 다른 애드테크 전문 기업은 국내 오프라인 매장에서 방문자의 스마트폰의 와이파이 신호를 수집한 매장 방문 데이터와 전국 아파트 거주자의 데이터를 결합해 특정 지역을 타깃팅 가능한 상품을 선보이며(이준희, 2020) 옥외광고 디지털 전환에 따른 프로그래매틱 광고 도입의 가능성을 한층 높이고 있다.

<table>
<tr><th colspan="2">선풍기</th><th colspan="3">부동산 중개 서비스</th></tr>
<tr><th>낮 시간대</th><th>저녁 시간대</th><th>일반지역</th><th>특정단지 A</th><th>특정단지 B</th></tr>
<tr>
<td>
</td>
<td>
</td>
<td>
</td>
<td>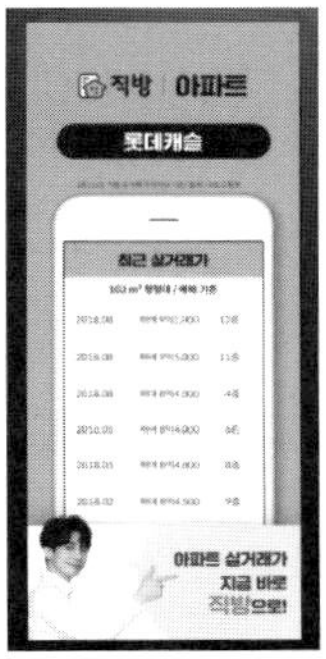
</td>
<td>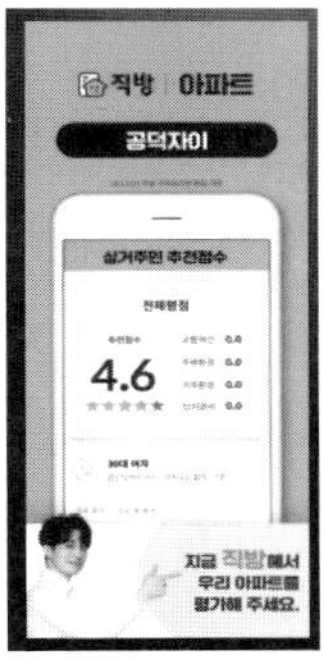
</td>
</tr>
</table>

출처: 포커스미디어코리아.

옥외광고는 현재 데이터를 기반으로 자동화된 광고 노출이 이루어지는 프로그래매틱 광고의 도입 가능성에 관한 많은 논의가 이루어지고 있다. 위치추적 기술 및 성별, 연령별, 직업군 별 특성 및 과거 거래 내역 등의 데이터(비식별)가 활용되어 목표 소비자에 대한 접근 가능성이 한층 향상되고 있다. 그러나 아직 특정 옥외광고물에 대해 몇 명이나 보았는지(노출 및 인지, Views)에 대한 효과 지표가 반영되지는 못하고 유동인구 분석에 따른 특정 광고물 송출 측면에 한정되고 있다. 수요자 플랫폼(DSP)에서 광고 청중에게 송출한 횟수(Imps)가 아닌 광고 노출 기회를 가진 특정 지역의 유동인구 중 몇 명(%)에게 노출되고 인지(Views)되었는지 확인할 수 있는 지표는 광고 효과측정의 기본 단위로서 프로그래매틱 광고의 기반이 된다. 국내 학계에서 옥외광고의 오랜 숙원이었던 디지털 옥외광고 옥상형과 벽면형을 대상으로 측정한 데이터를 통해 광고 노출 및 인지를 정량적 지표로 측정할 수 있는 모델링 연구가 발표되었다(김신엽, 심성욱, 2019). 머지않은 시점에 효과측정 지표에 따라 광고 거래가 이루어지는 디지털 옥외광고 프로그래매틱 광고의 시대가 열릴 것을 전망해 본다.

2) 컨슈머 데이터 플랫폼

애드테크는 정확한 목표 소비자를 선별하고 그들의 움직임을 추적하기 위한 동태적인 데이터 분석역량이 필요하다. 분석역량은 관련 시스템 구축을 포함한다.

우리는 프로그래매틱 광고를 통해 자사 데이터와 제휴사 데이터, 구매 데이터를 결합하여 소비 행태를 이해하고 예측하지만, 이를 브랜드의 지속적인 성장 관점에서 재조명할 필요가 있다. 디지털 경제에서 확보된 고객은 곧 시장의 크기이며 개인의 생애 가치를 포함한 수익의 크기이기도 하다. 이는 브랜드와 소비자의 관계 수준을 말하며 잠재고객을 고객으로 획득하고 충성도 높은 고객으로 이동시키는 것이 브랜드의 전략이 된다.

개별 광고 캠페인을 통해 수집된 데이터는 고객을 입체적으로 파악하기 위해 다시 학습되고 강화되는 과정을 거쳐야 한다. 이번 캠페인이 종료된 후 다음 캠페인을 처음부터 다시 시작할 수는 없다. 캠페인을 통해 확보된 고객 데이터와 비식별 처리된 제휴사 그리고 구매 데이터의 특성상 관련 추정 기법을 통해 고객 상태와 특성을 분류하고 행동 목표를 설정할 수 있어야 한다. 이때 획득과 유지의 관점은 전략 수립을 위한 효과적인 도구로 활용될 수 있다.

목표 고객은 획득해야 할 잠재고객과 유지해야 할 고객으로 구분되며 유지 고객은 사용량 확대와 이탈 방지를 포함한다. 먼저 획득 전략은 회원 혹은 이벤트에 가입했거나 자사 웹사이트 방문 혹은 광고 접촉 경험이 있는 잠재고객을 대상으로 하며 자사 브랜드 구매를 목표로 한다. 이는 고객의 행동별 목표에 있어 가장 큰 전환이 이루어지는 단계(구매)이기도 하다. 유지는 현재의 고객 상태 유지 및 의미 있는 고객의 이탈 방지를 핵심으로 하며 구매 빈도나 사용량 수준을 보다 상위의 단계(Light user → Medium user → Heavy user)로 이동시키는 전략을 포함한다.

이에 따라 브랜드 자체적으로도 개별 고객에 대해 커뮤니케이션 수준과 구매 경험을 적극적으로 관리할 수 있는 데이터 플랫폼이 필요하다. CRM의 구매 행태 데이터뿐만 아니라 브랜드 태도, 커뮤니케이션 수준과 접촉 행태, 인구 통계 데이터 등을 포괄한 통합 컨슈머 데이터 플랫폼(Consumer Data Platform: CDP)을 말한다. 데이터베이스라기보다 플랫폼으로 칭함은 지속적인 데이터 확보와 학습을 통해 강화되는 동태적인 과정을 의미한다.

컨슈머 데이터 플랫폼은 비식별 처리된 제휴사 및 구매 데이터를 자사 고객과의 특징을 비교 · 분석하여 가망 고객 추정을 쉽게 할 수 있다. 보통 머신러닝 기법이 활용되는데 데이터를 입수하고 분석 결과에 따라 의미 있는 그룹으로 분류한 잠재고객 수가 많을수록 획득을 위한 마케팅 대상과 특징이 명확해진다.

그리고 컨슈머 데이터 플랫폼은 고객 행태 변화에 대한 모니터링을 통해 고객 유지 전략을 수월하게 한다. 현재의 디지털 환경은 크로스 미디어 혹은 옴니채널을 기반으로 온 · 오프가 통합되는 것이 특징이다. 미디어를 넘나드는 우리 고객의 커뮤니케이션 접점과 경험 수준, 브랜드 태도, 구매 행태 변화를 지속해서 관찰하고 추적함으로써 고객의 질문과 행동에 대응할 수 있고 끊이지 않는(Seamless) 고객체험을 제공할 수 있다.

이처럼 고객 데이터 분석역량은 브랜드 기업의 필수 조건으로 부상하고 있다. 과거에는 조사전문업체를 통해 고객과 시장의 상태를 진단하고 추정하였다면, 이제는 기업이 직접 디지털 환경 내에 퍼져 있는 각종 데이터를 수집하고 분류할 수 있는 데이터 엔지니어 역량과 적합한 분석을 수행하고 결과를 해석할 수 있는 데이터 사이언티스트 역량이 모두 필요하다. 국내의 경우 데이터 엔지니어를 데이터 사이언티스트로 포괄해 총칭했지만, 최근에는 이 둘이 구별되는 추세다.

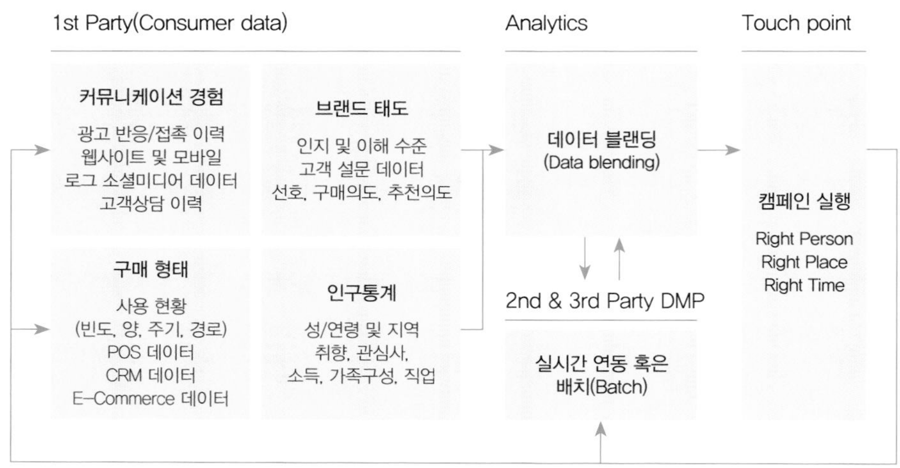

[그림 2-7] **컨슈머 데이터 플랫폼 구조**

※ 화살표는 데이터의 흐름

3) 애드테크와 마테크

프로그래매틱 광고는 애드테크를 활용한 최적의 광고 인벤토리 구매 방식이다. 프로그래매틱 광고는 현재 애드테크의 구조를 이루나 애드테크 그 자체라고 말할 수는 없다. 애드테크는 광고와 관련된 기술 전반이기 때문이다.

2016년부터 2018년까지 개최된 부산국제광고제 애드테크 콘퍼런스는 국내 광고 산업계에 애드테크를 대중화시킨 계기가 되었는데 프로그래매틱 광고에 한정되지 않고 디지털 마케팅 전반을 포괄하는 관점을 제시하였다.

그중 2017년도 부산국제광고제 애드테크 콘퍼런스는 프로그래매틱 광고에서 빅데이터, IOT(Internet of thing)에 이르는 디지털 마케팅 20개 분야를 선정하여 콘퍼런스를 개최하는 한편, 참여 연사 21명을 대상으로 계층적 분석 방법(Analytic Hierarchy Process: AHP)을 사용하여 각 기술 분야의 상대적 중요도와 우선순위를 검증하였다. 각 분야는 디지털 기술 결합, 미디어 결합에 따라 강화되고 확장될 수 있는 6개의 분야를 묶어 결합(Combine), 디지털 기술로 확장될 수 있는 효과적인 고객분석과 유효 청중 도달에 관한 5개 분야를 묶어 최적화(Optimization), 새로운 기술의 출현과 발전을 대표하는 5개 분야를 묶어 전환(Shift), 디지털 마케팅 및 광고 기반에 관한 5개 분야를 묶어 기술 기반(Shared Infra)으로 구성했다. 전체 4개 구조 20개 분야는 일본을 비롯한 국내외 전문가 자문을 통해 구조적인 타당성을 검증하였으며 각 분야는 향후 3년간 예측되는 중요성에 대해 디지털 마케팅 전문가(참여 연사)에 의해 평가되었다(김신엽, 심성욱, 2018). 평가 결과는 〈표 2-7〉과 같다.

〈표 2-7〉 **디지털 마케팅 우선순위 평가**

상위 구성 요인 간 비교			상위 구성 요인 내 개별 항목 비교			전체 항목 비교	
항목	중요성	순위	항목	중요성	순위	중요성	순위
Combine (결합)	26%	1	웹 RTC	14.6%	4	3.8%	16
			리테일 마케팅	14.3%	5	3.7%	18
			디지털사이니지	12.0%	6	2.8%	20
			인텔리전트 App	19.5%	2	5.7%	5
			소셜미디어	22.6%	1	5.8%	4
			인플루언서 마케팅	18.3%	3	4.8%	11
Optimization (최적화)	24.3%	3	마이크로 타깃팅	21.0%	3	5.1%	8
			프로그래매틱 AD	23.4%	2	5.6%	7
			위치 측정 마케팅	14.0%	5	3.4%	19
			통합 GRP	16.7%	4	4.0%	15
			콘텐츠 큐레이션	24.8%	1	6.0%	3
Shift (전환)	25.9%	2	IOT	19.6%	2	5.0%	10
			인공지능과 머신러닝	33.5%	1	8.6%	1
			뉴로 마케팅	15.9%	4	4.1%	14
			로보틱스	14.7%	5	3.8%	16
			AR / VR	16.3%	3	4.2%	13
Shared infra (기반 기술)	23.8%	4	블록체인	18.8%	4	4.7%	12
			옴니채널	21.7%	3	5.1%	8
			클라우드 마케팅	23.2%	2	5.5%	6
			빅데이터	36.1%	1	8.5%	2

출처: 김신엽, 심성욱(2018). p. 7.

상위 4개 구성 요인 중요도는 결합(Combine), 전환(Shift), 최적화(Optimization), 기술 기반(Shared Infra)의 순서로 나타났다. 전체 20개 기술 분야 중 5% 이상의 중요도를 보인 항목은 인공지능과 머신러닝이 8.6%로 1위, 빅데이터가 8.5%로 2위, 콘텐츠 큐레이션이 6%로 3위를 차지했고 그 뒤를 이어 소셜미디어(5.8%), 프로그래매틱 광고(5.6%), 클라우드 컴퓨팅(5.5%), 옴니채널(5.5%), 마이크로 타깃팅(5.1%), 옴니채널(5.1%), IOT(5.0%) 의 순으로 나타났다. 상위 3개 분야를 기준으로 생각했을 때 데이터(빅데이터) 기반 분석(인공지능과 머신러닝)을 통해 목표 소비자에게 적합한 광고를 전달(콘텐츠 큐레이션)하는 것이 2017년 이후 향후 3년간 가장 중요한 디지털 마케팅 방안이 될 것으로 예측해 볼 수 있다.

애드테크에 이어 새롭게 주목받고 있는 개념으로 마테크(Martech)를 이야기할 수 있다. 마테크란 마케팅과 테크놀로지의 합성어로 스콧 브링커(Scott Brinker)에 의해 처음 사용되었는데, 그는 마테크를 "고객과 접점을 형성해 마케팅의 목적을 신속하고 효과적으로 달성하게 해 주는 기술 및 도구"로 정의하였다(제일매거진, 2016). 마테크는 마케팅과 관련한 모든 접점과 채널, 고객관리 전반에 관련된 기술로서 마케팅 전반을 포괄한다.

애드테크는 데이터로 재편되는 디지털 시대에 적응하기 위한 광고전략으로 광고회사 및 매체를 중심으로 성장한 개념이다. 온 · 오프 통합의 연결점인 모바일을 중심으로 광고 청중을 추적하며 성과를 달성하기 위한 미디어 기술이다. 타깃팅에 기반한 자동화된 거래 프로세스를 중심으로 하며 구매를 중심으로 하는 페이드 미디어(Paid Media)에서 브랜드가 소유한 온드 미디어(Owned Media), 소셜미디어를 포함한 사회적 평판 미디어가 중심이 되는 언드 미디어(Earned Media)를 연결하는 관점이다.

마테크는 브랜드가 중심이 되는 개념으로 CRM 플랫폼, 이메일, 소셜미디어 활동 등을 포함해 맞춤 메시지 전달을 위한 마케팅 자동화(Marketing Automation), 이커머스 플랫폼(eCommerce Platform), 이와 관련한 분석 도구(Analytics)를 말할 수 있다(메조미디어, 2018). 자사가 소유하는 온드 미디어를

중심으로 페이드 미디어와 언드 미디어를 연결하는 관점이다.

그러나 두 개념을 상호배타적이거나 상위와 하위의 개념으로 구분하기보다는 고객 구매경로를 기반으로 각 단계의 문제점을 해소하고 상위 단계로 연결하려는 통합적 시각이 필요하다. 컨슈머 데이터 플랫폼은 광고 청중의 커뮤니케이션 경험과 고객 구매 행태를 통합한 애드테크와 마테크의 이상적인 컨버전스다. 컨슈머 데이터 플랫폼은 분석 단계에서 나아가 커뮤니케이션(Promotion), 브랜드와 디지털 서비스 결합(Product), 이커머스(Place), 핀테크를 통한 결제 편의성 제고(Price) 등 마케팅을 확장할 수 있는 동력이 된다.

4. 마치며

애드테크로 구현된 프로그래매틱 광고는 광고구매 방식이자 기획에서 효과측정까지 연결되는 디지털 광고 작동 방식의 하나다. 작동 방식의 핵심은 타깃팅이다. 목표 소비자에게 적합한 광고 인벤토리를 제공할 수 있는 프로그래매틱 광고는 다수의 중소 매체 사업자에게 기회를 제공해 주는 한편, 광고주에게는 복수의 매체를 효과적으로 관리할 수 있는 도구로 주목받고 있다. 또한, TV 및 디지털 옥외광고 등 고객 경험적 매체 전반으로 확대할 수 있는 광고 작동 방식으로 앞으로의 지속적 성장을 예측해 볼 수 있다.

그러나 프로그래매틱 광고의 성장을 낙관하면서도 단기적으로는 부진할 것이라는 전망 또한 존재한다. 서현주와 엄남현(2019)은 광고 산업 전문가 인터뷰를 통해 프로그래매틱 광고가 타깃팅을 통한 광고 효율 측면만을 지나치게 부각하고 있는 점, 개인정보 규제와 기업의 보수적인 데이터 자산 관리로 활용 가능한 데이터 리소스가 부족하다는 점 등을 현재의 성장을 가로막는 요인으로 제시하였다. 이는 프로그래매틱 광고가 돌파해야 할 숙제임은 틀림없다.

현재 프로그래매틱 광고는 단기적인 미디어 효과에 치중했던 것이 사실이다. 그러나 브랜드 전략은 단기적 성과가 장기적인 충성도로 연결되는 과정을 추구하기에 미디어 효과를 넘어 브랜드의 전략 차원에서 설명할 수 있는 사례 발굴이 필요하다. 돈 슐츠(Done Schultz) 역시 IMC를 단기적 성과에서 지속 가능한 브랜드로 이동하는 과정이라 말하였다(Schultz & Schultz, 2004).

프로그래매틱 광고의 가능성에 비해 현재 활용할 수 있는 데이터가 부족하다는 것 역시 충분히 공감할 수 있다. 더군다나 개인정보 보호와 활용의 줄타기에서 언제나 승리하는 것은 개인정보 보호일 것이다. 이를 극복할 방안은 결국 데이터 분석을 강화하는 것으로, 데이터 취합과 분류가 아닌 통계적 추정이 가능한 데이터 분석가의 역량을 키우는 것이다. 영화 '미드웨이(2019)'는 암호 해독가 '레이튼(패트릭 윌슨 분)'을 통해 데이터 분석가의 의미를 명쾌히 설명한다.

> "하와이의 어느 유력인사의 결혼식에 초대되었는데 날짜만 알고 장소는 모른다면 어떻게 해야 할까요? 그 지역에서 가장 유명한 밴드가 출장 가는 곳, 유명한 요리사가 출장 가는 곳, 유난히 크고 화려한 부케가 배달 가는 곳, 암호 해독이란 이런 정보를 연결하는 일입니다."

롱테일이라는 디지털 법칙이 존재하듯이 초기 프로그래매틱 광고의 든든한 후원자는 그다지 많지 않은 트래픽을 가진 수많은 매체였다. 광고 인벤토리를 넘어 이들을 연결한 후 브랜드를 위한 새로운 하위 시장(Sub market)을 발견할 수 있다면 분명 수요는 확대될 것이다. 기술 자체보다 기술의 이유가 필요한 시점이다.

김신엽, 심성욱(2019). 디지털 옥외광고 매체 효과 측정 모델 개발에 관한 연구: 옥상형과 벽면형을 중심으로. **한국광고홍보학보**, 21(4), 99-134.

김신엽, 심성욱(2018). AHP분석을 활용한 향후 디지털 마케팅 구성요인의 중요도 연구. **한국디지털콘텐츠학회 논문지**, 19(1), 1-10.

김현정, 최익성, 김미경, 김유나, 박현, 김신엽, 김지윤, 유인하, 이성미, 신일기, 오창일(2020). **스마트 광고 기술을 넘어서**. 서울: 학지사.

메조미디어(2018). **데이터 기반 마케팅 트렌드 업데이트-AD Tech와 Mar Tech의 컨버전스**. 서울: 메조미디어 DATA마케팅 센터.

서헌주, 엄남현(2019). 프로그래매틱 광고에 대한 국내 광고주 및 대행사의 인식과 장애요인에 대한 탐색 연구. **광고PR실학연구**, 12(2), 32-58.

최민욱, 김운한, 김현정, 손영곤. (2017). 온라인 동영상 광고 현황 조사 및 정책 연구. 한국인터넷진흥원.

한국방송광고진흥공사(2014a). **2013 방송통신광고비 조사**. 서울: 한국방송광고진흥공사.

한국방송광고진흥공사(2014b). **2014 방송통신광고비 조사보고서**. 서울: 미래창조과학부, 한국방송광고진흥공사.

한국방송광고진흥공사(2015). **2015 방송통신광고비 조사보고서**. 서울: 미래창조과학부, 한국방송광고진흥공사.

한국방송광고진흥공사(2016). **2016 방송통신광고비 조사보고서**. 서울: 미래창조과학부, 한국방송광고진흥공사.

한국방송광고진흥공사(2017). **2017 방송통신광고비 조사보고서**. 서울: 과학기술정보통신부, 한국방송광고진흥공사.

한국방송광고진흥공사(2018). **2018 방송통신광고비 조사보고서**. 서울: 과학기술정보통신부, 한국방송광고진흥공사.

한국방송광고진흥공사(2019). **2019 방송통신공고비 조사보고서**. 서울: 과학기술정보통신부, 한국방송광고진흥공사.

Schultz, D., & Schultz, H. (2004). **IMC의 실행과 측정**. 한국IMC연구회 역. 서울: 모던.

박진형(2019. 6. 19.). SK브로드밴드. 'B tv 풀 커버 AD' 광고상품 출시. 전자신문. https://www.etnews.com/20190619000146

시사용어사전(2016. 9. 6.). 프로그래매틱 광고. https://terms.naver.com/entry.nhn?docId=2724093&cid=43667&categoryId=43667

온누리DMC. 광고상품 소개서. https://s3.apnortheast2.amazonaws.com/onnuridmcupload/onnuridmcintroduction/Crosstarget_TV_v1.36.pdf

유튜브 Ogilvy UK 채널(2014. 3. 24.). The Magic of Flying 캠페인. https://www.youtube.com/watch?v=klFKw1oybu4

유튜브 the Galleria 채널(2019. 5. 9.). Right! 갤러리아 캠페인. https://www.youtube.com/watch?v=5KED9XPHqZc

이고운(2020. 6. 29.). 광고 보이콧 벼락 맞는 페이스북...트럼프 편든 것만 죄였을까[이고운의 머니백]. 한국경제.https://www.hankyung.com/finance/article/202006298508i

이대호(2017. 6. 1.). 프로그래매틱 광고, 한국서 10억달러 규모로 큰다. 디지털데일리. http://www.ddaily.co.kr/m/m_article/?no=156612

이준희(2020. 6. 9.). 온누리DMC, 아파트 거주자 타기팅 광고 선보여...'크로스타깃' 플랫폼 앞세워. 전자신문. https://www.etnews.com/20200609000117

장혜진(2017. 3. 23.). 미국 최대 통신사 AT&T · 버라이즌, 테러리즘 영상문제로 유튜브 광고 중단. 이코노믹리뷰. http://www.econovill.com/news/articleView.html?idxno=311662

제일매거진(2016. 6. 21.). 마케터, 새로운 시대에 기술로 대응하다, 마테크(Martech)의 세계. https://blog.cheil.com/magazine/14836

제일매거진(2019. 4. 5.). 프로그래매틱 광고란 무엇인가?. https://blog.cheil.com/magazine/37330

조지원(2019. 7. 10.). 이노션, 센트럴시티 광고 총괄 운영 맡아. 조선비즈. https://news.naver.com/main/read.nhn?oid=366&aid=0000438256

최영호(2020. 5. 16.). 앱러빈(AppLovin), 모바일 배너 중요성 · MAX 연동성공사

례 · 브랜드 세이프티 방안 소개. 매드타임스. http://www.madtimes.org/news/articleView.html?idxno=4624

포커스미디어 코리아. 광고상품 소개서. https://www.focusmediakorea.com/upload/product_introduction/%ED%8F%AC%EC%BB%A4%EC%8A%A4%EB%AF%B8%EB%94%94%EC%96%B4%EC%BD%94%EB%A6%AC%EC%95%84_%EC%83%81%ED%92%88%EC%86%8C%EA%B0%9C%EC%84%9C_ver.1.2_2.pdf

eMarketer(2020. 6.). 글로벌 디지털 광고비용. https://www.emarketer.com/content/globaldigitaladspendingupdateq22020

eMarketer(2020. 8.). 글로벌 디지털 디스플레이 광고의 프로그래매틱 광고비용. https://www.emarketer.com/content/usprogrammaticdigitaldisplayadspendingwillgrowdespitepandemicrelatedrecession

제3장

데이터 기반 마케팅과 빅데이터 그리고 광고

김용환(네이버 정책연구실 팀장/소비자광고 심리학 박사)

일방향 소통만 가능한 전통 미디어와 달리 양방향의 소통이 가능하고 개인화된 새로운 디지털 미디어의 등장은 소비자들의 제품 구매 행동 프로세스를 완전히 변화시켰다. 또한 새로이 등장한 디지털 미디어는 헤아릴 수 없이 많은 데이터라는 소중한 자원을 제공한다. 이에 광고 생태계는 이런 소비자 구매 행동 프로세스 변화에 대응하는 것은 물론, 소중한 부산물인 데이터를 적극 활용함으로써 더욱 정교한 광고로 진화하고 있다. 뿐만 아니라, 인공지능과 같은 다양한 기술 발전은 이러한 진화 속도를 더 가속화시키고 있다.

이에 이 장에서는 소비자의 구매 행동 프로세스의 변화, 빅데이터 활용, 기술 발전의 영향을 간단히 소개하면서 이로 인한 광고 생태계의 변화를 살펴보고, 향후 발전 방향에 대해 전망해 보고자 한다.

1. 뉴미디어 등장을 통한 변화

일방향성을 가진 전통 미디어와 달리, 인터넷으로 대표되는 양방향성을 가진 뉴미디어가 등장하면서 PC로 시작한 디지털 미디어는 모바일을 넘어 그 다음으로 빠르게 진화하고 있다. 새로운 미디어의 등장과 발전은 광고 생태계에도 큰 영향을 미쳤으며, 그로 인한 변화는 광고비 현황만 봐도 쉽게 확인할 수 있다. '한국방송광고진흥공사'의 『2019년 방송 통신광고비 조사 보고서』에 따르면, 2019년 기준 전체 14조 규모의 총 광고 시장에서 온라인 광고가 차지하는 비율은 6.5조로 거의 절반에 이른다. 뿐만 아니라, 온라인 광고비, 그 중에서도 모바일 광고비는 성장세가 가파른데, 방송과 인쇄, 옥외광고비가 계속 하락 또는 정체되어 있는 것에 비해 대조적이다(한국방송광고진흥공사, 2019).

새로운 미디어가 광고에서 차지하는 비중이 늘어남에 따라, 광고 마케팅 활동을 위해서는 새로운 미디어에 대한 이해와 적합한 활용이 중요해졌다.

이 장에서는 인터넷으로 대표되는 새로운 미디어 환경에서의 소비자의 행동의 변화를 이해하고, 마케터가 활용하고 있는 새로운 전략이 무엇인지 살펴보도록 하겠다.

〈표 3-1〉 **2019년 방송 통신광고비 조사_방송통신 광고비 세부현황**

매체구분		광고비(억원)				증감률(%)		
		2017	2018	2019 (e)*	2020 (e)	'17대비 '18년	'18대비 '19년	'19대비 '20년
방송	지상파TV	15,517	14,219	12,352	9,510	−8.4	−13.1	−23.0
	라디오	2,530	2,073	1,943	1,716	−18.1	−6.3	−11.7
	지상파 DMB	53	44	36	35	−16.7	−19.1	−1.7
	케이블 PP	18,537	17,130	16,646	16,631	−7.6	−2.8	−0.1
	케이블 SO	1,391	1,408	1,275	1,369	1.2	−9.5	7.4
	IP TV	993	1,161	1,166	1,277	16.9	0.4	9.5
	위성방송	480	511	504	503	6.6	−1.5	−0.1
	소계	39,501	36,546	33,922	31,041	−7.5	−7.2	−8.5
온라인	인터넷(PC)	19,092	20,554	19,614	19,109	7.7	−4.6	−2.6
	모바일	28,659	36,618	45,678	54,781	27.8	24.7	19.9
	소계	47,751	57,172	65,292	73,890	19.7	14.2	13.2
인쇄	신문	18,585	19,031	17,606	17,680	2.4	−7.5	0.4
	잡지	4,517	4,448	4,542	4,586	−1.5	2.1	1.0
	소계	23,102	23,479	22,148	22,266	1.6	−5.7	0.5
옥외	디지털사이니지	2,951	3,579	3,686	3,444	21.3	3.0	−6.6
	인쇄형	10,109	9,720	9,775	10,030	−3.8	0.6	2.6
	소계	13,060	13,299	13,461	13,474	1.8	1.2	0.1
기타	생활정보	1,702	1,713	1,623	1,737	0.6	−5.3	7.0
	취업정보	285	570	646	654	100.0	13.3	1.2
	DM	739	918	896	879	24.2	−2.4	−1.9
	방송제작사	1,395	1,089	1,168	1,136	−21.9	7.3	−2.7
	소계	4,121	4,290	4,333	4,406	4.1	1.0	1.7
총계		127,535	134,786	139,156	145,077	5.7	3.2	4.3

1) 소비자 구매의사 결정 프로세스의 변화

소비자의 제품 구매 행동에 대한 이해는 소비자 심리학 분야에서는 물론, 마케팅과 광고 분야에서 오랫동안 관심을 가져온 분야다. 양방향성을 가진 뉴미디어의 등장 이전에 소비자 구매의사의 결정 과정은 선형적인 모델로 이해되었다. 구매의사 결정 프로세스에 대해 최초로 르위스(Lewis, 1903)가 제품이나 서비스를 인식(awareness)해 구매(purchase)에 이르는 과정을 4단계로 설명한 구매 깔때기 모델(Purchase funnel model)을 제시했다. 그 뒤인 1920년대에는 로랜드 홀(Rolland Hall)이 오랫동안 구매의사 결정을 대표하는 모델로 여겨졌던 그 유명한 AIDMA 모델을 제시했다. 이 모델은 제품이나 서비스 정보에 대한 소비자들의 반응을 관심(attention), 흥미(interest), 욕구(desire), 각인(memory), 구매(action)의 5단계로 나누어 선형적으로 설명했다. 선형적 모델이란 소비자가 구매의사 결정을 하는 각 과정을 순차적으로 경험한다는 것이다. 과정이 진행될수록 점차적으로 제품이나 서비스에 대한 지식이 늘어나고 구매 고려 중인 대안은 점차 줄여 가면서, 최종적으로 의사결정을 내리게 된다(Andreasen, 1965).

하지만 순차적이라 가정한 모델은 인터넷과 같은 뉴미디어가 등장하게 되면서 설명에 한계점을 드러내기 시작했다. 인터넷 등 소비자가 기업 또는 제품과 상호작용할 수 있는 매체 수와 방법의 증가로 인해, 소비자의 구매의사 결정 행동이 더 복잡하게 변화했기 때문이다. 광고 수용자는 더 이상 정해진 규칙이나 순서에 구애받지 않고, 스스로 정보를 찾아 공유할 수 있는 능력을 가졌다. 따라서 선형 모델에 대한 수정이 불가피해졌다. 2004년 일본의 광고 대행사 '덴츠'는 AIDMA를 수정한 AISAS라는 모델을 제시했다. 온라인에서의 정보 탐색 과정을 관심(Attention), 흥미(Interest), 검색(Search), 구매(Action), 공유(Share) 총 5단계로 구성했다. 눈에 띄는 것은 소비자 간의 상품에 대한 정보 교류인 구매 후 공유(Share) 행위가 추가된 점이다. 이는 언제 어디서나 정보 검색과 공유가 가능해진 미디어 환경과 소비자 패러다임의 변화를 반영한 것이다(Edelman, 2010). AISAS 모델을 온라인 전자상거래와 검색엔진의 고객 구매 행동 변화를 반영해 7단계로 더 세분화한 AISCEAS 모델도 제안되었다(Akiyama & Sugiyama, 2004). 전자상거래에서 소비자는 제품에 대한 흥미(Interest) 이후, 검색(Search)과 비교(Comparison), 검토(Examination)해 구매(Action)한 후에는 공유(Share)의 단계를 거친다고 했다. 구매의사 결정이 순차적이 아니며 원형적인 개념이라는 주장을 처음 제시한 것은 던컨(Duncan, 2002)이다. 그는 소비자의 구매의사 결정 과정이 생각하고(think), 느끼고(feel), 행동하는(do) 세 영역으로 구분되며, 이 세 영역은 순환될 수 있다고 했다. 그리고 소비자의 의사 결정 과정은 시작과 끝이 따로 정해져 있지 않다고 했다. 그래서 소비자는 어떤 과정에서든 의사 결정 과정을 시작할 수도 있고 끝낼 수도 있다고 했다.

선형 모델이 아닌 순환모델로서 최근 가장 주목 받고 있는 것은 소비자의 구매의사 결정 과정은 일회성으로 끝나는 것이 아니라 계속된다는 의미를 가진 모델로, 글로벌 컨설팅 회사인 맥킨지가 제안한 소비자 구매의사 결정 여정(Consumer decision Journey: CDJ) 모델이다(Court et al., 2009). 소비자 구매의사 결정 여정 모델은 최종의 하나의 대안을 선택해 구매하려는 목표 달성을 위해, 순차적으로 정보를 탐색하고 대안을 평가하는 과정을 부정한다. 지속적이고 역동적인 정보 수집 과정을 거치다가 구매를 하고, 구매 후에도 제품 또는 서비스에 대한 정보를 공유하는 과정을 보이며, 다시 새로운 정보를 수집하는 과정으로 자연스럽게 넘어간다고 한다.

또한 그 과정을, ① 초기 고려 후보군 선정(initial consideration set), ② 적극적 평가(active evaluation), ③ 구매 결정 시점(moment of purchase), ④ 제품 구매 후 경험(post purchase experience)의 4단계로 구분한다. ① 초기 고려 후보군 선정 단계는 소비자들이 원하는 상품을 일차적으로 정하는 과정으로 욕구 발생 시 그것을 채워 줄 수 있는 제품 또는 서비스의 구매를 고려한다. 다음 ② 적극 평가 단계에서는 소비자가 욕구를 채울 수 있는 제품군에 대한 정보를 탐색한다. 온라인을 통해 정보 검색을 할 수도 있고, 주변사람들을 통해서 정보를 획득하기도 한다. ③ 구매 결정 단계에서는 구매 결정을 할 수도 있고, 새로운 제품이나 서비스 대체재를 추가할 수도 있다. 새로운 대체재를 구매 직전에 인지하게 될 수도 있고, 가격 비교를 하면서 새로운 브랜드를 고려 대상에 포함시킬 수도 있다. 마지막 ④ 구매 후 경험 단계는 구매한 제품 또는 서비스를 경험하고, 이 경험을 공유하면서 잠재 소비자들에게도 영향력을 행사한다. 소비자는 본인이 구매한 제품이나 서비스를 즐기고, 지지하며, 결속관계가 맺어지는 과정을 통해 특정 상품이나 서비스에 대한 충성도(Loyalty)가 생기기도 한다. 소비자 구매의사 결정 여정의 모든 단계에서 소비자는 다양한 채널로 정보의 획득이 가능하며 공유를 통해 적극적인 정보의 확산도 가능하다. 소비자의 구매의사 결정 과정은 순환적이기 때문에, 구매를 위해 지속적이고 역동적인 정보 수집 과정을 거치다가 구매하고, 구매 후에도 그 결과에 대한 정보를 공유하는 과정을 보이며, 또다시 새로운 정보를 수집하는 과정을 반복한다.

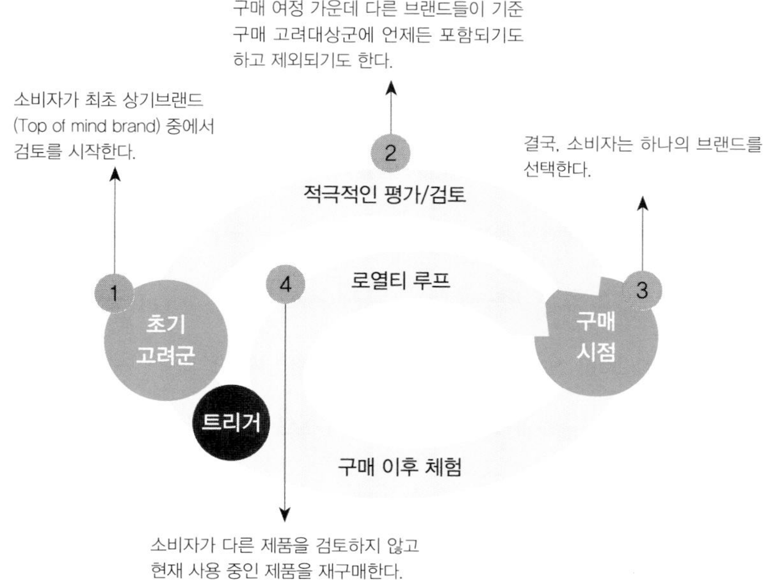

[그림 3-1] **소비자 구매의사 결정 여정 모델**

새로운 미디어 환경 속의 소비자의 또 다른 특성 중 또 하나는 기존 사용 중이던 제품이나 서비스의 브랜드에 쉽게 종속되지 않는다는 점이다. 검색을 통해 발견한 새로운 대안, 또는 다른 소비자들의 구매 경험 등을 바탕으로 새로운 대안을 선택하는 것이 어렵지 않기 때문이다. 소비자가 현재 구매의사 결정의 과정 중 어느 단계에 있더라도 굉장히 쉽고 빠르게 재평가할 수 있고, 대안을 늘리고 줄일 수도 있기 때문이다. 정보 기술의 발전이 소비자로 하여금 여러 대안을 쉽고 빠르게 비교하도록 만들어 준 덕분이다. 소비자는 어느 과정에 있든 언제 어디서나 지속적으로 정보 탐색을 할 수 있다는 점에 주목해야 한다.

2) 뉴미디어가 남긴 선물 빅데이터

기존 미디어 대비 새로운 디지털 미디어가 가지는 장점이 많겠지만, 그 중에서도 가장 두드러지는 장점은 이용자가 남긴 흔적들이 기록된 엄청난 양의 빅데이터의 확보와 활용이라는 점이다. 뉴미디어는 빅데이터라는 훌륭한 자원을 남기고, 마케터는 이를 분석해 효과적인 상품 추천은 물론 효율적인 마케팅 활동 및 광고 집행까지 하고 있다. 마케터는 디지털 미디어를 통해 얻은 데이터를 정제하여 집행한 마케팅과 광고의 성과를 측정하고, 이를 바탕으로 마케팅 및 광고 집행 전략을 수립하며, 이를 끊임없이 수정할 수 있다.

뉴미디어가 등장하면서 빅데이터와 데이터 기반 마케팅 등이 주목받고 있지만 엄밀히 말하면 데이터는 뉴미디어를 통해서만 생성되는 것도 아니고, 데이터의 중요성 또한 새로운 디지털 미디어가 등장하면서 생겨난 것은 아니다. 데이터는 뉴미디어 등장 이전부터 매우 중요한 자원이었다. 다만 이전에는 많은 양의 데이터가 없었고 데이터 간의 결합이 매우 어려웠을 뿐이다. 주로 얻을 수 있는 데이터는 소비자 조사를 통한 것이었고, 직접적으로 얻을 수 있는 자료도 매출이나 유통 데이터, 시청률 등의 데이터가 있긴 하였으나, 이 데이터를 통한 분석에는 한계가 명확했다. 특히 기존 미디어나 과거의 데이터 분석으로는 개인을 특정하기 어려웠고, 데이터 분석도 정밀한 분석이 아니라 추론에 가까웠다. 반면, 디지털 뉴미디어는 우선 데이터 수집 및 가공의 범위가 넓고, PC를 넘어 모바일 시대로 오면서 더 정교한 개인화 데이터를 얻을 수 있어 개인 단위로 특정할 수 있다.

소비자 조사가 아닌, 디지털 뉴미디어를 통해 얻은 행동 기반 데이터 분석을 통해 얻을 수 있는 가장 큰 강점은, 소비자의 들리지 않는 목소리를 알아낼 수 있다는 점이다. 소비자 조사 등을 통해 얻는 소비자가 들려주는 목소리는 사실 소비자가 하고 싶은 이야기의 빙산의 일각에 불과하다. 심지어 소비자가 직접 들려주는 목소리는 의도되지 않은 거짓말이기도 하다는 점도 간과해서는 안 된다. 소비자는 정확한 자신의 니즈(Needs)를 알지 못하는 경우가 많다. 설사, 소비자 스스로 지각하고 있는 정확한 니즈가 있다고 해도 실제 말과 행동이 다른 경우도 많다. 소비자에게 제품 구매 시 가장 중요하게 생각하는 속성을 파악해 제품 포트폴리오를 구성하고 광고 전략을 짠다고 가정해 보자. 소비자에게 직접 물어본 데이터를 보니, 가격 또는 성능을 중요시한다고 응답한 비율이 높게 나오지만 실제 판매량 데이터를 살펴보면 가격이나 성능이 좋은 모델이 아니라 오히려 디자인이 우수한 모델이나 브랜드 평판이 좋은 모델이 많이 팔렸다. 실제 광고, 마케팅, 상품기획에 종사하는 전문가들이라면 이런 사례는 너무나 흔하게 접해 본 사례일 것이다. 이 경우에 마케터가 믿어야 하는 정보는 무엇일까? 이런 경우 디지털 뉴미디어를 통해 얻은 수많은 행동 데이터가 마케터에게 소중한 자산이 된다. 이 데이터 분석을 통해 마케터는 소비자 스스로 깨닫고 있지 못하는 소비자의 진정한 니즈에 가까운 답을 도출해 전략을 짤 수 있다.

그렇다면 인간은 왜 스스로의 진정한 니즈를 알지 못할까? 안다고 해도 인간은 왜 종종 자신이 자각한 니즈 충족과 다른 의사 결정을 내리고 행동할까? 그리고 인간은 왜 어떤 경우에는 체계적이고 이성적인 의사 결정을 하지만, 어떤 경우에는 비이성적이고 즉각적인 의사 결정을 하게 되는 것일까? 이에 대해 여러 가지 해석이 가능하지만 여기서는 그 가운데 대표적인 몇 가지를 살펴보자.

먼저, 인간은 왜 스스로 자신의 니즈를 인지하지 못하거나 니즈와 다른 의사 결정을 할까? 구매 관점에서 보면 소비자는 왜 자신의 니즈라고 생각한 제품이 아닌 다른 제품을 구매할까? 소비자가 해당 제품의 구매의사 결정 과정에 많은 인지적 자원을 할당하지 않았기 때문일 수 있다. 페티와 카시오포(Petty & Cacioppo, 1986)가 제시한 정교화 가능성 모델(Elaboration Likelihood Model)에 따르면, 인간이 정보처리를 하는 경로는 중심경로(central route)와 주변경로(peripheral route)의 두 가지로 나뉘며 각 경로를 이용하는 결과는 매우 다르다고 한다. 중심경로를 이용하는 경우에는 습득한 정보가 내포한 의미가 무엇인지를 살펴보고 이성적으로 숙고한 뒤 결정한다. 반면, 주변경로를 이용하는 경우에는 습득한 정보에 대해 능동적 사고 과정 없이 처리하며, 핵심적인 단서가 아닌 주변에 있는 단서를 통한 판단을 하고, 재빨리 수용하거나 거절하는 간편한 방법을 택한다. 따라서 주변경로를 이용하는 경우에 인간은 비이성적이고 즉각적인 의사 결정을 할 수도 있는 것이다. 이것이 구매 상황이라면 실제 중요한 속성에 대한 고려 없이 제품 구매를 하게 된다.

그렇다면 어떤 경우에 중심경로를 통한 의사 결정을 하고, 어떤 경우에 주변경로를 통한 비이성적인 의사 결정을 하게 될까? 이론에 따르면 경로의 선택은 동기와 능력에 따라 달라진다고 한다. 그 정보를 처리할 동기가 충분하면서, 그 정보를 체계적으로 분석할 능력이 된다면 중심경로를 통한 의사 결정을 하고, 그렇지 않으면 주변경로를 통한다고 한다. 제품 구매 상황이라면 제품을 숙고해서 잘 구매해야 할 동기가 있고, 해당 제품에 대한 정보를 잘 이해하고 처리할 능력이 될 경우 중심경로를 통한 의사 결정을 할 것이다. 또한 관여도가 영향을 미친다. 구매할 제품이 높은 가격이거나 중요도가 높은 고관여 제품인 경우에는 중심경로를 통하게 된다. 그 반대인 저관여 제품의 경우 숙고 없이 제품 구매의사 결정을 한다. 이 경우 소비자는 자신의 니즈에 대해 크게 자각하고 있지 못했거나 인지하더라도 자신의 니즈와는 전혀 다른 의사 결정을 하기도 하는 것이다.

인간은 어떤 경우에 비이성적인 의사 결정을 하고, 왜 그런 의사 결정을 내릴까? 최근 심리학 분야에서 뜨거운 관심을 받고 있는 진화심리학 이야기를 꺼내 보자. 진화심리학의 전제 중 하나는 인간의 신체가 오랜 유목 시대를 걸쳐 진화하였기 때문에 신체가 유목사회에 적합한 것처럼, 인간의 심리와 행동 또한 현대 사회가 아닌 과거 유목사회에 적합하다는 것이다. 그렇기에 유목 사회에서의 심리와 행동이란 것이 이성적이고 합리적이지 못할 수 있다. 즉, 진화심리학은 인간의 합리성이 이상적인 견해라는 전제에 대해서 의문을 제기한다. 합리적인 선택을 통해 이성적으로 행동하는 동물이 오히려 진화적인 경쟁에 패하여 도태되어 간다는 연구 결과도 있다고 한다(Cosmides & Tooby, 1994).

진화심리학에 부합되는 다른 이론도 살펴보자. 인간 의사 결정 과정에 대해 설명한 이중과정이론(Dual Process Theory)에 따르면, 의사 결정 프로세스는 시스템1 프로세스(System1 Process)와 시스템2 프로세스(System2 Process), 두 가지로 나뉜다고 한다(Evans, 1984). 노벨 경제학상 수상자인 대니얼 카너먼(Daniel Kahneman)은 두 가지 처리 방식을 직관적 방식과 추론적 방식이라 명명하고 차별화함으로써 더 많은 해석을 제공했다. 직관적 프로세스라고 불리는 시스템1 프로세스는 연상 추론과 유사하게 빠르고 자동적으로 결정하게 되는데, 대개 추론 과정에 강한 감정적 결합이 포함되어 있다. 카너먼은 이런 종류의 추론은 형성된 습관에 근거하고 있으며 변화하거나 조작하기 매우 어렵다고 한다. 반대로 추론적 프로세스라고 불리우는 시스템2 프로세스는 더 느리고 훨씬 휘발성이 강하여 의식적인 판단과 태도를 따르게 된다고 한다.

유목 시대를 생각해 예를 들어 보자. 한 인간 부족이 막 사슴을 뒤쫓아 어렵게 사냥에 성공했다. 만찬을 준비하려고 하는데 초원 저 너머에 누런색 동물 무리가 다가오는 것이 보인다. 머리에 갈기 같은 것이 달린 것 같기도 해서, 사자 무리 같기도 하고 아닌 것 같기도 한 상황이다. 이 상황에서 인간은 어떤 추론을 통해 어떤 행동을 해야 할까? 추론적인 시스템2 프로세스를 따른다면, 저 멀리서 다가오는 한 무리의 누런 색 동물 무리가 사자 등 포식자일 확률과 다시 사슴 사냥을 성공할 확률을 이성적으로 계산해 볼 수 있을 것이다. 초원에서 누런색의 동물 무리가 사자만 있지 않을 테니 그 무리가 사자일 확률이 높지 않을 것이고, 사냥을 위해 쏟은 노력과 앞으로 또 사냥을 위해 투입할 에너지와 성공확률을 생각하면 누런색 무리가 가까이 다가올 때까지 기다린 다음 행동하는 것이 합리적인 의사 결정일 것이다. 그리고 대부분의 경우엔 사자 무리가 아닐 것이므로, 사냥한 사슴을 포식하는 행복을 누릴 수 있을 것이다. 하지만 낮은 확률로 진짜 사자 무리가 가까이 온 경우라면 늦은 판단을 한 인간 부족은 사슴을 양보하는 것은 물론이고 사슴과 같은 운명에 처할 가능성도 높다. 유목 시대의 인간은 이와 비슷한 상황에 수없이 반복 경험하였을 것이다. 그렇다면 합리적이고 이성적인 의사 결정을 한 인간은 그 수많은 반복 속에서 언젠가 한번 만난 사자 무리에 의해 생명을 잃고 멸종되었을지도 모른다. 반면, 직관적인 시스템1 프로세스에 따라 공포가 작용해 비합리적이지만 손실(생명의 위협)을 회피하기 위해 자동적이고 즉각적인 행동을 한 인간은 때로는 배고픔을 견뎌야 했겠지만 살아남았을 확률이 더 높았을 것이다. 그 결과로 현대의 인간은 합리적인 시스템2 프로세스만 가지지 않고, 시스템1 프로세스에 의한 비합리적인 의사 결정을 하고 있는 것일지 모른다.

디지털 뉴미디어가 등장하기 이전에는 인간 행동을 이해하고 예측하기 위한 데이터가 충분하지도 않았지만 얻을 수 있는 주 데이터는 소비자 조사, 즉 시스템2 프로세스에 의한 비중이 높았다. 행동 데이터는 시스템1과 시스템2 프로세스가 모두를 반영한 인간 행동의 결과를 기록한 데이터로 소비자 조사 데이터와 함께 활용할 경우 더 소비자를 잘 이해하고 예측할 수 있다. 즉, 행동에 기반한 빅데이터를 잘 분석하면 이용자의 이성에 기반한 목소리 이외에 이용자도 지각하지 못하는 니즈를 엿볼 수 있는 것이다.

3) 인공지능 등의 기술 발전의 영향

디지털 뉴미디어를 통해 얻은 행동 기반 데이터로 알 수 있는 정보는 인간의 숨은 니즈까지 이해하고 예측할 수 있다는 점에서 강력하지만 완벽한 것은 아니다. 이 역시 한계가 있다. 특히 개인정보와 같이 민감한 데이터를 얻기 위해서는 기술적 제약이 없다고 해도 규제나 제도, 혹은 소비자의 인식의 한계로 인한 장벽이 존재한다. 특히 우리나라는 개인정보 보호 관련 규제가 많고 강한 국가로, 민감하지 않은 개인정보도 이를 분석해 활용하는 것은 매우 제한적이며 까다롭다. 이용자들 역시 본인 개인정보 제공에 대한 민감도가 굉장히 높은 편이다. 많은 개인의 행동 데이터를 확보하기 위해서는 이용자들에게 개별적인 수집 및 활용 동의를 받아야 하는 문제도 존재한다. 따라서 디지털 미디어를 통해 얻을 수 있는, 그리고 디지털 미디어와 결합해서 분석할 수 있는 개인정보는 굉장히 제한되어 있어 개인화를 통한 광고와 마케팅 전략 수립이 어렵다. 개인정보 관련 데이터뿐만 아니다. 여러 가지 기술적 제약과 비용적인 문제로 활용할 수 있는 빅데이터에는 한계가 존재한다. 빅데이터를 수집하기 위해서는 수집한 데이터를 저장하기 위한 서버의 용량도 늘려야 하므로 비용이 더 들 수 있다. 뿐만 아니라 수집한 데이터를 분석하는 것도 상당한 비용이 소요된다. 모든 데이터를 무작정 많이 수집해 분석한다고 해서 소비자에 대한 이해도가 비례해서 올라가는 것도 아니다. 어느 시점부터는 얻게 되는 인사이트 대비 데이터를 얻고 분석하기 위해 투입되는 리소스와 시간이 과도하게 된다.

이런 한계를 극복하는 데 인공지능(Artificial Intelligence: AI)과 같은 새로운 기술이 도움이 되고 있다. 인공지능을 활용하면, 다른 데이터를 활용해 학습된 결과를 활용해 현재 데이터에서 부족한 데이터의 결과를 예측해 낼 수 있기 때문이다. 많은 데이터를 매번 다 확보하지 못해도 잘 정리된 데이터로 인공지능을 통해 학습시켜 두면, 부족한 데이터를 실제 데이터를 분석하는 것에 가깝게 예측해 낸다. 뿐만 아니라, 인공지능은 데이터를 해석해 마케터가

[그림 3-2] **NEON의 인조 인간**

출처: www.neon.life

할 일을 자동으로 알려 주고, 경험해 보지 못한 상황에서의 결과를 예측해 낸다. 이제 마케터는 빅데이터 분석을 통한 전략 수립은 물론, 인공지능을 통해 예측된 전략까지 확인하고 보완하여 적용할 수 있다.

빅데이터를 투입해 학습된 인공지능의 성능의 우수함은 우리 모두 이세돌을 가볍게 누른 알파고를 통해 체험했다. 다음 바둑알을 어디에 둘지를 알려 주는 것처럼 인공지능은 예측해 내고 전략을 수립해 준다. 실제와 인공지능을 통해 예측한 데이터 또는 가공해 낸 결과물을 보면서 차이를 구분할 수 없는 수준이 된지 벌써 오래되었다. [그림 3-2]는 CES(Consumer Electronics Show) 2020에서 화제가 된 인공지능이 만들어 낸 인간이다. 사진 속의 네 사람 중 한 명만이 진짜 사람이다. 여러분은 이 중에 누가 진짜 사람인지 구분해 낼 수 있겠는가?

인공지능을 통해 광고와 마케팅에서 도움을 받고 있는 영역은 더 있다. 미디어 플래닝은 물론 실제 매체 구매에도 인공지능과 알고리즘의 도움을 받고 있다. 많은 광고 인벤토리 구매에서 실시간 입찰을 통해 최적의 미디어와 광고주를 연결해 주는 애드테크 기반 프로그래매틱 바잉(Programmatic buying) 방식이 활용되고 있다. 이 방식은 마케터가 하는 수많은 업무를 덜어 주는 것은 물론, 불확실성을 줄여 주는 역할을 한다. 검색광고는 물론 동영상 광고,

배너광고 등 대부분의 디지털 뉴미디어에서 활용되고 있으며 이제는 전통매체에서까지 차용하고 있다.

인공지능은 또 광고 제작도 하고 있다. 한 인공지능 광고 솔루션 스타트업인 아드리엘(Adriel, www.adriel.com)은 광고주 사이트의 링크만 제공해 주면, 직접 광고 소재를 제작한 뒤 페이스북(Facebook), 구글(Google) 등 알맞은 매체에 대한 미디어 플래닝까지 하여 직접 광고를 집행하며 그 결과까지 분석해 제공하기도 한다.

2. 빅데이터 기반 마케팅과 광고

1) 데이터 기반 마케팅(or 퍼포먼스 마케팅)

디지털 뉴미디어가 등장하기 전 마케팅은 소위 4대 매체라고 하는 TV, 신문, 잡지, 라디오를 중심으로 했다. 기존 매체의 마케팅 방식은 광범위하게 타깃팅된 사람들에게 브랜드를 인식시키는 방식이었다. 4대 매체에 집행하는 광고 목적의 대부분은 최대한 많은 사람이 보는 곳에 최대한 많이 노출시켜, 사람들의 이목을 끌고 흥미를 가지게 함으로써 결국 구매하게 만드는 것이다. 하지만 이런 방식의 마케팅은 광고 집행 후 정확한 광고의 효과를 알기가 어렵다. 실제로 광고가 정말 매출에 정확히 얼마나 영향을 미쳤는지 데이터 분석을 통해 알 수 없다. 기존 매체에서는 얻을 수 있는 데이터는 한정적이다. 시청률, 열독률 등의 데이터만으로는 심도 있는 분석을 하기 어렵다. 이와 달리 디지털 뉴미디어에서는 소비자들의 행동에 대한 방대한 양의 데이터가 남기 때문에 분석을 통해 새로운 마케팅 및 광고 전략을 세우고 수정하는 것이 얼마든지 가능하다.

다양한 데이터를 분석해 여러 비즈니스의 과정 중 마케팅 전략을 세우는데 활용하는 것을 데이터 기반 마케팅(Data driven marketing) 또는 퍼포먼스

마케팅(Performance marketing)이라 한다. 데이터 기반 마케팅이란 이용자가 보내는 다양한 신호(signal data)를 통해 소비자를 이해하고, 소비자가 원하는 제품과 서비스를 받아보기 편한 형태의 메시지(타깃 메시지)로 만들어, 정확한 소비자(타깃 고객)에게 도달할 수 있는 적절한 미디어(타깃 미디어)를 찾아서 정확한 시간(타깃 타임)에 제공하는 활동이다. 고객들의 행동 데이터 분석을 바탕으로 마케팅 전략을 수립하기 위한 인사이트를 도출해 내는 것이 핵심이다. 접근 가능한 여러 빅데이터를 원천으로 가공하고 활용해 분석한다. 가장 손쉽게는 광고의 노출이나 클릭 횟수를 활용하고, 고객 참여 및 대화 내용 등의 다른 행동 데이터를 활용할 수도 있다. 데이터 기반 마케팅은 기본적으로는 데이터와 숫자를 기반으로 한다. 구체적인 행동이 수치로 명확하게 드러나는 ROAS(광고 지출 회수율) 등을 집중적으로 보기도 한다. 뿐만 아니라, 이용자의 행동정보와 개인 프로필은 물론 위치정보 등 모든 정보를 대상으로 분석한다.

데이터 기반 마케팅은 광고 생태계를 가장 혁신적으로 변화시켰다. 데이터 기반 마케팅은 3C, STP, 4P 등 기본적인 마케팅의 프로세스 방식을 파괴한다고도 볼 수 있다. 기존의 불특정 다수에게 노출시키는 광고에 비해 데이터 기반 마케팅 방식은 효율성에서 엄청난 차이를 보인다. 데이터를 활용하여 가설을 세우고, 그 가설을 검증하고 수정해 마케팅 효과를 극대화하는 방식이다. 정확한 타깃을 선별하고, 그들에게만 메시지를 전달하며, 단순 1회성 노출이 아닌 구매 유도를 위해 지속적으로 메시지 관리를 한다. 이로 인해 불필요한 마케팅 예산 낭비도 줄일 수 있다. 데이터 기반 마케팅은 특징은 타깃 소비자만을 대상으로 한다. 광고 지출 및 마케팅 메시지는 마케팅 캠페인의 적절한 대상에게만 노출되도록 최적화하는 것이다. 즉, 관련 메시지를 타깃 소비자에게만 보낸다. 모든 마케팅 메시지에 맞는 일반적인 단일 크기의 마케팅 시대는 끝났다. 뉴미디어의 데이터 기반 마케팅이 기존 4대 매체 위주의 마케팅 전략과 다른 점은 기존 마케팅이 소비자의 주목을 끌고 흥미를 유발함으로써 인식을 변화시키는 것에 초점을 두었다면, 데이터 기반 마케팅은 소비자의 행동 변화에 집중한다는 점이다. 그래서 데이터를 활용한 마케팅은 단순한 인식 변화를 넘어 구매나 참여 등 소비자의 직접적인 행동을 유도할 수 있는 방향으로 진화했다.

데이터 기반 마케팅의 핵심은 데이터뿐 아니라 분석 능력이다. 데이터 기반 마케팅을 잘 하기 위해서는 많은 데이터의 확보가 중요하다고 알고 있지만, 그에 비해 데이터 활용 능력이 더 중요하다. 흔히 데이터를 빗대어 미래의 원유라고도 한다. 그만큼 중요한 자산이라는 의미를 내포하고 있지만 실제로 원유와 비슷한 면도 많은 것 같다. 원유에는 불이 붙지 않는다. 뿐만 아니라 사실 원유 자체로는 별달리 용처가 없다. 정제를 통해 휘발유와 나프타 등 여러 가지 산출물로 얻어낼 때 비로소 원유는 그 가치를 드러낸다. 그렇게 정제되어 얻은 산출물은 또 다시 가공되어 각종 플라스틱 제품, 의류, 심지어 비타민 등으로 탈바꿈되어 더 가치를 발한다. 데이터라는 원유도 마찬가지다. 데이터 자체로는 사실 아무리 많아도 아무런 가치가 없다. 그렇다면 데이터라는 원유는 어떻게 정제해 가치를 만들어 내는 것일까? 즉, 데이터 분석을 통해 어떤 정제물을 얻을 수 있을까? 데이터 분석의 진정한 의미는 이용자도 읽지 못하는 니즈를 읽어 내는 것이라 할 수 있다. 이용자가 남긴 흔적을 잘 분석하면 비즈니스를 성장시킬 소중한 힌트가 숨어 있다. 데이터를 정제하는 일은 그 힌트를 찾고 다양한 비즈니스 과정에 활용하는 것이다.

데이터 기반 마케팅이 혁신적이지만, 성공적인 데이터 기반 마케팅을 위한 전제 조건이 있다. 먼저 올바른 데이터를 찾아야 한다. 무작정 많은 데이터를 활용하고 분석한다고 좋은 전략이 나오는 것은 아니다. 사실 데이터는 어디에나 있다. 데이터를 수집하고 분석하는 데는 많은 리소스와 시간을 필요로 한다. 많은 데이터를 활용하는 것보다는 수많은 데이터 중 올바른 데이터를 선별해 효율적으로 활용하는 것이 더 중요하다. 또한, 데이터는 수월하고 신속하게 얻어져야 한다. 데이터 기반 마케팅은 속도가 중요하다. 아무리 좋은 데이터도 얻는 데 오랜 시간이 걸린다면 그 가치는 반감될 수밖에 없다. 다음으로는 데이터의 형식을 맞춰야 한다. 데이터의 포맷이 다르면 통합적인 분석을 할 수가 없어, 그 효과가 떨어질 수밖에 없다. 여러 데이터의 포맷이 달라 빅데이터를 통합할 수 없다면 이는 여러 그룹이나 개인의 데이터에 불과해 인사이트를 제공할 수 없다. 다양한 종류의 데이터를 서로 연결하거나 통합적인 시각으로 분석할 수 있어야 한다. 여러 종류의 데이터를 가지고 있는데 이를 연결해 전체적인 시각에서 분석해 낼 수 없다면 역시 반쪽도 안 되는 인사이트만 제공할 뿐이다. 그리고 무엇보다 중요한 것은 데이터를 이해하고 분석해 내는 것이다. 데이터에 대한 이해가 없으면 효과적인 분석도 어렵고, 성공적인 전략을 수립할 수도 없다.

기존 마케팅 대비 디지털 뉴미디어를 통해 얻을 수 있는 데이터와 이를 활용한 데이터 기반 마케팅, 특히 광고가 가진 장점은 너무나 많다. 그 가운데 가장 큰 장점은 앞서 언급한 바와 같이 개인화된 데이터를 얻어 분석이 가능하고, 데이터를 가지고 소비자를 세분화하여 개인화된 마케팅 집행까지 가능하다는 점이다. 디지털 뉴미디어를 통해 얻는 빅데이터는 로그인 또는 모바일을 통해 개인화되어 있다. 그 외에도 다양한 분석 방법과 기술을 통해 개인화된 데이터를 얻을 수 있고 데이터 분석을 통해 타깃을 정하는 것은 물론 소비자를 세분화한 전략을 수립할 수 있다. 또한, 다양한 미디어 채널을 통해 개인화된 소비자에게 접근할 수 있다.

온라인 검색을 통한 예를 들어 보자. 마케터의 집행과 검색 사이트의 최적화가 합쳐져 검색광고는 물론 검색 결과도 개인화된 검색 결과를 제공되는 것을 볼 수 있다. 예를 들어 '원피스'라는 정보를 검색하는 경우, 10대 남성에게는 일본 만화인 원피스에 대한 검색 결과가 상단에 노출된다. 반면, 20대 여성에게는 여성 원피스 상품의 검색광고나 쇼핑 광고가 상단에 노출된다. 이 경우 마케터는 20대 여성을 타깃으로만 광고와 메시지를 노출할 수 있다. 실제 개인화된 데이터를 활용할 경우 20대 여성 안에서도 더 세분화되고 개인화된 타깃에게 차별화된 메시지를 전달할 수도 있다. 마케터는 전달하는 마케팅 채널뿐 아니라 크리에이티브나 메시지까지 세분화하고 개인화해 제공할 수 있다. 물론 메시지뿐 아니다. 최대한 고객이 원하는 대로 상품과 서비스를 제공하고, 효율적으로 최선의 효과를 창출해 내는 데 큰 도움이 된다. 그래서 침입성이 높은 리치 미디어 유형의 광고는 점차 지양하게 되고, 개인에게 최적화되고 세분화된 맞춤형 광고가 점차 증가하고 있다.

또 다른 장점은 신속하고 정확하다는 점이다. 방대한 양의 데이터를 디지털 뉴미디어에서는 실시간에 가까운 빠른 시간 안에 얻을 수 있으며, 소비자의 행동을 기반했기 때문에 더 정확한 정보를 얻을 수 있다. 신속하게 데이터를 얻고, 잘 필터링하여 결합해 분석하면 빠른 의사 결정을 내리게 할 수 있다. A/B 테스트를 통해 다양한 가설을 세우고 그 방식에 따른 결과를 보면서 얼마든지 전략을 수정할 수 있다는 것도 매력이다.

데이터 기반 마케팅을 위한, IT 기술을 적용한 광고 기법들이 자리 잡은 지 오래다. 데이터를 분석해 효과적인 광고 집행을 하는 것이 마케터만의 역량이 아니다. 다양한 가치를 제공하는 수많은 애드테크(AD tech) 업체가 광

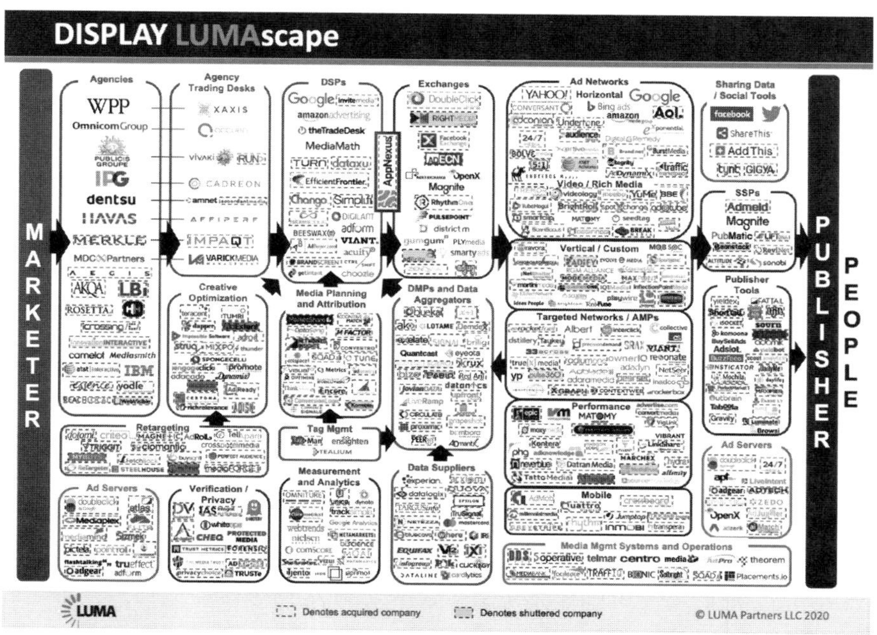

[그림 3-3] 전세계 애드테크 기업 구조도별 랜드스케이프

출처: https://lumapartners.com/

고 생태계를 구성하고 있다. 마케터가 마음만 먹으면 어렵지 않게 빅데이터를 활용해 컴퓨터(시스템)가 광고주, 광고 매체, 광고 대상을 연결하고, 정확한 소비자에게 정확한 메시지를 정확한 시기에 전달할 수 있는 시대다. 데이터 기반 마케팅을 하기 위한 데이터 분석은 이미 다양한 툴이 제공되기에, 마케터들도 특별한 프로그래밍 지식 없이 수행할 수 있다. 네이버 비즈어드바이저와 같이 쇼핑과 광고 집행 시 제공되는 데이터 분석 툴 등이 있어서 분석된 데이터를 보면서 쉽게 전략을 수립하고 수정할 수 있다는 것이다. 네이버나 구글의 애널리틱스(Google Analytics), 구글과 네이버가 제공하는 검색 트랜드 자료 등 다양한 무료 도구도 있다. 마케터는 오히려 마케팅 전략을 생성할 수 있는 너무 많은 마케팅 도구의 홍수 시대에 살고 있다. 올바른 데이터 분석 도구를 활용할 수 있는 통찰력은 마케터가 미래의 트렌드에 대해 더 잘 준비하고 앞으로 더 나은 의사 결정을 내리도록 하는 것이다.

2) 구매의사 결정 여정에 따른 데이터 기반 마케팅

소비자 구매의사 결정 여정 단계에 따라 소비자들은 흔적을 남긴다. 검색이나 SNS 후기 등을 보면 행동 패턴을 남기는데, 이런 데이터를 모아서 분석해 보는 것이 데이터 기반 마케팅이다. 마케터라면 고객의 구매의사 결정 여정을 함께 따라가면서, 각 단계별로 고객 행동의 데이터를 얻어서 분석하고 제공하는 활동을 해야 한다. 소비자 구매의사 결정 여정 분석은 고객이 고려, 검색 및 구매에서 소비 및 구매 후 단계로 이동하는 여러 접점과 어떻게 상호작용하는지를 고려한다. 소비자 여정 분석에서는 소비자가 이용하는 채널과 접점을 파악해 어떤 채널을 왜 이용하는지 관찰한다. 데이터 기반 마케팅이 추구하는 또 다른 목표는 소비자와의 접점을 늘리는 것이다. 구매의사 결정 여정의 단계에 맞춰 소비자와의 접점을 분석하고 대응해야 한다. 구매 경로를 이해하고 구매 경로를 따라 구체적인 결과를 측정하는 것이 중요하다. 접점(Touch Point)을 설계(Design)하고 관리(Sharping)하는 과정에서, 소비자의 구매 여정을 큰 그림으로 내려다보고 소비자들이 어느 여정의 단계를 밟는지 알 수 있다.

디지털상에서 방문자 대비 수익화율을 높이기 위해서 마케터는 어떻게 데이터 기반 마케팅을 해야 할까? 먼저 타깃 고객을 가장 효과적으로 유입하기 위한 다양한 플랫폼과 매체를 선정해 테스트해야 한다. 결과를 보고 효과가 가장 좋은 성공사례에 광고비 비중을 높여야 한다. 유입된 방문자의 구매 전환 및 수익률을 높이기 위한 랜딩페이지의 최적화도 해야 한다. 구매 전환 고객 유입 경로만 볼 것이 아니라, 구매의사 결정에 얼마나 시간이 걸리는지 어디가 주로 이탈되는 걸림돌이 되는지도 확인해야 한다. 구매 결정 이전에 이탈한 고객들의 원인을 분석하고, 그들의 이탈률을 낮추기 위해 전략을 수정하는 것은 물론, 이탈 고객을 타깃으로 하는 마케팅 전략도 수립해야 한다. 이 과정은 단기간의 완성이 아니라 지속적으로 정교화시키는 작업 과정이다. 관심 유도부터 최종 구매까지의 총체적인 행동에 마케터가 관여함에 따라 소비자는 자신도 모르는 사이에 의사 결정에 영향을 받는다.

하지만 모든 단계에 다 관여하는 것이 꼭 효과적이라고 볼 수는 없다. 모든 단계에 다 대응한다는 것은 많은 리소스가 필요하다는 뜻이기도 하다. 소비자 구매의사 결정 여정 모델에 따르면, 소비자는 어느 단계이던지 얼마든지 대안을 추가하거나 구매의사 결정을 바꿀 수 있는 정보 탐색에 개방적이라고는 하나, 소비자의 구매를 위한 과정 중에서 정보 탐색 단계보다는 대안의 비교와 속성의 평가가 일어나는 구매 고려(Consideration) 단계의 소비자를 사로잡는 것이 광고주의 입장에서 더 효과적이다. 초기 정보 탐색 단계보다는 구매의사 결정에 가깝게 간 고려 단계에서 소비자들은 더 능동적이고 자발적인 행동을 통해 정보를 수집한다. 소비자가 특정 브랜드와 관련된 키워드를 검색한 경우 마케터는 구매 고려 단계에 위치한 잠재적 소비자들을 사로잡아 후속 구매로 이어지게 해야 한다. 이를 위해 마케터는 이용자의 검색에 자사의 관련 정보가 잘 노출될 수 있도록 다양한 검색엔진 최적화(Search engine optimization: SEO) 작업을 하거나 검색광고를 제공한다.

마케팅 깔때기를 만드는 것은 자신의 고객이 아닌 사람을 분리해 내는 과정이라고도 한다. 빅데이터 분석을 하는 이유도, 소비자 구매 여정을 살펴보는 이유도 자신의 고객이 아닌 사람을 분리해 내고 자신의 고객과 잠재고객에게 맞는 마케팅 활동을 함으로서 효율을 높이기 위함이다. 자사의 진정한 고객을 찾아 더 많은 마케팅 리소스를 배분하게 함으로써 로열티를 올리는 전략을 세우는 것도 중요하다.

3. 광고 생태계의 주요 변화

소비자 구매의사 결정 여정 모델에 따르면, 소비자는 어느 단계에서든지 정보를 탐색하고 찾은 정보를 바탕으로 얼마든지 대안을 추가할 수 있으며, 구매 후 제품에 대한 후기를 남기고 상호작용한다고 했다. 그에 따라, 정보 탐색 활동은 물론 구매 후기나 공유가 중요해졌다. 온라인 검색과 SNS 등을 이용한 후기나 인플루엔서 추천, 구매 후기 등의 영향력이 클 수밖에 없다. 온라인 광고의 관점에서 어떤 변화가 있었는지 살펴보자.

1) 검색과 검색광고

검색과 검색광고는 언택트 시대에 더욱 고객의 구매 여정을 확인할 수 있는 좋은 툴이다. 검색광고에서도 고객 구매 여정에 따른 데이터 기반 마케팅 전략이 필요하다. 실제 소비자 구매의사 결정 여정과 검색광고에 대한 연구 결과를 보면 검색광고에서도 그 전략이 실제로 적용되고 있다(김용환, 2019). 연구 결과에 따르면 이용자들은 구매 여정의 각 단계에 따라 이용자의 제품 또는 브랜드에 대한 지식 수준이 다르고, 그 결과 구매 정보 탐색 단계별로 입력하는 검색어 수준의 차이가 있는 것을 확인할 수 있다. 초기 정보 탐색 단계에 있는 소비자는 지식 수준이 낮아 '제품이나 서비스의 카테고리 이름'과 같은 추상적인 수준의 검색어 비율이 높은 반면, 구매의사 결정에 근접할수록 특정 브랜드나 제품 모델 등의 구체적 수준의 검색어 입력 비율이 높게 나타나는 것을 확인할 수 있다. 재미있는 것은 추상적 수준의 검색어 대비 구체적 수준의 검색어에 검색광고를 집행한 경우 노출 대비 클릭률이 더 높게 나타났다는 것이다. 소비자 구매의사 결정 여정의 단계에 있어서 구매 고려 단계에 근접할수록 여러 검색광고를 클릭해 정보를 찾기보다는 대안이 줄어든 상황이라 소수의 검색광고를 클릭해 구매 전환하는 것으로 추정해 볼 수 있다. 현명한 마케터라면 데이터에 기반해 구매의사 결정 단계에 다가간 제품이나 브랜드에 맞는 검색 키워드를 선정해 광고를 노출시키는 전략을 짤 것이다. 물론, 집행한 후에도 데이터를 보면서 끊임없이 전략을 수정할 것이다.

검색광고에서 데이터 분석을 통한 전략 수립이 필요한 것은 비단 키워드 선정에만 있지는 않다. 키워드별 입찰가격, 지역 또는 연령대와 성별 타깃팅, 노출되는 매체 타깃팅, 노출 순위 등 수없이 많은 전략 설정이 필요하다. 아무런 데이터 분석 없이 광고 집행 전략을 수립해 집행한다면 결코 효율적인 광고 효과를 얻을 수 없다. 하지만 데이터 분석이 결코 쉬운 일은 아니다. 직접 광고를 집행하는 소규모 광고주의 경우엔 더 그렇다. 이 경우 광고주는 대부분의 검색광고 대행사나 네이버와 구글 같은 검색광고 미디어에서 제공하는 다양한 무료 데이터 분석 도구를 활용하는 것이 필요하다. 잘만 활용하면 광고 전략에 대한 조언은 물론 관리까지 받을 수 있다. 네이버의 경우, 일반 광고주(네이버광고보고서, 로그 분석, 애널리틱스 등), 쇼핑판매 기반 광고주(비즈어드바이저), 창작자 기반 광고주(크리에이터스튜디오) 등 광고주의 특성에 맞게 특화한 다양한 데이터 통계 툴을 제공하고 있고, 구글도 Google Trend, Google Tag Manager, Google Optimizer 등을 제공하고 있다. 이런 분석 툴은 인공지능 등의 기술을 활용해 과거에 비해 훨씬 고도화되고 자동화되고 있다.

네이버의 비즈어드바이저도 인공지능까지 활용해 광고 효과를 분석해 광고주 혹은 스마트스토어 판매자에게 의사 결정을 위한 다양한 고객데이터를 제공하고 조언한다. 광고주의 '광고비 대비 매출액(ROAS)'을 분석해 최적의 광고를 집행하도록 지원하는 기능과 타 사업자들의 누적 결제 금액을 참고해 성장에 필요한 주요 마케팅 포인트들을 제안하는 벤치마크 기능까지 제공하거나, 제공 예정에 있다. 비즈어드바이저는 판매 대비 광고비가 과도하다는 판단이 서면 광고비를 낮추라고 조언을 하기도 한다. 데이터를 기반으로 한 조언을 통해 광고주는 광고 및 마케팅 전략을 수립할 수 있다. 비즈어드바이저는 고객의 다양한 행동 이력을 살펴볼 수 있는 기능도 제공한다. 사이트 방문 이전에 어떤 키워드를 검색했는지, 사이트를 방문한 고객 중 몇 명이 실제 구매로 이어졌고 구매하지 않은 고객들은 어떤 행동을 했는지 등을 확인할 수 있다. 마케팅 채널별 유입수, 유입당 결제율, 상품 카테고리별 마케팅 결제 금액 등도 제공되는 정보다. 광고주에게 방문 고객이 누구인지 알 수 있도록 상세한 정보도 제공한다. 인공지능 기술을 활용해 고객의 결혼 여부, 직업, 가구수, 자녀 나이 등의 개인정보에 관한 추정값까지 제공한다. 실제, 비즈어드바이저를 통해 데이터를 활용해 광고를 집행하는 광고주의 성과가 일반 광고주에 비해 훨씬 우수한 것으로 나타났다. 네이버에 따르면, 비즈어드바이저를 활용하는 광고주의 매출이 평균 63.2% 상승한 반면, 그렇지 않은 판매자는 19.5% 만 상승한 것으로 나타났다고 한다.

검색광고를 실제 구매하는 입찰 과정에도 데이터 분석과 인공지능을 활용해 자동입찰하도록 도와주는 회사들도 생겨났다. 광고 입찰을 위해 광고주, 광고 에이전시, 브랜드 상품 MD 등이 상호 협의하는 데 대략 일주일이 걸리겠지만, 인공지능에 의한 자동화 시스템을 이용하면 순식간에 광고 구매가 결정된다. 인공지능은 고객 관리까지 담당하기도 한다. 주요 고객은 사람이 관리하고 방문빈도가 낮은 고객은 인공지능을 통해 관리를 하도록 한다. 검색광고에서 대표 키워드가 아닌 광고비 대비 수익(ROAS)이 높은 키워드를 발굴하고 입찰하는 것에 인공지능이 활용되기도 한다.

2) 인플루언서 마케팅과 구매 후기

소비자들은 구매 후 과정을 스스로 공유하거나 본인이 정보 탐색을 하는 경우에는 다른 소비자가 공유한 정보를 찾아본다. 그리고 일반적인 경우에 해당 제품 또는 서비스 기업이나 마케터가 전달하는 정보보다는 낯선 소셜미디어 속의 친구들이나 인플루엔서가 제공하는 정보를 더 신뢰하기도 한다. 유명 인플루언서의 SNS나 동영상 서비스 등에서 노출되거나 소개된 상품이 불티나게 팔려 나가는 것은 더 이상 놀라운 일도 아니다. 인플루엔서에 대한 검색도 활발하다. 인스타그램(Instagram)이나 페이스북(Facebook)과 같은 SNS에서는 인플루언서를 팔로잉할 수도 있지만, 각종 해시태그를 활용하거나 직접 검색도 가능하다. 유튜브(Youtube)에 대해서는 이제 동영상 검색 포털이라는 수식어가 따라 다닐 정도로 정보 검색이 쉽다. 네이버의 경우엔 아예 인플루엔서 검색을 선보였다. 올바른 정보 검색이라는 것이 내가 찾고자 하는 무엇을 찾는 것도 중요하지만, 정보의 홍수 속에서는 오히려 누구의 무엇을 찾는 것이 더 유익한 정보가 된 것이다. 이에 따라 인플루언서를 통한 마케팅도 중요하며 어느 때보다 활발하다. 인플루언서를 통한 마케팅의 규모는 정확히 알 수는 없으나 검색광고 매출보다 몇 배는 더 크다는 추정도 있다.

하지만 인플루언서 마케팅에도 한계는 있다. 대부분 기업 후원에 의한 제품이나 서비스 소개를 하는 마케팅 활동이라고 알고 있지만, 기업 후원 사실을 명확히 밝히지 않는 경우에 대한 거부감이 꽤 크다. 과거에는 블로거들의 글에서 후원 사실을 밝히지 않은 경우에 대한 비난이 있어서 공정거래위원회가 블로그나 카페 글 등에는 반드시 후원 사실을 명확히 밝히도록 하는 지침까지 제정하게 되었다. 최근 유명 유튜버들이 후원 사실을 밝히지 않은 소위 '뒷광고'가 소비자 기만 행위라고 이슈화되었다. '내 돈 주고 내가 산 물건'이라는 뜻의 '내돈내산'이라는 신조어까지 등장했다. 유명 유튜버에 대한 각종 악플이 달리고, 일부 유튜버는 은퇴까지 선언했다. 결국 공정거래위원회까지 나서서 새로운 심사 지침을 만들어 발표했다.

재미있는 사실은 후원을 한 사실을 소비자에게 명확히 고지한다면 해당 정보에 대한 소비자의 신뢰도는 떨어지지 않는다는 점이다. 많은 네이티브 광고 또는 콘텐츠 마케팅에 관련된 연구 결과를 보면, 유익한 정보를 제공하고 광고라는 점을 분명히 고지해 주면 거부감이 높지 않는 것을 알 수 있다. 네이버가 제공하고 있는 파워콘텐츠라는 검색광고 상품은 이러한 연구 결과에 기반해 광고라는 사실을 고지하고 제공하는 대표적인 블로그 검색 상품이다.

소비자들에게 유명 인플루언서가 아닌 보통 이용자들의 후기도 중요한 정보다. 마찬가지로 의도가 있는 허위 정보나 후기가 아닌, 소위 내돈내산의 진짜 구매 후 정보를 원한다. 블로그나 카페, SNS 등의 후기는 물론 쇼핑몰에 있는 수많은 이용 후기나 별점을 참고한다. 후기가 좋을수록 구매로 연결되는 비율이 높기 때문에 후기와 별점에도 어뷰징 시도가 많았다. 최근에는 이런 어뷰징을 걸러 내기 위해 실제 구매를 한 고객만의 후기와 평점을 따로 보여 주기도 한다.

3) 기타 광고 및 마케팅

검색광고 이외에도 DA나 동영상 광고 등에서도 빅데이터 분석을 통한 광고 집행 전략을 수립하고 집행하고 있다. 주로 CPM 방식으로 노출되던 DA나 동영상 광고도 실시간 입찰(Real Time Bidding: RTB)을 활용한 프로그래마틱 바잉(Programmatic buying) 방식의 성과형 광고 플랫폼으로 전환되고 있는 추세다. 이 경우에 마케터는 광고하는 브랜드, 제품, 마케팅 목적에 맞게 성/연령/지역/디바이스OS/관심사 등을 타깃팅해서 실시간으로 입찰을 보면서 운영할 수 있다.

데이터 기반 마케팅에서 활용하는 여러 소비자의 행태 정보 가운데는 소비자의 지역정보도 있다. 물리적으로 가까운 위치의 타깃 소비자에게만 할인 쿠폰을 보내거나 광고를 노출하는 등의 타깃 메시지를 전송하기도 한다. 위치를 기반으로 해 검색 결과에 아예 반영하기도 한다. 대표적인 것이 네이버의 스마트어라운드 서비스다. 소비자의 검색 맥락에 따라 다양한 장소를 인공지능을 통해 추천하는 서비스로 상품 추천뿐 아니라 온라인 예약, 길찾기, 전화 등의 디지털 기술을 지원한다. 소비자와의 물리적 거리라는 데이터를 잘 활용하는 상점의 경우 낮은 인지도에 의한 약점을 어느 정도 극복하는 효과를 볼 수 있다고 한다. 일반 검색 결과에서 상점의 브랜드 인지도로 인한 클릭률 차이는 스마트어라운드 검색 결과에서는 현격하게 줄어든다고 한다. 네이버에 따르면, 일반 검색 대비 스마트어라운드에서 인지도가 낮은 상점 전환율은 26.7배, 전화걸기 클릭은 9배, 길찾기 클릭은 40배나 더 높아졌다. 따라서 인지도가 낮은 상점의 경우에는 이런 소비자와의 물리적 거리라는 데이터 분석을 잘 활용해 경쟁력을 높일 수 있다.

4. 걸림돌 및 고려 사항

데이터 기반 마케팅의 기본 요건이 많은 데이터의 확보라고 보았을 때, 한국 디지털 뉴미디어의 행동 데이터 수집에는 큰 한계가 존재한다. 기술적인 문제나 경쟁력 문제가 아니라 해결은 쉽지 않아 보인다. 앞서 이야기한 바 있지만 개인정보에 관련된 데이터를 얻기도 어렵고 활용하기도 어렵다는 점이다. 데이터 기반 마케팅의 중요한 부분 중의 하나가 소비자를 세분화하고 개인화할 수 있다는 점인데, 개인정보 보호 차원에서의 문제로 인해 데이터 획득이 어려워 그 아쉬움은 크다. 한국은 개인정보의 활용에 대한 규제가 강한 국가이며, 개인정보 활용에 대한 소비자의 거부감도 큰 편이다. 개인정보가 활용된 맞춤 광고에 대해, 이용자들은 자신의 개인정보가 노출될 것이라는 우려는 물론, 활용된 결과도 좋아하지 않는 편이다. 사회적으로 필터버블이나 확증 편향과 같은 우려도 제기되고 있다. 이는 데이터 기반 마케팅을 위해 활용되는 인공지능이나 알고리즘에 대한 과도한 경계심이 있다는 것을 반증한다.

인공지능을 통한 학습 결과는 물론 이를 활용한 데이터 기반 마케팅에서의 작은 차이는 결국 큰 차이를 불러온다. 약간의 차이는 데이터와 시간으로 인한 경험의 누적이 쌓일수록 따라갈 수 없는 경쟁력 차이가 된다. 규제와 소비자 인식으로 해외 기업과의 격차만 더 벌어질 뿐이다. 다양한 데이터 분석을 통해 제공되는 마케팅은 소비자에게는 필요한 정보를 더 잘 전달함으로써 소비자의 편리성을 높여 주는 일이다. 물론 소비자의 개인정보 보호도 중요하다. 다만, 근거 없는 공포와 막연한 거부감을 가져서는 안 되며, 합리적 근거에 기반한 부작용에 대한 경계가 필요해 보인다.

기존 마케팅 대비 데이터 기반 마케팅은 광고 생태계에 혁신적인 변화를 가져왔다. 하지만 데이터 기반 마케팅도 완벽한 것은 아니다. 데이터 기반 마케팅은 과거에 효과가 있었던 데이터를 기반으로 분석하는 것이다. 아무리 소비자의 행동 데이터를 실시간에 가깝게 얻어서 분석해 마케팅 전략을 짠다고 해도 소비자의 미래를 예측할 수 있는 것은 아니다. 소비자 행동은 항상 변하고 있으며 과거에 어떤 일이 일어났다고 해서 미래에 다시 일어날 것이라는 것을 의미하지는 않기 때문이다. 또한, 데이터 분석은 소비자 행동의 특정 패턴을 도출해 내는 것이므로 정확히 소비자가 왜 그렇게 행동하는지를 설명하기는 어렵다. 소비자 행동을 이해하는 것은 매우 중요하다. 데이터 분석을 한다고 해서 모든 경우에 '왜?'라는 이유를 설명할 수 없다. 데이터 기반 마케팅이 가지는 치명적인 단점은 마케터의 창의성을 무시하도록 하는 원인이 된다는 점이다. 숫자와 데이터에 과학적으로 접근한 데이터 기반 마케팅이라고 완벽하지 않다. 마케터가 발휘하는 창의적인 아이디어와 조화를 이루는 것이 더 훌륭한 결과를 낼 때도 많다는 점을 간과해서는 안 된다.

김용환(2019). 소비자 의사 결정여정 모델에 따른 검색 광고 효과 연구. 중앙대학교 대학원 박사학위논문.

한국방송광고진흥공사(2019). 2019 방송통신광고비 보고서. 과학기술정보통신부.

Akiyama, R., & Sugiyama, K. (2004). *Holistic Communication*. Tokyo: Senden Kaigi

Andreasen, A. R. (1965). *Attitudes and customer behavior: a decision model. New Research in Marketing*. California Institute of Business and Economics Research, University of California.

Cosmides, L., & Tooby, J. (1994). *Better than rational: Evolutionary psychology and the invisible hand*. The American Economic Review.

Court, D., Elzinga, D., Mulder, S., & Vetvik, O. (2009). The consumer decision journey. *Mckinsey Quarterly, 3*, 96-107.

Duncan, T. (2002). *IMC: Using advertising and promotion to build brands*. McGraw-Hill.

Edleman, D. (2010). Branding in the digital age: You're Spending Your Money in All the Wrong Places. *Harvard Business Review, 88*(12), 62-69.

Evans, J. (1984). Heuristic and analytic processes in reasoning. *British Journal of Psychology, 75*(4), 451-468.

Lewis, E. (1903). Advertising department: catch-line and argument. *The Book-Keeper, 15*, 124-128.

Petty, R. E., & Cacioppo, J. T. (1986). *Communication and Persuasion: Central and Peripheral Routes to Attitude Change*. NY: Springer-Verlag.

2

디지털 변화 속 광고PR 산업

제2부

광고 산업 관련 주제의 변화와 과제

제4장

광고PR회사의 변화와 새로운 솔루션

김운한(선문대학교 미디어 커뮤니케이션학과 교수)

이 장에서는 새로운 미디어 환경에서 광고PR회사의 업무 현황과 과제를 알아보고 향후 발전방안을 논의하고자 한다. 광고PR회사 중 광고대행사와 PR대행사를 중심으로 살펴본다. 대행사는 국내 광고 및 PR 산업을 움직이는 주체로서, 광고PR 산업의 변화를 가늠하는 중요 척도라 할 수 있다. 이 장에서는 새로운 미디어 환경에서 대행사들이 맞이하는 환경 변화를 소개하고, 관련 산업 변화에 대응하기 위한 광고와 PR회사의 지향점을 '사회적 가치'를 높이는 커뮤니케이션 제공에 초점을 두고 세부 방안을 모색하였다. 사회적 가치란 사회 전체가 지켜야 할 가치를 의미한다.

1. 들어가며

국내 광고업종은 크게 광고대행업, 광고제작업, 광고전문서비스업, 인쇄업, 온라인 광고대행업, 옥외광고업 등으로 나뉜다. 이 중에서 광고대행업과 온라인 광고대행업을 합친 규모는 2018년 기준 약 3천 개(광고단체연합회 2019년 조사, 중복 처리 결과로 실제보다 많을 수 있음)로서, 전체 광고취급액은 9조 8천억 원(전체 17조 중 약 57%)에 이른다. 실제 광고 산업 업종별 취급액이 여러 업종 간 중복 처리된 것을 감안한다면 두 대행업의 취급 비중은 어마어마하다고 볼 수 있다. 이 자료는 광고업종을 중심으로 집계한 결과로서 금액의 차이가 다소 존재한다. 그럼에도 최근 콘텐츠 관련 산업 등 파생되는 커뮤니케이션 분야를 감안할 때 대행사의 역할은 지대하다고 할 수 있다.

실제 국내 광고 및 PR 산업에서 대행사는 실질적으로 중요한 역할을 수행하는 산업 주체였다. 광고 산업의 경우 매출액의 대부분이 광고대행사, 그 중에서도 상위 10개 대행사로부터 나왔다. 불과 3, 4년 전만 하더라도 광고대행사(브랜드 분야)가 차지하던 광고 산업 매출액을 최근에는 광고대행사와 매체사가 나누어 갖는 구조가 되었다. 디지털 미디어 환경이 변화됨에 따라 전통적인 광고대행사의 비중이 점차 약화되고 있는 것으로 보인다. 그럼에도 제일기획, 이노션, HS애드 등 그룹 계열사, 이른바 하우스에이전시(house agency)의 비중은 여전히 막대하다.

특히 광고대행사들은 국내 미디어 광고 산업 발전의 견인차 역할을 해 왔으며, 최근 디지털 미디어와 글로벌 시장 성장 등 새로운 광고 산업 환경에 대응하기 위해 다각적인 노력을 하고 있다. 다만, 기업(클라이언트)의 입김이 커지면서 수익성이 갈수록 중요시되는 데다, 디지털 미디어 플랫폼 기반의 커뮤니케이션으로 성과(performance) 평가가 용이해지면서 대행사의 경영 목표가 단기적 성과에 집중하는 경향이 늘었다. 광고회사의 경우 단순히 광고제작 서비스에서 나아가 제품 개발에서 디자인, 서비스 제안 등 상품기획 초기부터 개입되어 활동하거나, 다양한 문화 활동이나 엔터테인먼트와 결합하여 문화 콘텐츠 제작 회사로 그 영역을 확장하고 있다. 아이디어 상품을 개발 판매하는 제일기획의 '제3기획'이나, 제품 콘셉트를 제안하고 디자인과 브랜드네임, 패키지 디자인 등의 컨설팅을 제공하는 HS애드의 제품개발팀 '오버더레인보우'가 그 예다. 비단 광고회사뿐 아니라 PR회사에서도 제품제안과 문화 마케팅 캠페인 등 다각적인 영역에서 전방위적인 서비스를 제공한다. 이 장의 목적은 광고PR 산업의 주역으로서 역할을 해 온 대행사들의 현황과 미래 대응을 위한 이슈를 논의하는 데 있다. 이를 위해 기존 자료 및 실제 전문가의 인식 조사 자료를 토대로 실질적인 전략 방안을 제안하고자 한다.

광고회사 현황에 관한 주요 자료로는 한국광고총연합회의 조사 자료와 광고대행사 제일기획이 발행하는 『광고연감』 등이 있다. 광고업종에 국한해 보더라도, 광고 산업은 매체 산업, 제작 산업과 같은 광범위한 옥외 부문과 인쇄업 등 여러 사업이 포함되며 서로 중복되어 있다. 그만큼 개별 산업에 대한 정확한 통계치를 파악하기 어렵다. 조사 기관의 기준에 따라서도 차이가 있다. 이 장에서는 광고의 경우 한국광고총연합회의 조사 자료를 중심으로 소개하였으며, PR의 경우 PR기업협회 자료를 일부 참고하였다.

2. 광고PR회사 현황과 이슈

1) 광고회사 규모와 속성

(1) 주요 회사 매출 규모

여기에서는 한국광고총연합회가 실시한 '광고회사 현황조사' 자료를 토대로 국내 주요 광고회사의 취급액과 인원 현황 등을 살펴본다. '광고회사 현황조사'는 국내 광고회사를 대상으로 매년 진행되며, 2019년 자료에서는 총 78개사가 조사에 응답했다. 설문조사 결과는 다음과 같다.

우선, 78개 광고회사의 지난해 취급액 합계는 16조 4,427억 원으로 2017년 대비(14조 7,567억 원) 약 11%가 성장한 것으로 나타났으며, 그중 취급액 순으로 종합광고대행사인 제일기획, 이노션, HS애드, 대홍기획, SM C&C의 5위권 내 광고회사의 총 취급액이 12조 7,418억 원으로 집계되어 전체 취급액의 77%를 차지하고 있는 것으로 조사되었다(한국광고총연합회, 2019).

〈표 4-1〉 **국내 상위 20개 광고대행사(취급액 기준)**

매출 순위	회사	2019년취급액 (백만 원)	전년 대비 성장률(%)	전체취급액 중 디지털 비중(%)
1	제일기획	5,360,064	0	34
2	이노션월드와이드	4,880,275	10	24
3	HS애드	1,525,031	3	31
4	대홍기획	1,008,838	5	10
5	SM C&C	506,501	5	18
6	퓨처스트림네트워크	370,780	5	75
7	TBWA코리아	331,849	22	21
8	레오버넷	198,857	4	29

(계속)

9	맥켄에릭슨&IPG Mediabrands(유니버설맥켄)	178,131	−14	17
10	오리콤	162,473	−14	9
11	한컴	153,546	12	5
12	차이커뮤니케이션	142,908	10	96
13	모투스컴퍼니(구 피플웍스)	130,213	−	2
14	DDB 코리아	110,757	12	6
15	키스톤마케팅컴퍼니	110,000	206	96
16	엘베스트	107,764	−4	14
17	BBDO 코리아	97,521	−6	20
18	상암커뮤니케이션즈	89,148	2	19
19	하쿠호도제일	84,213	4	12
20	농심기획	59,786	−1	5

출처: 한국광고총연합회(2019).

10대 광고회사들로 살펴보면, 이 회사들의 총 취급액은 14조 2,440억 원으로 전년 대비 7% 증가하면서 꾸준한 상승세를 이어가고 있는 것으로 나타났다. 이는 지난해 대형 스포츠 이벤트가 잇달아 개최되면서 광고물량이 증가했는데, 해외 취급액이 늘어난 이노션과 10위권 내 진입한 매체대행사에게는 이것이 호재로 작용했을 것이라는 분석이다. 세부적으로 10대 광고회사의 취급액 및 성장률을 살펴보면, 2013년과 2014년을 제외한 최근 10년 동안 성장이 이어지고 있다([그림 4−1] [그림 4−2] 참조).

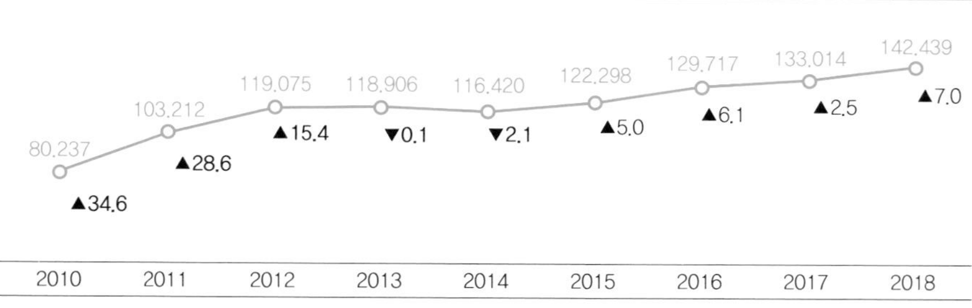

[그림 4−1] **10대 광고회사 취급액 및 성장률**

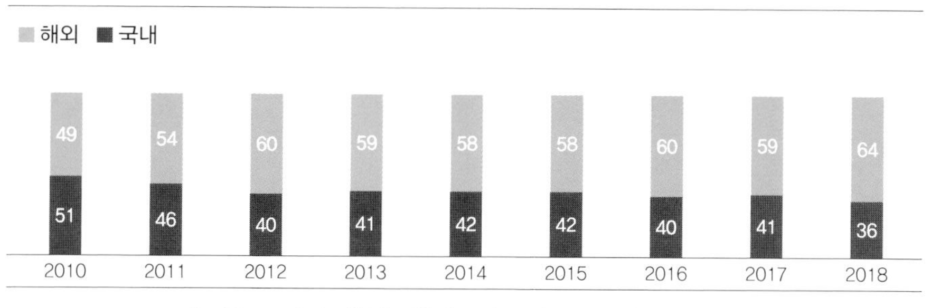

[그림 4-2] **10대 광고회사 국내 vs 해외광고 취급액 비율**

국내 매체 광고비는 2017년 10조 5,122억 원으로 광고 산업의 64%에 해당된다. 광고계동향 현황조사를 통해서도 매년 매체대행사들의 취급액이 가파르게 성장하고 있다. 예컨대 그룹엠코리아는 전년 대비 19% 성장률을 보이며, 매년 10위권 내에 안정적으로 진입하고 있으며, 매체대행을 전문으로 하는 스타컴을 계열사로 가진 레오버넷과 맥켄에릭슨 & 유니버셜맥켄, 덴츠엑스 등도 꾸준한 성장세를 보였다. 특히 매체 광고비 중에서도 모바일 광고 등 온라인 부문의 취급액이 크게 증가했다. 제일기획이 조사한 국내 총 광고비 자료(2018년)에 따르면 디지털 광고비가 사상 처음 4조 원을 돌파하면서 TV, 라디오를 합친 방송광고비를 추월한 것으로 나타난다([그림 4-3] 참조). 디지털 대행사들의 성장 폭도 컸다. 애드쿠아인터렉티브, 그룹아이디디, 이모션글로벌 등 디지털 분야에 강한 계열사를 거느리고 있는 퓨쳐스트림네트웍스

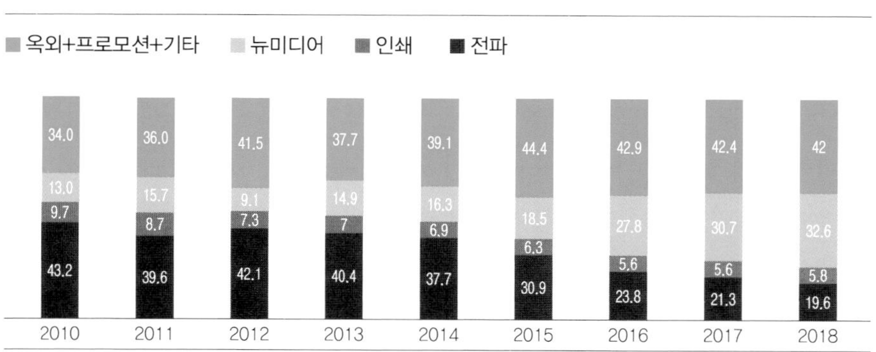

[그림 4-3] **10대 광고회사 매체별 취급액 점유율 (단위: %)**

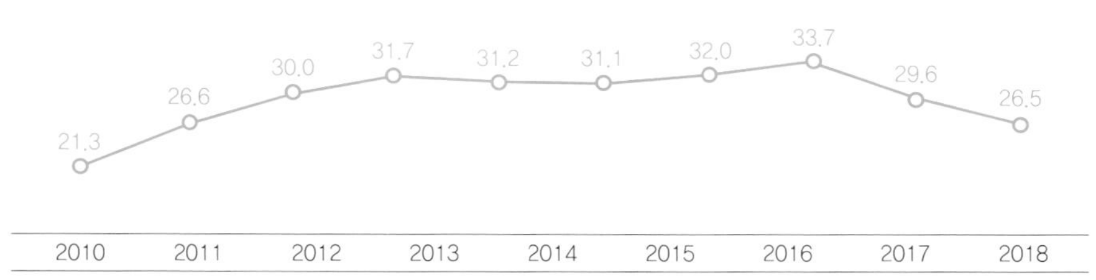

[그림 4-4] **10대 광고회사 종사자의 1인당 취급액 (단위: 억 원)**

는 전년 대비 102%라는 큰 성장률을 기록했으며, 차이커뮤니케이션의 경우 온라인 취급액(1,194억 원)만 살펴보았을 때 제일기획, 이노션 다음으로 높았다(한국광고총연합회, 2019).

10위권 광고회사 종사자의 1인당 취급액은 약 26억 5천만 원으로 2016년 이후부터는 하락세를 보이고 있다([그림 4-4] 참조). 전반적으로 취급액 규모의 성장세보다 종사자 수가 더 늘어나면서 점차 줄어들고 있는 것으로 분석된다. 종사자 수가 증가한 회사는 제일기획(+21), 대홍기획(+62), 그룹엠코리아(+27) 등이며, 그중 퓨처스트림네트웍스(+744)의 경우는 작년 인수한 계열사들의 숫자가 합쳐졌다. 증가한 분야로는 기획 및 제작 파트가 대부분 증가했으며, 매체구매와 인터랙티브 직무에서는 50명 이상 증가한 것으로 나타났다. 반면 관리 및 지원 파트는 이노션과 HS애드의 경우, 50~60명가량 감축한 것으로 집계되었다(한국광고총연합회, 2019).

(2) 속성, 경쟁 우위점

한국광고총연합회 조사 항목 중에는 '대행사 선정 기준'이 있다. 이전 자료에 비해 크게 달라진 바는 없으나 의미 있는 부분이라 여기 소개한다. 2018년 조사에 따르면, 광고주가 생각하는 광고회사와 광고회사가 생각하는 광고주의 대행사 선정 기준에 대한 인식으로, 광고회사는 '뛰어난 크리에이티브'를 최우선으로 꼽은 반면, 광고주는 '우수한 광고 전략 및 마케팅 컨설팅 능력'을 가장 중요한 항목이라고 응답했다. 상대적으로 실무팀 구성, 비용절약의식, 다양한 무료 서비스 제공 등의 요소에서 광고회사 대비 광고주의 중요도 인식 정도가 높게 나타났다. 즉, 광고회사 스스로는 크리에이티브 자질을 중요한 경쟁 우위점으로 보는 반면, 광고주는 보다 거시적 관점의 광고, 마케팅 컨설팅 능력이나 비용 절감과 같이 기업 재정에 도움이 되는 현실적인 측면을 중요시하는 경향이 강함을 시사한다.

(3) 디지털 콘텐츠 제작에서의 변화

최근 디지털 매체 환경에서 광고 콘텐츠는 비디오, 텍스트, 그래픽, 애니메이션, 사운드 등으로 구성되는 특징을 갖는다. 이에 따라 최근 각 광고PR회사마다 별도로 디지털 광고기획팀을 두고 있다. 소비자와의 직접 상호작용이 중요하고 타인과 공유하는 기능을 디지털에서 구현하는 기술이 중요해졌기 때문이다.

실제 디지털 광고 영역의 성장에 대응하기 위해 별도로 둔 디지털 크리에이티브 팀에서는 온라인 광고, 검색광고 등 온라인이나 디지털 광고기획, 디지털 광고캠페인을 담당한다. 이 팀에서는 컴퓨터 그래픽, 애니메이션 기법 등 디지털 제작 기술을 기반으로 고객과 상호작용을 구현하고 있다(한국광고홍보학회, 2019).

이 장에서는 광고총연합회의 광고회사와 광고주의 조사 결과를 토대로 광고대행사를 비롯하여 PR대행사의 변화와 발전 방안 그리고 디지털 미디어 환경에서의 역할을 '크리에이티브' 및 '광고 전략 및 마케팅 컨설팅 능력' 항목에 초점을 두고 살펴보고자 한다. 광고회사를 대상으로 한 자료인 만큼 PR회사에 적용하기에는 한계가 있을 것이다. 다만, 콘텐츠 등 광고와 PR 산업의 공통 영역이 점차 많아지는 데다, 커뮤니케이션 관련 기업의 경영 측면에서는 일정 부분 시사점을 찾을 수 있으리라 여겨진다.

2) PR회사 규모와 속성

PR회사에 관한 자료는 광고회사에 비해 상대적으로 부족하다. 광고총연합회에서 매년 이루어지는 주요 현황조사를 통해 대략적인 내용을 파악할 뿐이다. 24개 회원사로 구성된 한국PR기업협회(KPRCA, kprca.or.kr)가 발표한 실태 조사가 있으나, 2016년 실시된 결과라 최근의 상황을 파악하기에는 한계가 있다. 이 책에서는 한국광고총연합회가 2019년 실시한 '2019 PR업계 현황조사' 결과와 2016년 KPRCA의 조사 자료를 일부 참조하여 작성했다. 2019 PR업계 현황조사는 국내 주요 PR전문회사와 광고회사 PR부서의 인원 현황, 주요 업무 및 실적 등의 현황을 파악하기 위한 것이다(한국광고총연합회, 2019). 조사는 14개 PR전문회사(PR회사), 5개 광고회사, 온라인광고회사 PR담당부서를 대상으로 했다. 전수 조사에 의한 결과가 아니므로 대략적인 경향을 파악하는 정도로 활용될 수 있을 것이다.

(1) 주요 회사 매출 규모

한국광고총연합회(2019)의 조사에 따르면, 2019년 취급액 규모별로 100억 이상의 매출액을 거둔 회사는 프레인글로벌(293억 원), 피알원(235억 원), KPR & Association(이하 KPR, 203억 원), 커뮤니크(120억 원)이며, 리앤컴(45억 원), 메타커뮤니케이션즈(31억 원) 등이 뒤를 이었다(응답 회사 자료에 한함).

종사자 수는 대체로 매출액과 비례했다. 조사에 응답한 회사 중 프레인글로벌(189명)의 인원이 가장 많았으며, 피알원(150명), KPR(135명), 커뮤니크(75명) 등이 상위에 올랐다. 응답 기업의 설립 시기를 보면 KPR(32년), 커뮤니케이션신화(28년), 시소퍼블릭릴레이션즈(24년) 순으로 일찍 설립되었다. 평균 설립년수는 18년 1개월이다(〈표 4-2〉 참조).

〈표 4-2〉 PR전문회사 매출액(가나다 순)

회사명	설립 시기	대표자	총 인원(명)	취급액(백만 원)
KPR & Association	1989(32)	김주호	135	20,290
굿윌커뮤니케이션즈	1999(22)	박용집	35	–
리엔컴	2001(20)	이준경	39	4,509
메타커뮤니케이션즈	1999(22)	한재방	22	3,056
시소퍼블릭릴레이션즈	1997(24)	김기욱	7	–
씨디에스	2007(14)	정동수	5	1,000
아이피알(IPR)파트너스	2004(23)	고병국	–	–
에이엠피알	2006(15)	김희연	23	2,000
에이피알플러스	2001(20)	박기량	30	2,000
엔자임헬스	2006(15)	김동석	63	–
이지스커뮤니케이션즈	2002(19)	서교, 전상훈	20	2,646
커뮤니케이션신화	1993(28)	유홍삭	7	837
커뮤니크	2002(19)	신명	75	12,000
커뮤스퀘어	2013(8)	김철호	4	500
팔인피알	2015(6)	최문형	19	–
프레인글로벌	2000(21)	김동욱, 여준영	189	29,322
플레시먼힐러드 코리아	2001(20)	박영숙	–	–
피알와이드	2013(8)	이재철	30	2,000
피알원	2006(15)	조재형, 이백수	150	23,500
피알팩토리	2010(11)	이상호	2	500

(2) 속성, 경쟁우위점

매출액 상위의 PR회사를 중심으로 업무 특징과 전략적 우위점은 다음과 같다. 응답 회사가 제출한 업무 내용을 살펴보면, 우선 프레인글로벌의 경우는 언론홍보, 미디어PR, 디지털 홍보, MPR, CSR, 위기 관리 등의 업무를 다루었다. KPR의 경우는 디지털 PR, 기업PR, 소비재PR, IT PR, 헬스케어 PR, 공공 PR, IMC, CSR, 이벤트와 프로모션, 이슈 및 위기 관리 등을 주요 업무로 내

세웠다. 피알원의 주요 업무는 토털 커뮤니케이션 서비스, PR 컨설팅, 소셜 & 디지털 PR, 언론홍보, 프로모션-이벤트, IMC, 위기 및 이슈 관리 등이었다. 대체로 전통적인 PR보다는 디지털 PR 영역을 앞세운 회사들이 많았으며, 통합 마케팅 커뮤니케이션을 강조하는 경향도 강한 것으로 보였다. 이 외에 엔자임헬스(헬스케어), 아이피알(IPR)커뮤니케이션즈(주가 관리, IR), 메타커뮤니케이션즈(기관, 기업PR) 등 특정 업무영역을 강조하는 회사도 일부 있었다.

한편 주요 PR회사들의 홈페이지 내용에 기반해 추가적으로 살펴보면, 커뮤니케이션 전략과 미디어 플래닝 전략에서 대체로 온·오프라인과 ATL, BTL을 혼용하는 하이브리드(Hybrid) 성격이 강한 것을 알 수 있었다. 서비스 측면에서는 프레인글로벌, KPR 등의 회사처럼 조사 컨설팅을 비롯해, 브랜딩, PR, 광고, SP 이벤트 등을 포괄하는 통합 마케팅을 내세운 회사가 많았다. 나아가 특정 분야, 예컨대 금융, 정부, 기업 등의 관계 관리 측면에서 국한하지 않고 복합적인 문화 커뮤니케이션을 지향하는 회사도 있었다.

3. 광고PR회사의 과제와 전문가 인식

광고회사와 PR회사, 그 중에서도 대행사는 클라이언트를 위한 서비스를 제공하는 업무를 한다. 당연히 클라이언트의 요구를 충족시키는 것이 중요하다. 광고대행사와 PR대행사에 요구되는 가장 중요한 자질은 무엇일까? 한국광고총연합회의 조사에 의하면, '커뮤니케이션 전략, 마케팅 컨설팅'과 '크리에이티브'라는 두 부문의 역량이 가장 중요한 것으로 응답되었다. 세부적으로 크리에이티브는 광고회사가, 커뮤니케이션 전략과 마케팅 컨설팅은 광고주와 PR대행사 전문가 일부가 중요시하는 항목이다.

다음은 실제 실무에 종사하고 있는 전문가들의 세부적인 인식은 어떠한지 알아보았다. 다음 자료는 실제 광고PR회사에 종사하고 있는 전문가를 대상으로 한 인식 조사 발표 자료(김운한, 2019)를 재인용하고, PR대행사 전문가

5명을 대상으로 한 추가 인터뷰 자료 결과를 정리한 것이다. 전문가를 대상으로 한 질문 항목은 디지털 미디어 시대 크리에이티비티, 비즈니스 솔루션(문제해결) 컨설팅, 작업 환경에 대한 문제점과 개선 방안이다.

1) 디지털 미디어와 크리에이티비티

(1)크리에이티비티의 능동적 역할 강조

현재 광고대행사에서는 '크리에이티브의 양극화'가 이루어지고 있다. 과거에 비해 제작물의 숫자는 늘어났으나 제작예산은 늘어나지 않아 저가의 제작환경으로 변화하는 경우가 많다. 특히 디지털 콘텐츠 급증으로 인한 저가 수주로 크리에이티브 범위가 좁아지고 있다. 예산이 많이 드는 표현이나 우수한 인력을 활용하기 힘들어지고 있다. 콘텐츠 질의 양극화로 인해 고퀄리티 콘텐츠는 유지되지만 과거에 비해 제작 건수는 많이 줄어들었다. 저가 제작환경에 의해 비주얼라이징(visualising) 비용을 줄이고 아이디어에 집중하는 노력이 늘고 있다. 이는 새로운 크리에이티브의 폭을 넓혔다는 긍정적인 측면이 있으나, 고퀄러티 제작노하우 축적과 전문가 육성이 어려워져 업계 전반적인 능력저하가 우려되는 부정적인 측면도 있다.

(2) 제작 업무 변화

디지털 미디어 환경에서는 디지털 콘텐츠에 기반한 성과(performance) 위주 업무가 전개된다. 디지털 광고 제작관련 기술 아이디어도 중요해졌다. 해외의 경우 타깃에 맞게 메시지를 자동변환해 주는 다이내믹 배너(Dynamic Banner) 등의 이른바 데이터 드리븐 크리에이티브가 국내보다 활발하게 활용되고 있다. '퍼포먼스 마케팅'이라는 개념으로 매우 빠른 속도로 광고 시장이 디지털로 확장되고 있으며, 데이터 기반 전략을 통해 더 효율적인 광고 집행에 대한 니즈가 중요해졌다. 크리에이티브 영역 역시 데이터 드리븐 커뮤니케이션 전략을 기반으로 막연한 이미지적 타깃이 아닌 메시지를 듣게 될 오

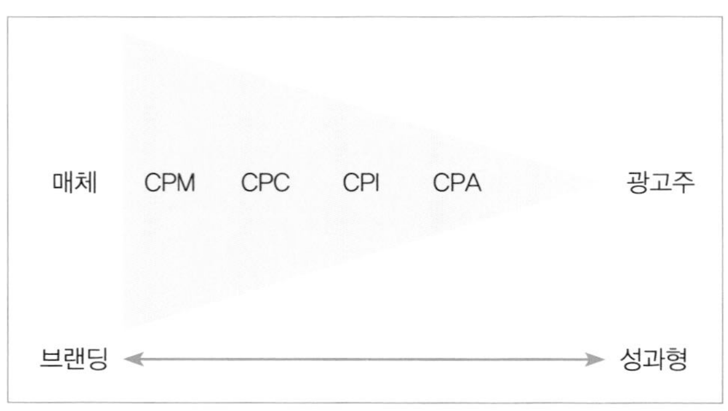

[그림 4-5] **CPM에서 CPA으로**

CPM(Cost per Mills, 광고가 1,000번 노출되었을 때 과금) 방식에서, CPC(Cost per Click, 광고를 클릭했을 때 과금) 방식, 나아가 CPI(Cost per Install, 앱 설치를 했을 때 과금), CPA(Cost per Action, 앱을 실행하거나 앱에서 특정 행동을 했을 때 과금) 방식까지 광고 단가 방식이 다양해지고 있다. 오른쪽으로 갈수록 광고주(클라이언트)에게 유리하다.

디언스 관점으로 전환이 빠르게 일어나고 있다. 디지털 환경에서 청중의 니즈에 맞는 메시지와 크리에이티브 개발도 함께 성장하고 있다. 해외의 경우 타깃에 따라 광고메시지가 자동으로 맞춤생성되는 다이내믹 배너 혹은 검색엔진을 최적화하는 방법 등이 이에 해당된다(김운한, 2019).

디지털의 성과 지표도 CPM과 CPC에서 CPI(Imstall)에서 CPA(Action)으로 변화되는 추세다. 비단 디지털 광고뿐만 아니라 전통적 광고도 성과 기준으로 평가받는 경향을 보인다. 이에 대한 우려도 있다. 브랜드 지속 가능성 차원에서 퍼포먼스를 지나치게 강조한 나머지 브랜딩 자체를 놓칠 수 있다는 점이다. 최근에 마치 전염병처럼 다양한 디지털 광고를 통한 성과에만 평가의 포커스를 맞추는 경향이 있으나 브랜드(제품)의 가치 전달을 간과해서는 안 될 것이다.

2) 문제해결을 위한 커뮤니케이션

전통적으로 광고대행사의 업무 결과물은 광고(제작)물이었다. 마케팅 자료를 분석하고 광고 전략을 수립하고 매체를 정하여 예산을 배분하는 것 모두가 결국은 광고물을 만들기 위한 것이었다고 해도 과언이 아니다. 현대에도 광고 제작물은 여전히 광고대행사 업무의 중요한 결과물 중 하나다. 하지만 지금은 미디어의 역할이 어느 때보다 중요해지고 기업(광고주, 클라이언트)의 성과 중심 평가가 중시되는 상황이다. 미디어의 효율적 운용, 마케팅 중심의 성과 등과 관련한 컨설팅 활동이 더욱 중요해졌다.

커뮤니케이션 활동은 예술(Art)이 아니라 비즈니스 수단이다. 솔루션 아이디어 중심으로 변화되는 것은 이 시대가 요구하는 것으로, 예컨대 광고 크리에이터도 제작자 마인드에서 비즈니스 솔루션 컨설턴트로서의 인식 변화가 필요하다. 완성도 높은 퀄리티를 요구하는 프로젝트도 있지만, 비용 대비 효과를 중시하는 저예산 프로젝트에 대해서는 그에 맞는 새로운 기준으로 업무가 이루어지고 평가받아야 한다. 클라이언트는 대행사 직원들에게 예술적 기량을 뽐내는 기회를 준 것이 아니다. 한 장의 멋진 예술작품이나 수사를 기대하지도 않는다. 클라이언트가 요구하는 것은 자신이 안고 있는 문제를 해결하는 것이다. 따라서 대행사의 가장 중요한 업무는 문제해결을 위한 솔루션을 제공하는 일이어야 한다.

나아가 대행사의 솔루션은 하나의 단발 광고물을 완성하는 데 그치지 않는다. 광고주가 처한 문제가 어느 한 시점에 완료되지 않기 때문이다. 문제는 수시로 발발하고 어떤 문제는 수년을 끌기도 한다. 아예 끝나지 않는 문제도 있다. 수시 다발적으로 발생하는 마케팅 관련 업무에 대해 수시로 컨설팅하고, 미디어와 비(非)미디어를 이용하여 단기적·중장기적 솔루션을 제공해야 한다. 이는 광고회사의 업무가 이른바 '원샷(One Shot) 프로세스'(한국광고홍보학회, 2019)가 되기 어려움을 의미한다. 업무 프로세스의 연속성, 비단발성은 PR회사에서도 마찬가지다. PR대행사의 일 역시 공중과의 좋은 관계를 유지하기 위해 쌍방향적 커뮤니케이션 파트너로서 지속적인 노력이 필요하기 때문이다.

[그림 4-6] **솔루션을 제공하는 커뮤니케이션**

이케아 이스라엘이 선보인 'ThisAbles' 캠페인은 장애인들을 위한 가구 아이디어로 헬스 & 웰니스(Health & Wellness) 부문에서 그랑프리를 받았다. 이 캠페인은 장애인용 가구가 일반 가구에 비해 평균 2배 가량 비싼 현실을 감안해 작은 보조 장치를 붙이면 장애인들이 사용하기 쉬운 가구로 변신하는 아이디어를 담았다. 이케아는 해당 보조기구를 3D 프린터로 누구나 다운받을 수 있도록 무료로 배포했다.

출처: www.brandbrief.co.kr

특히 최근의 광고회사들은 클라이언트의 마케팅 성과가 요구됨에 따라 다양한 변화를 추진하고 있다. 광고회사의 경우 단순히 광고제작 서비스에서 나아가 제품을 개발하고 판매하는 업무를 수행한다. 또한 디자인, 서비스 제안 등 상품기획 초기부터 개입되어 활동하거나 다양한 문화활동이나 엔터테인먼트와 결합하여 문화 콘텐츠 제작 회사로 그 영역을 확장하고 있다.

국내 최대 광고회사 제일기획의 경우 아이디어 상품을 개발 · 판매하는 '제3기획'을 설립하였다([그림 4-7] 참조). HS애드는 제품개발사업부 '오버더레인보우'를 두어 제품 콘셉트를 제안하고 디자인, 브랜드네임, 패키지 디자인 등 컨설팅 서비스를 제공한다. 이처럼 비단 광고회사뿐 아니라 PR회사에서도 제품제안과 문화 마케팅 캠페인 등 실질적인 기업 커뮤니케이션 성과를 위해 다양한 영역에서 전방위적인 서비스를 제공한다.

[그림 4-7] **상품을 판매하는 광고회사**

제3기획은 제일기획이 만든 아이디어 상품판매회사로, '생활밀착 신문물 상점'을 슬로건으로 내세우고 다양한 아이디어 상품 및 문화, 라이프스타일 상품을 기획 · 제작한다.

출처: 제3기획(www.ch3.co.kr).

3) 디지털 미디어 시대 작업 환경

(1) 저예산 제작 요구 증대

국내 광고PR대행사의 작업 환경은 한마디로 규정하기 어렵다. 광고주의 요구에 따라 질적 · 물리적 환경이 다르게 구축된다. 다만, 전반적으로 디지털 미디어를 이용한 커뮤니케이션 활동을 전개하기 위해 많은 비용과 다양한 과정이 요구되다 보니 작업 환경이 전반적으로 열악해지고 있다는 인식이 많다(김운한, 2019). 디지털 콘텐츠 급증으로 인한 저가 수주로 크리에이티브 콘텐츠를 개발해 내는 역량과 범위가 좁아지고 있다.

작업 환경 측면에서 가장 큰 문제는 '낮은 제작비'라 할 수 있다. 저예산 문제는 실은 수십년 전부터 있었던 문제다. 제작비 문제가 최근 들어 더욱 불거진 이유는 디지털 미디어 환경 변화와 관련이 있다. 낮아진 제작비로 제작 편

수는 무리할 정도로 많이 요구한다. 저예산으로도 제작할 수 있는 디지털 콘텐츠가 있기 때문이다. 이 때문에 대행사들은 자체적인 제작 시스템을 갖추기 시작했으며, 현재 많은 PR대행사가 내부에 프로덕션 시스템을 갖추고 있다. 트렌드에 맞춘 콘텐츠를 주기적으로 발신하기를 원하는 클라이언트의 니즈나 업무에 맞추기 위해서다. 이를 통해 스피드 있게 대응하며 내부 제작을 통해 비용을 절감하고 있다.

저예산 문제는 자체 제작 시스템만으로 해결될 성격은 아니다. 광고 컨설팅 서비스를 제공하는 데도 영향을 준다. 한마디로 우리 현실에서는 대부분 컨설팅, 기획을 무료로 받는 것으로 인식하는 경향이 강하다. 그나마 매체 비용이나 제작비에 비해 아이디어 기획료 항목이 거의 인정되지 않는 관례가 이를 반증한다.

특히 최근 클라이언트들이 소비자의 반응 창출을 중시함에 따라 다양한 디지털 미디어 기반의 콘텐츠를 개발하고 커뮤니케이션해야 할 필요가 있다. 디지털 미디어의 경우 상대적으로 제작비용이 저렴하다는 것도 구실이 된다. 이렇듯 다양한 유형의 영상 콘텐츠 등 디지털 매체를 포함해 컨설팅 서비스와 제작(시안 포함) 서비스가 이루어지면서 기획과 제작비가 훨씬 증가하고 있지만, 상당 부분 대행사가 그 비용을 떠안아야 하는 현실이다.

이에 대한 우려의 목소리도 크다. 미디어 환경변화에 따라 다양한 스타트업들의 마케팅 솔루션 차원에서 저가의 저퀄러티 콘텐츠가 필요할 수도 있다. 그러나 저가 시스템의 고착화로 전문 크리에이터 육성에 부정적인 영향을 미칠 수 있다. 근시안적인 성과 중심 콘텐츠 개발에 치중하다 보면, 장기적인 관점에서 기업 또는 클라이언트 고객들로부터 광고 콘텐츠에 대한 신뢰도 혹은 선호도가 떨어져 결국 중요한 지속적인 관계 구축에 역효과를 줄 수도 있다. 대행사들 간의 치열하고 저예산 콘텐츠 경쟁으로 인해 업계 전체의 위상이 하락할 수도 있다.

크리에이티브 콘텐츠를 제공하는 것은 커뮤니케이션 대행사들의 미션(mission)이자 고유의 경쟁력이다. 고객과 공중으로부터 외면 받는 콘텐츠를 제시하는 대행사를 어느 기업 또는 클라이언트가 좋아하겠는가. 대행사들의 전문가적 인식과 노력이 필요한 것도 이 때문이다. 클라이언트의 입맛 맞추기에 급급해 내 놓은 콘텐츠는 결국 고객들로부터 외면받을 뿐 아니라 기업과 클라이언트들과의 '관계'를 멀어지게 하는 부메랑이 될 수 있음을 알아야 한다.

이 외에 광고주의 과제해결을 위한 무리한 일정, 예산으로 인해 광고와 PR 대행사의 작업환경은 더욱 나빠지고 있다. 제작팀의 인원수가 최소화되면서 크리에이터 1인이 커버해야 하는 작업은 더 많아졌으며, 광고회사의 경우 광고주 제안(경쟁 프리젠테이션 등) 준비 과정에 많은 비용 및 시간이 투여된다.

(2) 디지털 수요 대응

디지털 미디어 환경에서는 미디어에 맞는 소재 운영이 필요하고, 소재가 다양화되고 있어서 광고회사는 기존과 동일한 제작예산 수준으로 훨씬 더 많은 콘텐츠를 만들어야 하는 어려움을 겪고 있다. 일부 디지털 광고회사는 회사 내부에 제작 시스템을 구축하여 작업하기도 한다. 또한 복합 솔루션 형태의 캠페인에 대한 요구가 늘어나는 추세에 따라, 광고와 커머스가 결합되거나 광고와 전시 등의 다양한 형태가 나타나고 있다. 이는 클라이언트의 과제 자체가 정해져 있지 않은 경우가 많기 때문에 광고회사에서 새로운 차원의 솔루션을 제시하려는 자연적인 시도에서 발생하는 것으로 보인다.

디지털 환경에서는 제작물을 싸고, 빠르게, 많이 만드는 것이 선호되며, 또한 그것이 가능한 환경이다. 동영상 콘텐츠가 워낙 많이 나오다 보니 소재에 대한 번-아웃(Burn-out) 속도도 가파르게 상승하고 있다. 타깃이나 TPO에 맞추어 다양한 소재를 만드는 것이 타깃 최적화에도 유리하므로 기본적으로 많은 소재가 요구된다. 따라서 모델 계약이나 편집, 녹음 등의 외주 비용 정산 단위도 편수 단위가 아닌 촬영일 수 단위나 투여 시간 기준으로 변화하는 추세다.

4. 광고PR회사의 미래전략

1) 전략 방향과 이슈

(1) 신뢰 회복을 위한 커뮤니케이션

디지털 미디어 시대를 이기는 전략적 방향은 무엇일까? 그리고 세부적으로 우선순위를 두어야 하는 아젠다에는 어떤 것이 있을까?

광고와 PR 커뮤니케이션 간 체감도 차이는 있겠지만, 지금은 전통적인 설득 커뮤니케이션에서 신뢰 회복이 시급하다. 많은 광고PR 영역의 콘텐츠들이 사회적 가치를 담아내는 것도 이와 관련이 있다. 2019년 칸 라이언즈(Cannes Lions)에서 P&G(프록터 앤 갬블)의 최고브랜드책임자(CBO) 마크 프리차드(Marc Pritchard)가 한 말처럼, 광고는 변화가 필요하며 긍정적인 모델을 보일 수 있어야 한다. 긍정적 모델이란 더 나은 세상을 만들어 가는 역할과 관련이 있다. 예컨대 인종 차별이나, 성 차별, 성소수자(LGBTQ) 차별과 같은 사회적 이슈를 광고에 담아, 사람들로 하여금 현실의 여러 문제를 생각해 볼 수 있게 만들어 가는 것을 의미한다. 실제 P&G는 여러 제품 광고에서 사회적 편견이나 차별, 증오 등의 이슈를 꾸준히 제시해 큰 반향을 일으키고 있다.

기업이 사회적 주제를 다루는 이유는 기업 커뮤니케이션의 주요 방법으로서 '광고'에 대한 신뢰도(advertising believability)와 관련이 있다. 광고신뢰도는 벨트라미니(Beltramini, 1982)에 의해 제안되었으며, '광고가 사실이라고 믿게 하고 소비자들이 받아들이게 하는 정도'를 의미한다. 광고가 예전과 같은 모습으로 다가가기에는 현대의 소비자는 너무 똑똑해졌다. 똑똑한 소비자를 내 편으로 만들고 설득하기 위해서는 좋은 '관계성'에 기반한 '진정성 있는' 커뮤니케이션 캠페인이 필요하다. 상호 호혜적 관계성이나 진정성은 PR이 추구하는 가치다. 광고가 PR이 추구하는 가치를 수용하고 협업해야 하는 이유도 이 때문이다.

[그림 4-8] **나이키(Nike)의 사회이슈 캠페인**

인종차별에 맞서 '무릎 꿇기' 시위를 주도한 전 미식축구 선수 콜린 캐퍼닉(Colin Kaepernick)을 30주년 기념 광고 모델로 발탁해 미국 전역에 논란을 불러일으켰다. 사회적 양심의 힘을 브랜드가 보여 준 것이다. 칸 라이언즈에서 그랑프리를 수상하였다.

출처: 유튜브 Nike 채널.

사회이슈 캠페인(social issue campaign)이란 전통적으로 음주, 흡연, 약물 복용 등 사회적 문제를 야기하고 낭비를 초래하는 주제를 다룬 일련의 커뮤니케이션 활동을 말한다([그림 4-8] 참조). 주요 소재로 환경보호나 공해방지, 기아나 질병, 폭력피해, 약물, 인권 관련 문제를 갖고 있거나 정신적 · 신체적 장애인, 기타 사회적 소외 계층 등 다양한 영역이 포함된다. 특히 시대적으로 기업 신뢰성과 기업의 사회적 책임(CSR)이 중요시됨에 따라 광고PR대행사들의 관련 노력이 지속적으로 요구된다. 대행사들은 관련 역량과 성과에 의해 평가받을지 모른다.

광고 커뮤니케이션이든, PR 커뮤니케이션이든 앞으로의 커뮤니케이션은 사회적인 힘을 보여 줄 수 있어야 한다. 커뮤니케이션이 '더 나은 세상'을 만드는 솔루션이 되어야 한다. 광고PR회사들은 그러한 시대적 트렌드를 실현할 콘텐츠의 제안자가 되어야 한다. 클라이언트의 이슈와 사회적 이슈를 연결시키고 공감과 즐거움을 주면서 참여하도록 만드는 것이야말로 대행사들이 만드는 '크리에이티비티'가 지향하는 바라고 할 수 있다.

(2) 광고와 PR의 접점, 소셜 콘텐츠

커뮤니케이션에 사회적 가치를 담는 일이야말로 광고와 PR이 협업해서 성과를 보일 수 있는 영역이다. 우선 광고는 소셜 마케팅 캠페인의 주요 수단으로서 기능하며, 광고 속 사회적 이슈를 통해 고객과 사회의 커뮤니케이션에 긍정적인 효과를 거둘 수 있다. 앞으로는 광고를 하나의 '사회적 자원'으로 생각하여 목표를 설정하고 크리에이티브를 전개해 나갈 필요가 있다.

즉, 사회적 차원 관점에서 광고의 목표를 파악하고, 프로세스를 점검하며, 성공 요인을 파악해서 효과 모델을 구축해 가야 한다. 표현보다 아이디어, 광고보다는 그 이상의 제품과 유통, 마케팅과 비즈니스 커뮤니케이션 콘텐츠여야 한다. 그리고 그 아이디어는 제품 자체에 관한 것에 머무르지 않고, 소비자와 사회, 환경에 대한 문제를 해결하는 데 기여하는 것이다. 소셜 콘텐츠나 구호적 상품을 의미하는 'Aider goods(구호 상품)'가 해외 유명 소셜 캠페인에 자주 등장하는 것도 같은 맥락이다.

사회적 이슈는 사회 문제에 대한 인식 공유와 참여 호소 내용을 브랜드와 연결 짓는 것으로, 브랜드의 사회적 참여자 확보, 혹은 공공성을 강조하는 개념이다. 광고 관점에서 볼 때, 사회적 이슈나 공익 메시지가 증가하는 이유

[그림 4-9] **Aider Goods의 예**

맥주브랜드 SP 라거의 모지박스는 모기가 싫어하는 향을 넣어 제작한 것으로, 야외에서 맥주를 즐기면서 포장상자를 태우면 모기를 쫓는 효과를 얻을 수 있다.

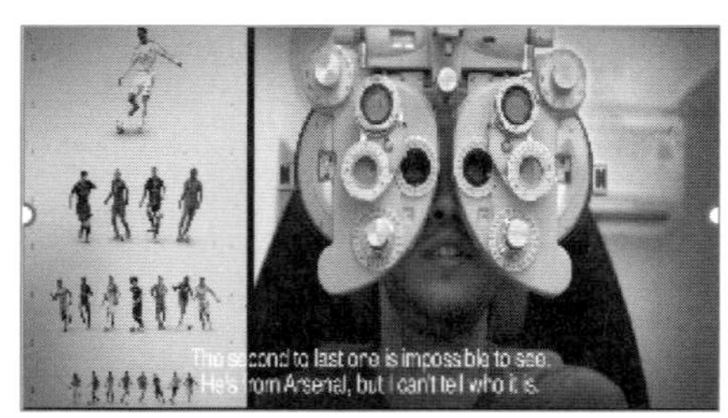

[그림 4-10] **스포츠방송 브랜드 ESPN**

이스라엘의 남성들이 시력이 나빠지는 것을 우려해 시력검사를 하지 않는 것을 알고, 시력검사표를 브라질의 유명 축구선수와 축구 관련 앰블럼 등으로 만들어 시력검사에 대한 흥미를 이끌어 냈다. 이러한 시력검사표는 사회적 도움을 주는 구호상품(Aider goods)이다.

를 두 가지 차원에서 설명할 수 있다. 첫째는 광고 자체의 자기방어적(self-defensive) 관점이다. 과거 광고가 지닌 상업적 이미지 및 관련 활동들의 반대급부 때문일 수 있다. 과거에는 판매와 이익이 유일한 선으로 비춰진 것이 사실이다. 자본주의의 첨병, 물신주의의 화신(化神)으로 불리기까지 했다. 이 점에서 최근 칸 광고제(Cannes Lions Festival, 또는 International Festival of Creativity)와 같은 국제적인 광고제의 수상작들을 보면 광고가 스스로의 힘으로 사회를 더 좋게 만들 수 있다고 증명하려는 듯 다양한 노력을 펼치고 있음을 알 수 있다. 비유하자면, 스스로의 상업적 '콤플렉스'를 벗으려는 행위와도 같다.

또 하나는 현실적인 필요에 의한 활동으로 보는 관점이다. 일종의 현실적인 살아남기의 방법이라는 점이다. 전통 방식의 광고의 역할이 축소되는 시대에 고객들은 더 이상 일방적으로 제시되는 상업적인 광고 메시지를 통해 물건을 구매하지 않는다. 이 점에서 공익적 주제는 광고가 살아남기 위한 하나의 새로운 어젠다(agenda) 역할을 하는 셈이다. 예컨대, '더 나은 세상을 만드는 힘'으로 소비자의 공감을 얻고 새로운 광고 이미지를 강화하려 하는 것이다. 물론 전통적으로 공익적 주제는 공익연계(public interest-related) 광고로 기업광고나 브랜드 캠페인에서 자주 등장했다. 최근의 경향과 차이라면, 전통적인 공익연계 광고가 단순히 공익적 소재를 제시하거나 기업의 직접적 공익 활동을 언급하는 일차적인 제시 방식에 가까웠다면 현대의 사회적 이슈 광고는 기업이나 브랜드가 직접 주체가 되어 메시지를 제시하는 방식에 가깝다. 표현 방식에서 적극적이고, 실행 측면에서 책임 있는 노력이 커진 것으로 해석할 수 있다.

(3) 전방위적 콘텐츠 회사: 목적은 솔루션, 수단은 크리에이티비티

광고PR 산업에서 크리에이티비티는 여전히 중요한 가치다. 광고와 PR 영역 구분 없이 대행사들은 크리에이티비티를 통해 기업과 사회의 문제를 해결하는 해결사로서 역할에 대한 기대와 요구도 증대하고 있다. 광고회사의 중요한 미션이라 할 '크리에이티비티' 역시 PR회사의 미션이 되었다. 이때 크리에이티비란 단순히 정해진 과제를 수행하는 제작물이 아니라, 클라이언트조차 불확실한 과제를 재정의하고 솔루션을 찾아내는 것을 말한다. 그리고 디지털 미디어 환경에서 크리에이티비티 실행 방안이 더욱 다양해지고 새로워졌다.

미디어 기술 발달로 커뮤니케이션 효과측정이 실시간으로 가능해진 상황에서 대행사의 성과 역시 이에 집중하기 쉬워 단기적 성과 위주의 자극적인 솔루션을 제공하는 것이 보편화되었다. 때로는 불쾌함을 유발하는 유인성 또는 '후커(hooker)성' 광고나 메시지도 실용성 측면에서 중요한 표현 기법이라 할 수 있다. 그러나 궁극적으로는 클라이언트의 이익만이 아닌 타깃 오디언스로서 공중이나 소비자가 함께 도움을 주고받는 호혜적 관계가 유지되어야 한다. 이를 위한 지속 가능한 커뮤니케이션 활동이 요구된다.

광고회사의 경우, 디자인, 서비스 제안 등 상품기획 초기부터 개입하거나 상품을 직접 개발하며, 다양한 문화 캠페인 활동이나 엔터테인먼트 상품을 내놓는 문화 콘텐츠 기획, 제작 회사로 나아갈 필요가 있다. 클라이언트의 문제를 해결하는 해결사로 그 역할과 위상이 변화하고 있다. 더 나아가 클라이언트의 요구를 단발적으로 해결하는 것이 아니라 고객 또는 타깃 공중과의 호의적 관계성에 기반한 진정성 있는 활동을 펼쳐야 한다. 이 장에서 소개한 다양한 '사회이슈' 캠페인의 경우 국제적인 크리에이티비티 수상제에서 수상하여 작품성을 인정받았을 뿐만 아니라 실제 고객의 반향을 일으키는 성과를 보여 주고 있다. 오늘날의 광고PR회사가 지향해야 할 콘텐츠의 경향을 보여주는 좋은 예라고 할 수 있다.

광고PR회사 전문가들을 대상으로 한 심층면접 결과, 전문가들의 인식은 예전에 비해 더욱 현실적으로 변하고 있음을 알 수 있다. 크리에이티비티란 결국 문제해결의 수단이며, 궁극적으로 광고PR은 클라이언트와 고객을 위해 기여해야 하므로 이를 위한 방안이 모색되어야 한다는 것이다.

2) 제언

향후 광고PR대행사들과 관련한 주요 이슈 및 전략적으로 나아가야 할 방향은 다음과 같다.

첫째, 클라이언트의 문제해결을 위한 콘텐츠 제공에 기업의 목적을 두어야 한다.

크리에이티비티의 기능을 솔루션으로 인식하고 이를 위해 방법론을 강구해야 한다. 전통적인 크리에이티브가 표현 차원의 창의성이었다면, 현대의 크리에이티브는 문제해결 방법으로서 창의성이라 할 수 있다. 전통적인 크리에이티브는 제작과 표현에 의존하는 방법을 택했다면, 현대는 콘텐츠 아이디어에 의존하는 방법을 택한다.

둘째, 디지털 콘텐츠 제작역량을 강화해야 한다.

이는 주로 상대적으로 소규모인 PR대행사에서 실시되고 있는 방안이지만, 보다 크리에이티브 수준을 높일 수 있도록 제작역량을 강화할 필요가 있다. 실제 전략 커뮤니케이션 회사에서 크리에이티브 자동화 방안(creative automation)을 이용해 비디오 제작비를 줄이고 있다. 예컨대, '비디오 템플릿'과 같은, 비디오 제작이나 개인화 작업 방식을 규모에 맞게 쉽게 해결하는 업무방식이 늘고 있다. 일종의 크리에이티브 자동화 시스템이 필요하다. 가장 단순한 예를 들면, 템플릿을 디자인해서 캠페인 요청사항에 맞게 작업해 내는 것을 말한다. 이 외에 템플릿 편집이라든가 음악, 애니메이션 작업을 단순화함으로써 일일이 프로덕션 관련 비용이나 시간을 들이지 않도록 할 수도 있다.

셋째, '콘텐츠'와 '크리에이티브'는 여전히 중요한 요소다.

콘텐츠와 크리에이티브는 미디어 또는 물량 측면의 상대적 개념이다. 소셜 이슈를 담은 캠페인이든 자극적인 오락성 콘텐츠든 크리에이티비티는 브랜드의 특성 또는 미션과 논리적으로 적절하게 잘 어우러져야 한다. 또한 전통적인 마케팅 성과 이상의 확대된 지표로 커뮤니케이션 효과가 평가되어야 한다. 광고 또는 PR회사들의 커뮤니케이션 콘텐츠는 단기적이고 가시적인 성과만을 본다면 집행하기 어렵다. 사회 공동의 가치를 추구하는 것이 장기적인 관점에서 파악되어야 할 문제다. 이는 기업 또는 클라이언트의 커뮤니케이션 목적이 판매 이상의 거시적 관점으로 변화하고 있으며, 그런 방향으로 대행사의 서비스가 이루어져야 함을 의미한다.

최근 커뮤니케이션의 영역이 사회적 이슈와 같은 거시적인 맥락으로 확대되며, 광고와 PR 등 커뮤니케이션 서비스 회사들의 사회적 역할이 중요시되고 있다. 저예산 제작 시스템과 그에 따른 과열경쟁의 폐해, 클라이언트의 성과 요구와 이에 부응하기 위한 단발적 서비스 제공 등으로 인해 커뮤니케이션 서비스 회사들 및 관련 산업 전반이 부실해질 것이라는 우려가 있다.

넷째, 대행사의 성과 평가 체계 점검도 시급하다.

최근 커뮤니케이션 콘텐츠에 대한 평가 및 보상 체계에 대한 논의가 중요시되고 있는 것도 이러한 맥락에서 이해되어야 한다(심성욱, 이형석, 김운한, 2015). 예컨대, 광고 산업 측면에서는 광고 산업의 생태계가 새로운 미디어 환경하에서 재편된 만큼 커미션 시스템에서 피(fee) 시스템으로 빠르게 전환하여 클라이언트와 광고회사 간의 상생할 수 있는 수익 구조와 파트너십이 마련되어야 하며, 그래야 크리에이티브 품질이 발전하고 광고주 이익을 증대시킬 수 있을 것이다.

다섯째, 광고PR대행사의 역량은 중 · 장기적 관점에서 평가되어야 한다.

이는 네 번째 이슈와 관련된 내용이다. 대행사는 고객사의 요구를 충족해야 한다. 이때 요구는 단기적 · 장기적으로 추진되어야 하는 과제가 많다. 세일시즌에 판매량을 늘리는 것이 단기적이라면, 브랜드 가치를 높이고 바람직한 관계를 유지하는 것은 장기적 과제다. 대행사의 서비스나 제작 콘텐츠가 모두 사회적 이슈나 참여를 담아야 하는 것은 아니다. 사회적 참여를 바탕으로 고객과 바람직한 관계를 구축해 나가는 전략과 함께, 자극적 콘텐츠로 광고 주목도를 높이고 성과(performance)를 높이려는 단기적이고 현실적인 전략도 필요하다.

이러한 커뮤니케이션 전략 차원에서 광고대행사나 PR대행사가 제공할 크리에이티비티의 효과도 평가되어야 한다. 보다 장기적 관점에서 평가되어야 한다는 것이다. 광고대행사와 PR회사의 전문가 인식 조사에서 알 수 있듯, 전문가들은 대체로 현실적 목표를 중요시하면서도 거시적인 관점에서 크리에이티비티의 긍정적 가치를 확대하려는 데 인식을 같이 하고 있음을 알 수 있었다. 중요한 것은 시대가 바뀌면서 이러한 인식은 증대될 것이라는 점이다.

여섯째, 대행사의 능동적인 역할과 투자가 필요하다.

대행사 입장에서 지나치게 클라이언트의 요구대로만 따라가서는 안 된다. 과거에 비해 캠페인이라 불릴 만한 사례가 적은 이유는 대행사들이 마케팅 성과 중심의 클라이언트 기준이나 요구맞추기에 급급했기 때문이라고 실무 전문가들은 지적한다. 커뮤니케이션 파트너로서 클라이언트의 문제를 재정의하고 진정성 있는 실행방법을 제시해야 한다. 이를 위해서는 현실적인 비용 기준과 디지털 교육과 같은 안정적인 시스템과 문화가 광고PR업계에 정착되어야 할 것이다.

광고PR회사들은 어디로 가야 할까? 변화의 시대, 대행사들에게 생존 자체가 가장 중요한 전략일지 모른다. 물론 생존을 위한 방법은 하나가 아니다. 현실적 문제와 이상적 가치를 조화시키는 지혜가 필요하다. '크리에이티비티'를 앞세운 '신뢰도 높은 솔루션'은 오늘의 대행사들이 추구해야 할 핵심 가치가 아닐까 한다.

광고PR회사들은 클라이언트를 위한 커뮤니케이션 솔루션을 어떻게 찾을 수 있을까? 기술(technology)이 한 가지 방법이다. 기술 기반 없이 타깃 오디언스가 원하는 디지털 콘텐츠를 적시에 제공하기 어렵다. 기술 못지않게 중요한 것이 바로 경험 요소다. "인간 경험에서 마케팅 인사이트를 찾아야 한다. 데이터, AI 등의 기술은 마케팅의 조력자로 인식하고 활용할 뿐이다." 글로벌 최대 소비자 패널 전문 마케팅리서치 기업 '칸타(Kantar)'의 인사이트 사업부문장 고메즈의 말은 디지털 기술 시대일수록 인간에 대한 통찰이 커뮤니케이션의 시작이 되어야 함을 시사한다(www.brandbrief.co.kr). '기술'과 '경험', 이 두 가지야말로 광고와 PR, ATL과 BTL, 미디어와 브랜드 등 커뮤니케이션으로 솔루션을 제공하는 모든 대행사가 의지해야 할 근본 수단이자 방법일 것이다.

참고문헌

김운한(2019). 새로운 시대의 광고 크리에이티비티: 역할, 속성, 발전방안. **광고학연구, 30**(8), 7-31.

심성욱, 이형석, 김운한(2015). 우수작의 역설: 광고 크리에이티브의 사용과 보상체계 개선에 관한 개념적 연구. **광고 PR 실학연구, 8**(2), 85-110.

제일기획(2019). **광고연감**.

한국광고총연합회(2019). 광고회사 현황 조사, PR전문회사 현황 조사.

한국광고홍보학회(2019). **반갑다 광고와 PR!**. 서울: 서울경제경영.

Drumwright, M. E. (1996). Company advertising with a social dimension: The role of noneconomic criteria. *Journal of marketing, 60*(4), 71-87.

유튜브 Nike 채널. https://www.youtube.com/user/nike?hl=ko

BrandBrief 보고서. http://www.brandbrief.co.kr/news/articleView.html?idxno=2477

제5장

광고주와 기업 커뮤니케이션의 변화와 도전

최민욱(남서울대학교 광고홍보학과 교수)

광고주는 광고의 주체로서 광고 제작 및 집행 과정에서 중요한 기능을 수행해 왔지만, 오늘날 광고 환경의 급변으로 많은 고민과 어려움을 겪고 있는 것이 현실이다. 이러한 상황에서 이 장에서는 광고 산업의 관련 주체의 변화 중에서 광고주와 기업 커뮤니케이션의 변화와 과제에 대해 살펴보려고 한다. 먼저 광고주 측면의 실무적 변화와 기업 커뮤니케이션의 변화에 대해 살펴보고, 이러한 변화에 따른 주요 과제에 대해 고민해 볼 것이다. 이러한 고민을 바탕으로 향후 기업 커뮤니케이션 방향에 대해 논의해 본다.

1. 실무적 변화

1) 역할이 증대된 광고주

실무적 측면에서 살펴보았을 때, 오늘날 새로운 광고 환경에서 광고주 측면의 첫 번째 변화는 광고주의 역할이 증대되고 있다는 것이다. 이는 광고의 기획 및 제작, 집행 과정에서 과거에 비해 광고주의 역할이 증대되었다는 이야기이자 상대적으로 광고주와 함께 광고의 주체이자 광고 제작 및 집행의 두 축 중 하나인 광고대행사, 특히 종합 광고대행사의 역할이나 위상이 과거만 못하다는 이야기일 수 있다.

광고주 역할 증대의 가장 중요한 원인은 광고주의 전문성이 증대되었다는 것이다. 과거에는 오늘날처럼 대부분의 사람이 광고와 브랜드에 대해 그 중요성을 알고 관련 지식을 가지지 못했다. 하지만 최근에는 광고홍보 분야 전공자나 관련 업계 종사자가 아니더라도 광고홍보, 브랜드의 중요성을 모두 익히 알고 간단한 개념이나 지식을 가지고 있다. 더구나 광고주는 이제 광고와 브랜드에 대해 광고대행사 못지않은, 혹은 그보다 더 많은 전문성을 가지고 있다. 즉, 기업 경영에서 광고와 브랜드, 마케팅의 중요성이 커지면서 이제 광고

주도 전문 에이전시 못지않은 전문성을 가지게 된 것이다.

이와 관련하여 광고 영역 중 기획 영역이 점점 광고주 사이드로 이동해 온 현상도 광고주의 역할 증대를 가져왔다고 할 수 있다. 필자가 광고대행사 AE로 근무했던 1980년대 말, 1990년대만 하더라도 광고주는 광고기획 전문가로 AE의 전문성을 인정하고 광고기획의 대부분을 광고대행사 AE에 의존했다. 그러나 점점 이러한 광고기획 영역이 광고주 사이드로 이동하여 마케팅이나 브랜드, 광고기획을 광고주가 담당하고, 크리에이티브만 광고대행사에 의뢰하는 경향이 증가하고 있다. 이러한 현상은 전 세계적으로 지속적으로 이루어져 왔으며, 광고대행사의 영역 중 크리에이티브에 초점을 맞춘 크리에이티브 전문 대행사인 크리에이티브 부티크의 성장도 이러한 흐름을 가속시켰다.

인터넷의 활성화, 미디어의 다변화와 온라인 광고의 성장으로 인한 광고 패러다임 변화 이후 과거 대행사만의 영역이었던 전통적인 크리에이티브의 중요성이 약화된 것도 광고주의 역할 증대를 가져왔다고 할 수 있다. 온라인 광고가 대세가 됨에 따라 미디어의 수가 엄청나게 증가하였고, 소비자의 미디어 이용 행태가 빠르게 변화하였다. 이러한 광고 환경에서 과거처럼 하나의 제작물, 크리에이티브로 원하는 광고 효과를 보기는 매우 어려워졌다. 따라서 전통적인 크리에이티브를 대변하는 빅 아이디어 중요성, 메시지의 중요성이 과거만 못하게 된 측면이 있다. 대신 개별 소비자의 특정 행동과 결과를 유도하는 다양한 광고 활동이 필요해지고 구제적인 효과, 퍼포먼스를 중요하게 고려하게 되었다. 이렇듯 광고에서 전통적인 크리에이티브 중요성이 줄어들면서 광고대행사의 영역은 줄어들고 마케팅, 광고기획의 영역을 넓혀 온 광고주의 역할이 증대되는 현상을 가져온 것이다.

과거에 4대 매체 광고 중심의 광고 환경에서 광고주는 종합 광고대행사에 광고를 의뢰하고, 이때 광고주의 주요 역할은 광고대행사를 핸들링(handling)하는 것이었다. 그러나 오늘날 4대 매체 광고의 영향력은 줄어들고 새롭고 다양한 광고 영역이 생겨나 성장하고 있다. 문제는 이러한 새로운 광고 영역들이 과거의 4대 매체 중심의 광고처럼 하나의 종합 광고대행사에 맡기기 어렵고, 상당 부분 광고주가 기획하거나 때로는 직접 진행하여야 한다는 것이다. 이러한 상황에서는 업무 프로세스나 대행사 핸들링도 과거처럼 단일화된 광고 관련 팀에서 전체를 광고대행사에게 의뢰하기보다 광고주의 각 관련 부서가 매체사, 프로덕션 등 카운터 파트(count part)를 개별적으로 직접 컨택트(contact)하고 핸들링해야 하는 경우가 많다. 따라서 과거보다 광고에서 광고주의 역할 확대를 가져오게 된다.

2) 희미해지는 마케팅 커뮤니케이션 구분 및 광고 관련 부서의 다양화 · 세분화

실무적 측면에서 살펴보았을 때, 오늘날 새로운 광고 환경에서 광고주 측면의 두 번째 변화는 전통적인 마케팅 커뮤니케이션의 구분이 희미해지고 있고, 이에 따라 광고 관련 업무와 부서가 다양화 · 세분화되고 있다는 것이다. 최근 광고 패러다임이 바뀌면서 광고의 개념 및 형태가 변화하고 광고의 범위가 확대되고 있다. 광고가 콘텐츠화하면서 기존 전통적인 광고 환경에서의 광고주 업무 구분과 대응 조직이 변화하고 있다. 이러한 상황에서 광고와 홍보라는 전통적인 마케팅 커뮤니케이션의 구분은 점점 의미가 없어진다. 이제 광고 담당자도 하나의 멋진 광고물을 제작하는 것뿐만 아니라 미디어에 보다 신경을 쓰고 구체적인 퍼포먼스를 신경 써야 한다. 이제 대부분의 기업 커뮤니케이션이 영상화 · 콘텐츠화되면서 홍보 담당자도 콘텐츠와 크리에이티브에 신경 써야 한다.

전통적인 4대 매체 광고와 홍보 이외에 새로운 마케팅 커뮤니케이션들이 등장하고 성장하고 있다. 기업과 브랜드의 윤리적 가치가 증가하면서 CSR 관련 업무가 기업에서 매우 중요해지고 있다. CSR 관련 업무는 광고팀이나 홍보팀에서 담당하기도 하지만, 기획실, 별도의 윤리 담당 부서, 법제팀, 대외 협력팀, 가치 경영팀 등에서 담당하기도 한다. 또한 4차 산업혁명 시대가 되면서 ICT 기반 광고 업무도 증가하였다. 이 업무 역시 광고홍보 부서에서 홀로 담당할 수 있는 것이 아니다. 기업의 ICT 관련 부서와 협업이 반드시 필요한 분야다. 이 외에 스포츠 마케팅, 문화 산업, 공간 산업 등 새로운 마케팅 커뮤니케이션 영역이 성장하면서 어디까지가 광고홍보의 영역인지, 어느 조직까지가 광고홍보 부서인지 구분하기가 점점 어려워지고 있다.

이러한 광고 패러다임의 변화와 광고의 개념, 형태의 변화로 인하여 광고에 있어 전통적인 크리에이티브의 역할은 축소되고, 콘텐츠, 테크놀로지, 데이터, 퍼포먼스, 윤리경영 등 새로운 광고 관련 개념의 중요성이 커지고 있다. 이러한 새로운 마케팅 커뮤니케이션 영역의 성장은 관련 전문회사, 대행사 등의 새로운 플레이어들의 성장뿐만 아니라, 광고주 광고 관련 부서의 다양화, 세분화를 낳고 있다.

3) 어려워지는 광고 효과

실무적 측면에서 살펴보았을 때, 오늘날 새로운 광고 환경에서 광고주 측면의 세 번째 변화이자 특징은 광고 효과를 얻기가 점점 어려워지고 있다는 것이다. 미디어 수는 폭발적으로 늘어났으며, 더 나아가 광고 효과를 측정하기 어려운 새로운 광고 형태들이 등장하고 성장하고 있다. 또한 소비자는 더욱 능동적이고 설득시키기 어려워지고 있다.

1950년대 4대 매체 광고가 자리 잡은 이후 인터넷이 상용화되는 1990년대까지 미디어 수는 한정적이었으며, 광고주나 광고대행사는 어느 매체가 효과적인지 파악할 수 있었다. 따라서 광고 예산만 충분하면 주요 타깃에게 메시지를 전달하기 쉬웠다. 하지만 인터넷이 상용화된 후 온라인 광고가 대세가 되었고, 특히 블로그, 개인 SNS, 1인 크리에이터 등 1인 미디어가 활성화되면서 광고 집행이 가능한 미디어 수는 엄청나게 증가하였다.

웹 2.0 환경에서는 개인이 블로그 등 1인 미디어를 운영하면서 이와 같은 미디어에 광고를 게재하고 그에 대한 수익을 얻음으로써 광고 매체 역할을 하고 있다. 1인 미디어 광고의 출현과 성장은 광고가 집행되는 미디어를 다원화한다는 차원에서 미디어의 롱테일 현상을 낳는다. 이러한 미디어 환경에서는 아무리 광고 예산이 많아도 주요 타깃에게 빠뜨리지 않고 메시지를 전달하기는 매우 어렵다. 또한 오늘날 광고 환경에서는 개인들이 개인 미디어를 통하여 자발적으로 퍼뜨리는 확산광고의 중요성이 커졌기 때문에, 아무리 광고 예산을 많이 투입하더라도 광고 메시지 노출을 보장할 수 없다.

또한 오늘날 광고 환경에서는 4대 매체 광고와 같은 페이드(Paid) 미디어의 힘은 점점 줄어들고, 브랜디드 콘텐츠, CSR, 네이티브 광고, ICT 활용 광고 등 전통적인 광고형태가 아닌 새로운 형태와 성격의 광고 미디어의 힘이 커지고 있다. 이러한 새로운 형태의 광고들은 형태와 내용이 다양하며, 따라서 광고 효과를 높일 수 있는 전략이나 성공 공식도 모두 다르다. 이러한 상황에서는 전통적인 마케팅, 브랜드, 광고 지식과 능력을 가지고 있다 하더라도 전체적인 광고 효과를 보장할 수 없다. 또한 과거처럼 하나의 제작물, 크리에이티브, 빅 아이디어로 원하는 광고 효과를 보기는 매우 어려워졌다. 이러한 상황에서 온라인 광고를 비롯한 광고 현장에서는 개별 소비자의 특정 행동과 결과를 유도하는 다양한 광고 활동이 필요해지고 구제적인 퍼포먼스를 중요하게 고려해야 한다.

광고 효과를 얻기 위해서는 소비자가 광고를 보게 하고, 광고를 좋아하게 하며, 광고를 믿게 해야 한다. 그러나 과거에 비해 소비자에게 광고를 보게 하기도, 좋아하게 하기도, 광고를 믿게 하여 궁극적으로 설득시키기도 더 어려워졌다. 인터넷 상용화 이후 소비자의 미디어 이용 행태가 빠르게 변화하면서 광고 이용 행태도 급변하였다. 소비자는 광고 메시지 노출 및 처리 과정에서 능동적이 되었고, 광고에서 보다 자유로워졌다. 우선 광고 메시지 접촉 자체를 소비자가 선택할 수 있게 됨으로써, 광고 노출 자체가 어려워졌다. 특히 광고 차단 기술 등 광고 회피 기술이 늘어나면서 소비자에게 광고 메시지를 전달하기가 더욱 어려워졌다. 또한 높아진 소비자의 교육 수준, 소비자 운동의 활성화, 반 기업 정서, 광고 회의주의 등으로 소비자들은 더욱 똑똑해졌고, 잘 설득당하지 않게 되었다.

2. 기업 커뮤니케이션의 변화

1) 설득에서 소통으로

전통적으로 광고는 대표적인 설득 커뮤니케이션이었다. 그러나 새로운 미디어 환경 및 사회 환경은 여러 측면에서 '설득'이라는 단어보다 '소통'이라는 단어를 더 바람직하게 만들고 있다. 그러면 설득과 소통의 의미 차이를 비교를 통하여 살펴보도록 하자. 먼저, 커뮤니케이션 측면에서 보았을 때, 설득은 송신자의 목적을 달성하기 위한 수단으로서 커뮤니케이션적인 특성을 가진다. 반면 소통은 커뮤니케이션 자체가 목적이라는 특성을 가진다. 설득은 커뮤니케이션 상대방을 나의 이익을 위하여 변화시키는 조금 더 심하게 표현하면 조종하는 성격을 가진다. 반면 소통은 커뮤니케이션 상대방 자체가 중요하고 커뮤니케이션 상대와의 장기적 관계가 중요해진다. 이러한 소통 과정에서 상대방이 내가 원하는 방향으로 해 주면 더욱 좋은 것이다.

광고 측면에서 설득과 소통의 차이를 조금 더 살펴보자. 설득은 제품 위주의 커뮤니케이션으로서의 특성을 가지는 반면, 소통은 제품뿐만 아니라 일상생활, 윤리적 가치나 사회 문제 등 기업과 소비자가 나누는 생활의 모든 분야의 커뮤니케이션으로서의 특성을 가진다. 또한 설득은 판매나 거래 등 단기적인 행동이 중요하지만 소통은 고객과의 장기적인 관계가 중요하다. 그리고 아무래도 설득은 매스커뮤니케이션으로서의 특성이 강하지만, 소통은 SNS 등을 통한 대인 커뮤니케이션의 특성이 강하다. 이를 요약하면 〈표 5-1〉과 같이 정리할 수 있다. 여기에서는 광고에 있어 설득에서 소통으로의 변화를 나타내는 대표적 현상인 관계 관점의 강화, 진정성 마케팅 중심으로 살펴보고자 한다.

〈표 5-1〉 **설득과 소통의 개념 차이***

설득	소통
목적을 위한 수단으로서의 커뮤니케이션	커뮤니케이션 자체가 목적
커뮤니케이션 상대방을 나의 이익을 위하여 변화시킴	커뮤니케이션 상대방 자체가 중요
제품 위주의 커뮤니케이션	제품뿐만 아니라 생활의 모든 분야가 커뮤니케이션 주제
단기적 행동(판매, 거래)이 중요	고객 관리, 장기적 관계가 중요
매스커뮤니케이션적 특성	대인 커뮤니케이션적 특성

*표의 내용은 저자의 주관이 많이 반영되었음을 밝힘

(1) 관계 관점의 강화

새로운 광고 환경에서 설득에서 소통으로의 변화를 나타내는 대표적인 흐름은 관계 관점의 강화다. 신기술의 제품 외에는 제품의 물리적 요소를 통한 차별화는 어려워지고 있으며, 과거 브랜드 차별화의 대표적 수단이었던 광고를 통한 브랜드 이미지의 차별화 또한 점점 더 어려워지고 있다. 즉, 브랜드의 객관적 이미지나 메시지의 중요성은 과거에 비해 줄어들고 기업, 브랜드와 개인 소비자와의 관계가 중요해지고 있다. 소비자는 나에게 혜택을 주는 기업이나 브랜드, 사회적 구성원으로서 바람직한 행동을 하는 기업의 제품을 사려고 한다.

커뮤니케이션 환경의 변화에 따라 기업이 소비자와 커뮤니케이션하는 방법도 과거와 달라질 수밖에 없다. 과거 4대 매체 광고 중심의 커뮤니케이션 환경에서 기업 커뮤니케이션의 주된 흐름은 일방향적인 설득 커뮤니케이션이었다. 메시지를 생산하고 전달하는 주체는 기업 및 대형 미디어들이었고 개인은 수동적으로 메시지를 받아들이는 상황이었다. 이 과정에서는 기업이 전달하는 메시지에 대한 개인의 피드백도 활발히 일어날 수가 없었다.

그러나 새로운 쌍방향 미디어들이 활성화되면서 이제 개인은 자신의 생각이나 의견을 기업에게 전달하기 쉬워졌다. 또한 SNS나 1인 미디어들이 활성화되면서 개인도 정보를 능동적으로 생산하고 전달할 수 있게 되었으며, 기업의 활동에 대하여 개인 간에 의견을 공유함으로써 기업 활동을 감시하고 평가할 수 있게 되었다. 이렇게 커뮤니케이션 환경이 급변함에 따라 최근 기업의 커뮤니케이션 방향도 바뀌고 있다. 이러한 기업 커뮤니케이션 변화 방향의 핵심은 관계 관점의 강화라고 할 수 있다.

과거 기업 커뮤니케이션의 기본 관점이 소비자를 설득시키는 것이었다면, 현재와 미래의 기업 커뮤니케이션 기본 관점은 '소통과 대화'라고 할 수 있다. 즉, 개별 소비자와의 쌍방향적인 소통과 관계 형성 및 유지가 중요한 의미를 가진다. 또한 지금까지 기업 커뮤니케이션의 핵심이 커뮤니케이션을 통하여 전달되는 메시지 중심이었다면, 현재와 미래의 기업 커뮤니케이션에 있어서는 메시지 못지않게 평상시 개별 소비자와 맺고 있는 관계도 중요해졌다고 할 수 있다.

기업 커뮤니케이션에 있어 관계 관점의 대두와 관련하여 살펴보아야 할 중요한 개념이 소비자-브랜드 관계라고 할 수 있다. 마케팅 상황에서 소비자와의 관계가 중요해짐에 따라 소비자-브랜드 관계에 관한 연구가 1990년대부터 이루어졌다. 사람들 사이의 관계에 관한 연구와 사람과 소유물 사이의 관계에 관한 연구 등이 초기 소비자-브랜드 관계 연구에 영향을 끼쳤다. 또한 기존의 인간 대 인간의 관계 파트너 개념에서 발전하여, 관계 당사자가 살아 있는 존재의 생생한 느낌이 부족하거나, 실제 만날 수 없는 경우의 관계에 대한 연구들이 이루어졌는데, 예를 들어 팬과 무비스타와의 관계, 신과 인간과의 관계, 인간과 애완동물과의 관계 등이 이에 해당된다. 이러한 연구들은 소비자의 관계 파트너쉽을 인간의 차원에서 벗어나 브랜드 영역까지 확장하는 데 이론적인 밑바탕이 되었다.

사람과 사람 사이에 일어나는 관계는 사람과 브랜드 사이에서도 일어날 수 있다. 왜냐하면 브랜드는 이미 사람의 성격이나 개성을 부여받기 때문이다. 소비자와 브랜드의 관계는 단순히 소비자가 브랜드의 성과나 서비스에 만족하여 재구매하는 것 이상으로, 소비자가 브랜드에 인격을 부여하여 마치 인간과의 관계처럼 생활 속에서 진행된다. 이런 의미에서 브랜드 관계는 브랜드 개성을 논리적으로 확대시킨 것으로 볼 수 있다.

소비자는 단지 브랜드를 좋아하거나 성능이 좋아서 구매하는 것이 아니다. 소비자는 브랜드가 소비자의 생활에 의미를 주는 역할을 하기 때문에 브랜드와 관계를 유지하는 것이다. 이러한 의미는 기능적이거나 실용적일 수도 있고 심리적이거나 감정적일 수도 있다. 이 모든 의미는 소비자의 자아와 연관되어 있으며, 이러한 관계는 소비자에게 중요한 의미를 가진다. 이러한 의미를 제공하고, 유지하는 과정은 소비자와 브랜드의 영역에서 관계의 중요성을 의미하는 것이다(Fournier, 1998).

소비자-브랜드 관계의 개념을 초기에 연구한 블랙스톤(Blackstone)은 브랜드와 소비자의 관계를 장기적인 관점에서 서로 상호작용을 하고 그 결과 서로 영향을 주고받는 것이라고 하였다. 개인 간의 관계와 마찬가지로 소비자와 브랜드 사이의 관계는 브랜드에 대한 소비자의 태도와 행동뿐만 아니라 소비자에 대한 브랜드의 태도와 행동 역시 고려해야 한다고 하였으며, 성공적인 소비자-브랜드 관계의 발전은 (소비자를 향한) 브랜드의 태도를 소비자가 어떻게 인식하는가에 달려 있다고 하였다(Blackstone, 1993).

그는 커뮤니케이션 관점에서 초기 소비자-브랜드 관계의 개념을 정리하였는데, 기존의 브랜드 이미지나 브랜드 개성에 대한 정량적 연구가 소비자-브랜드 관계를 적절히 반영하지 못한다고 하였다. 그리고 이것이 측정상 문제에서 비롯된 것이 아니라 브랜드 이미지와 브랜드 개성 관점이 브랜드를 단지 소비자 태도의 객체로서 바라보고 있기 때문이라고 하였다. 그는 이러한 관점에서 브랜드와 소비자가 단일한 시스템의 공동으로 동등하게 인정되는 커뮤니케이션 모델을 제안하였다.

블랙스톤은 소비자-브랜드 관계 모델에 관한 연구에서 객관적인 브랜드와 주관적인 브랜드를 구별하였다. 그는 객관적인 브랜드란 객관적으로 인정되는 브랜드와 관련된 연상, 이미지, 개성들의 집합체인 반면, 주관적인 브랜드란 소비자가 가지는 브랜드에 대한 주관적인 태도를 의미한다고 하였다. 이러한 관점에서 소비자-브랜드 관계는 브랜드 이미지와 브랜드 태도로 구성되기 때문에 브랜드의 객관적인 면과 주관적인 면 모두를 가진다고 하였다. 이 개념들을 종합하여 보았을 때, 소비자-브랜드 관계는 소비자가 브랜드를 인지하고, 구매하고, 사용 및 경험하는 전 과정에 걸쳐 관계를 맺는 것으로, 소비자와 브랜드가 동등한 당사자로서 브랜드에 대한 소비자 태도와 소비자에 대한 브랜드 태도 사이에 주고받는 상호작용이라고 정의할 수 있다(Blackstone, 1995).

(2) 진정성 마케팅

기업과 소비자의 소통이 중요해지면서 부각되는 개념이 진정성 마케팅이다. 소통은 커뮤니케이션 상대방 자체가 중요하고 커뮤니케이션 상대와의 장기적 관계가 중요하다. 즉, 한 번의 제품 판매나 거래로 관계가 끝나는 것이 아니라 지속적이고 장기적으로 제품이나 서비스의 판매를 추구하고 관계를 지속하는 것이다. 이러한 상황에서 기업의 광고 활동이나 마케팅 활동에서 진정성이 없다면 소비자와의 장기적인 소통 및 관계 유지는 어려워진다.

또한 소통은 제품뿐만 아니라 일상생활, 윤리적 가치나 사회 문제등 기업과 소비자가 나누는 생활의 모든 분야의 커뮤니케이션으로서의 특성을 가진다. 이러한 커뮤니케이션의 상대방으로서 진정성은 매우 중요하다. 또한 소통은 SNS 등을 통한 대인 커뮤니케이션적 특성이 강하다. 따라서 기업과 소비자의 소통은 전통적 광고에 비하여 인간과 인간 사이의 커뮤니케이션적 특성을 가지게 된다. 따라서 우리가 일상생활에서의 인간 관계에서 진정성이 중요하듯이 기업과 소비자와의 커뮤니케이션에서도 진정성은 중요해진다.

아무리 제품을 잘 만들고 광고를 잘 해도 오너가 일탈 행동을 하거나 직원이 대리점에 갑질 행동을 한다면 소비자들은 그 기업의 제품을 외면한다. 반면에 오너의 선행이 알려지거나 대리점 혹은 거래처와의 상생 활동을 한다면 광고 활동 이상의 이미지 제고나 제품 판매에 기여할 수 있다. 이제는 대부분의 기업이 제품을 잘 만들고 광고를 잘 하기 때문에 이러한 요소들로는 브랜드를 차별화하기 어려워졌고, 실질적으로 진정성 있는 행동을 할 때 비로소 브랜드와 기업이 차별화된다고 할 수 있다.

특히 사회가 성숙해짐에 따라 소비자들은 점차 브랜드의 감성적이고 상징적인 가치에 만족하지 못하고 새로운 브랜드 가치를 요구하게 되었는데, 기업에 대한 신뢰를 느낄 수 있는 도덕적이고 윤리적인 가치가 그것이라고 할 수 있다. 기업들의 브랜드 자산 구축 방법에 있어서 1990년대 이후의 특징은 브랜드의 정신적 · 윤리적 가치를 강조하는 것으로 변화하고 있는데 이를 대표하는 개념이 진정성 마케팅이라고 할 수 있다.

진정성(Authenticity)은 그리스어 'Authentikos'에서 유래하였으며 '진짜'라는 의미를 가지고 있다. 기업에서 진정성을 높이기 위해선 가치의 창출이 이윤의 창출보다 우선시되어야 한다. 광고 활동에서 진정성과 관련하여 브랜드 진정성 개념을 살펴볼 필요가 있다. 브랜드 진정성은 브랜드가 솔직하고 진실된 핵심가치를 갖춤으로써 일관성을 보유하는 것으로, 브랜드를 경험한 결과가 단서로 인식된 주관적 평가를 말한다. 주관적으로 평가된다는 것은 품목이나 소비자 특성에 따라서 달라질 수 있다는 것으로 평가에 사용되는 결정 요인이 다르다는 것을 의미한다(김윤정, 2019). 소비자는 자아 이미지와 브랜드의 일치도가 높을수록 진정성을 고려할 가능성이 높아진다. 또한 동일한 브랜드라도 개인의 주관에 따라 평가가 달라진다. 종합적으로 브랜드 진정성은 특정한 브랜드에 대한 지각된 가치로 진실성과 진심을 느끼는 정도라고 할 수 있다(김상훈, 박현정, 이은영, 2014).

이렇듯 브랜드에 있어 진정성은 '진짜, 진심, 진실' 등이 기저에 존재하며, 소비자들이 브랜드에 대해 판단하는 근거로서의 브랜드 진정성의 중요성이 날로 높아지고 있다. 선행연구에 의하면 브랜드 진정성 지각은 구매의도뿐 아니라 구전의도에도 긍정적인 영향을 미치며, 진정성을 브랜드의 핵심 포지셔닝의 요소로 활용하여 성공을 거둔 브랜드 또한 꾸준히 등장하고 있다(이시내, 민동원, 2017).

진정성의 개념은 시대의 변화에 따라 다양한 분야에서 연구가 이루어져 왔다. 특히 광고 커뮤니케이션 분야의 경우 최근 디지털 미디어 중심으로 변화하는 환경에서 매우 중요하게 연구되고 있다. 과거 매스미디어 시대에는 기업들이 뛰어난 크리에이티브를 통해 광고 메시지를 미디어에 노출하면 수용자에게 메시지를 잘 전달할 수 있었다. 하지만 지금 디지털 시대에는 누구나 콘텐츠를 만들고 소셜미디어를 통해 브랜드와 제품 정보를 여과 없이 후기 콘텐츠로 제작하여 유통할 수 있다. 이는 디지털화 미디어 시대에는 기업과 소비자 간의 정보 불평등 현상이 사라지고 있음을 나타낸다. 즉, 소비자 입장에서는 검색이나 SNS를 통해 진정성 있는 사실과 진정성이 결여된 사실을 구분하기가 더욱 쉬워졌다고 할 수 있다. 더욱이 최근 소비자는 설득이라는 커뮤니케이션보다 진정성이 담긴 커뮤니케이션을 선호하는 경향을 보이고 있다. 따라서 디지털 미디어의 영향력이 커질수록 진정성은 앞으로 더욱 중요해질 것이다(최모세, 조창환, 2019).

2) 송신자이자 수신자

전통적인 커뮤니케이션 환경에서 메시지를 생산하고 전달하는 주체는 전문성을 가진 일정 규모 이상의 조직이었다. 광고를 비롯한 기업 커뮤니케이션도 마찬가지로 광고주는 광고대행사와 함께 기업 커뮤니케이션의 주체로서 메시지를 생산하고 소비자에게 전달하는 것이 주 업무였다. 그러나 이제 광고주는 메시지를 생산하고 전달하는 송신자의 역할뿐 아니라 소비자가 생산하고 피드백한 메시지를 수신하는 수신자로서의 역할을 담당하게 된다.

기업은 인터넷에 브랜드 커뮤니티, 브랜드 채널을 개설하여 소비자가 브랜드와 마음껏 커뮤니케이션하게 하고, 소비자가 제작한 콘텐츠나 의견을 마케팅에 적극 활용한다. 또한 소비자가 제작한 UCC를 광고로 활용하거나 소비자 UCC를 기반으로 제작된 광고를 집행하고 있다. 기업은 이러한 마케팅 커뮤니케이션 과정에서뿐만 아니라 제품 개발 및 출시 단계에서부터 소비자에게 아이디어를 구한다. 이제 기업은 소비자의 이야기를 점점 더 많이 듣고 있으며 콘텐츠의 생산은 기업만 하는 것이 아니라 기업과 소비자가 함께하고 있다.

기업 커뮤니케이션 과정에서 기업의 역할 변화는 입체화된 커뮤니케이션 네트워크 개념으로 설명될 수 있다. 커뮤니케이션 환경의 입체화 개념에서 살펴볼 때, 단일 채널에 의하여 폐쇄적이고 일방적인 커뮤니케이션이 발생하는 선형적 커뮤니케이션 모델이 과거의 것이라면, 다채널에 의하여 쌍방향적이고 다차원적으로 활발한 커뮤니케이션이 발생하는 입체적 커뮤니케이션 모델이 현대의 커뮤니케이션 모델이라고 할 수 있다. 기존 매스커뮤니케이션 환경에서 수신자였던 개인이 송신자로서 정보를 생산하며 유통시키고, 송신자였던 언론이나 기업, 공공기관이 개인이 생산한 정보를 받아들이거나 개인의 의견을 주요 의사 결정 과정에 적극 반영함으로써 송신자와 수신자의 경계 구분이 점차 모호해지고 있다. 이러한 현상은 송신자가 원하는 효과를 얻기 위하여 미디어를 통하여 메시지를 수신자에게 전달한다는 기존 커뮤니케이션 모델의 분절적 성격을 넘어, 입체적 네트워크 안에서 상호작용을 통하여 유기적으로 커뮤니케이션하는 융합적 관점을 필요로 한다.

전통적인 매스커뮤니케이션 모델에 있어서 일반적인 기업 커뮤니케이션은 기업이 불특정 다수의 소비자에게 일방적으로 메시지를 전달함으로써 발생한다. 그러나 현재의 기업 커뮤니케이션 환경에서는 기업은 물론이고 소비자도 기업이나 브랜드와 관련된 메시지를 생산하고 전달한다. 이런 상황에서 미디어의 수는 기존 4대 매체 이외에 블로그 등 1인 미디어로 인하여 과거에 비하여 훨씬 많아졌다. 또한 시간적으로도 네트워크 환경하에서의 커뮤니케이션이 동시다발적으로 이루어지기도 하고, 시간이 흐르면서 메시지가 보완되어 지속적으로 일어나기도 한다.

이러한 커뮤니케이션 과정은 과거의 선형적 패러다임이 아닌 다면적, 더 나아가 입체적 패러다임에서 생각해 보아야 한다. 왜냐하면 다수의 송신자에 의하여, 다수의 채널을 통하여, 다수의 수신자에게, 서로의 상호작용에 의하여 지속적이고 유기적으로 커뮤니케이션이 일어나기 때문이다. 또한 과거의 구조적인 조직과 과정을 통하여 콘텐츠가 생산되고 유통되는 것이 아니라 다수의 참여를 바탕으로 역동적인 상호작용을 통하여 이루어지며, 이는 기업 커뮤니케이션도 예외는 아니다.

현대 기업 커뮤니케이션 환경에서 수신자로서의 기업의 역할은 SNS가 활성화되면서 가속화되고 있다. 기업들은 SNS 마케팅을 통하여 소비자들과 신속하게 피드백하고 상호작용성을 바탕으로 한 소통을 하고 있다. 즉, SNS를 활용한 개별 소비자와의 쌍방향 커뮤니케이션을 통하여 기업이나 브랜드의 이미지를 높이고 다양한 이벤트를 벌이는 등 전통적인 형태의 광고가 해 왔던 기능을 수행하고 있는 것이다.

3) 매스커뮤니케이션에서 대인 커뮤니케이션으로

광고, 홍보를 비롯한 기업 커뮤니케이션의 가장 근본적인 변화 중의 하나는 매스커뮤니케이션에서 점점 대인 커뮤니케이션으로 나아가고 있다는 점이다. 전통적인 관점에서 광고는 '대인적'인 아닌 '비대인적', 즉 매스커뮤니케이션이다. 이는 전통적 관점에서 광고가 대중매체를 통하여 전달되는 것과 깊은 연관이 있다. 그러나 최근 기업 커뮤니케이션 미디어로서 SNS와 1인 미디어가 빠르게 성장하면서 이러한 패러다임은 변하고 있다. SNS와 1인 미디어는 특정 개인 혹은 소수의 수용자를 타깃으로 광고를 전달한다. 즉, SNS와 1인 미디어와 같은 상호작용 미디어는 대중매체의 특성과 개인 매체의 특성을 동시에 지니고 있다. 상호작용 미디어를 이용하면 특정인에게 메시지를 전달하는 대인적 메시지 제시가 가능하며 광고 효율성도 높다. SNS와 1인 미디어를 활용한 광고가 날로 증가하는 상황에서 광고 메시지가 대인적으로 전달될 가능성은 점점 증가하고 있는데, 이는 매스커뮤니케이션이라는 전통적 광고의 정의에 변화를 주는 현상이다.

매스커뮤니케이션에서 대인 커뮤니케이션으로의 변화는 기업 커뮤니케이션에 한정된 현상이 아니다. SNS와 1인 미디어의 발달로 미디어의 수는 폭발적으로 증가하였으며, 이는 수신자의 다원화 현상을 초래한다. 이러한 수신자의 다원화를 통하여 정치, 경제, 사회, 문화 등 사회 여러 분야에 걸쳐서 특정 정보에 관심이 있는 특정 수신자를 대상으로 관련 메시지의 전달이 가능해진다. 『The Long Tail』의 저자인 앤더슨(Chris Anderson)이 앞으로 거시적인 뉴스보다 소수를 위한 뉴스가 각광을 받을 것이라고 주장한 것도(신헌철, 2007) 뉴스에 있어서 수용자의 세분화 현상을 반영한 것이라고 할 수 있다.

기업 커뮤니케이션 환경이 매스커뮤니케이션에서 대인 커뮤니케이션으로 이동해 감에 따라 개별 소비자의 특성을 고려한 맞춤형 광고를 집행할 수 있다. 기업은 이를 통하여 해당 제품에 관심이 많은 핵심 타깃을 선별하여 브랜드 메시지를 전달할 수 있다. 또한 블로그 등의 1인 미디어에 광고를 집행할 경우, 광고되는 제품이나 서비스에 관심이 많은 특정 소비자를 타깃으로 하여 메시지를 전달할 수 있다. 즉, 새로운 광고 환경에서 광고 메시지의 수용자는 기존의 불특정 다수의 소비자에서 일정한 특성을 가진 소수의 소비자로 변하는 것이다. 따라서 앞으로 광고는 대중을 겨냥한 집단광고보다 특정 소비자를 겨냥한 타깃 광고가 효과를 발휘할 것이다.

기업 커뮤니케이션에서 대인 커뮤니케이션의 성장은 4차 산업혁명 시대에 ICT를 활용하면서 더욱 가속화되고 있다. 다양한 SNS의 등장과 확산은 빅데이터 분석을 통한 새롭고 창의적 서비스가 가능한 환경을 제공하였다. 이를 통해 소비자 구매, 취향, 감정 패턴을 실시간으로 파악이 가능하고 새로운 서비스 및 가치 창출이 가능하다. 또한 페이스북(Facebook), 트위터(Twitter) 등 SNS에 남긴 정치, 경제, 사회, 문화에 대한 메시지는 그 시대의 감성과 정서를 파악할 수 있는 원천으로 등장하고 있으며, 아마존(Amazon), 구글(Google) 등에서 활용되고 있는 개인의 소셜 로그 데이터는 개인의 편익과 개인 맞춤형 서비스를 제공하는 기반이 된다. 빅데이터의 발달로 인하여 성장이 가속화되는 개인 맞춤형 서비스의 대표적인 예가 디지털 맞춤형 광고라고 할 수 있다. 맞춤형 광고는 이용자에게는 관심이 있을 만한 광고를 보여 주고, 광고주는 자신의 상품에 관심이 있을 만한 타깃층에게 어필할 수 있는 기회를 가지며, 관심이 있는 고객에게 광고 메시지를 노출시킬 수 있기 때문에 불특정 다수에게 전달되는 전통적인 광고에 비해서 높은 비용 효율성을 누릴 수 있다. 또 검색광고와 같이 직접 구매로 연결시킬 수 있는 장점을 지니고 있기 때문에 향후 맞춤형 광고의 성장 가능성은 다른 어떤 광고보다 높다고 할 수 있다.

4) 콘텐츠 중심으로의 변화

최근 기업 커뮤니케이션, 특히 광고주 차원에서 기업 커뮤니케이션의 뚜렷한 흐름은 광고가 점점 콘텐츠화하고 있다는 것이다. 콘텐츠 중심으로의 변화를 광고주 차원이 강하다고 말하는 이유는 광고가 점점 콘텐츠화하면서 광고대행사가 제작, 집행하지 못하는 부분이 발생하기 때문이다. 콘텐츠화의 가장 대표적인 주자는 브랜디드 콘텐츠이며 네이티브 광고, 브랜드 저널리즘도 모두 기업 커뮤니케이션의 콘텐츠화와 관련이 깊은 개념들이다. 과거에는 콘텐츠와 광고가 분리되어 있었다. 즉, 소비자는 콘텐츠 혹은 프로그램을 보기 위하여 의무적으로 광고를 보아야 하는 구조였다. 그러나 브랜디드 콘텐츠, 네이티브 광고, 브랜드 저널리즘은 콘텐츠와 광고의 구분이 모호하거나 기업이 능동적으로 콘텐츠를 제작하는 경우다.

최근 이렇듯 비상업적 콘텐츠와 상업적 콘텐츠의 결합이 시도되는 이유로는 기존 4대 매체 중심의 전통적 광고의 위축, 소비자들이 광고를 회피하려는 성향과 기술의 발달로 이러한 회피가 가능해지고 있다는 점, 다양하고 많은 미디어의 출현으로 소비자에게 광고 노출 자체가 점점 어려워지고 있다는 점을 들 수 있다. 이러한 난관을 극복하기 위하여 기업은 콘텐츠 안에 상업적 메시지를 삽입하려 하고, 소비자들이 좋아하는 콘텐츠와 브랜드 메시지를 결합시킴으로써 브랜드의 이미지를 높이고자 한다.

특히 브랜디드 콘텐츠는 이러한 콘텐츠화의 흐름 현상 중에서도 가장 대표적인 것이며, 시장의 크기나 성장성, 확장 가능성 측면에서 강력한 측면을 가지고 있다. 브랜디드 콘텐츠는 이전에는 분리되었던 광고와 엔터테인먼트가 하나로 합쳐진 새로운 형태의 광고 미디어로서 비록 상업적 목적을 가지고 있지만 엔터테인먼트 콘텐츠 형식으로 유통되는 것이라고 할 수 있다. 브랜디드 콘텐츠는 소비자의 흥미를 유발하는 감성적인 콘텐츠로서 소비자가 능동적으로 접촉하고 소비하는 특성을 가진다.

전통적인 광고는 소비자가 보거나 듣고 싶어하는 콘텐츠(프로그램) 사이에 노출되는 형태를 취했다. 즉, 소비자는 수동적으로 브랜드 관련 메시지에 노출되는 것이다. 그러나 브랜디드 콘텐츠의 경우 소비자가 보거나 듣기 원하는 콘텐츠 안에 브랜드 관련 메시지가 녹아들어 있다. 즉, 소비자가 좋아하는 콘텐츠와 브랜드 메시지가 융합되는 것이다. 이러한 상황에서 소비자는 과거의 광고 접촉 상황과 달리 스스로 원해서 능동적으로 브랜드 메시지를 접촉하게 된다.

또한 소비자들은 자기가 좋아하는 브랜디드 콘텐츠를 블로그 등 1인 미디어에 올리고, 다른 소비자들이 이를 퍼감으로써 브랜드 관련 메시지가 빠르게 퍼져 나가기도 한다. 소비자들은 이렇게 능동적으로 브랜드 메시지를 접촉하고 확산시키는 과정에서 과거의 수동적 광고 노출의 경우에서보다 브랜드와의 관계를 더 강화시킨다.

과거의 전통적인 마케팅 커뮤니케이션을 통해서 소비자들은 특정 브랜드의 물리적 특성과 효익에 관한 정보를 얻거나, 브랜드에 대한 이미지를 얻는 수준에 그쳤다고 할 수 있다. 그러나 오늘날의 소비자들은 자기가 보고 싶어하는 브랜디드 콘텐츠를 접촉함으로써 즐거움을 추구한다. 브랜디드 콘텐츠에서의 브랜드는 물리적 효익을 주는 제품에서 나아가, 만나면 즐거운 친구나 가족과 같이 즐거움의 대상이 되는 것이다. 소비자들은 자기가 좋아하는 브랜디드 콘텐츠를 능동적으로 접촉함으로써 브랜드와의 강하고 긍정적인 관계가 구축되고 유지된다고 할 수 있다.

소비자의 능동성이 강화되고, 브랜드의 중요성이 증가하며, 거래가 아닌 장기적인 관계 구축이 중요시되고 있는 현재의 마케팅 환경에서 감성을 바탕으로 하는 소비자와 브랜드의 긍정적인 관계 구축 및 유지는 기업의 성공에 있어서 매우 중요한 요소가 되었다. 이러한 배경에서 브랜디드 콘텐츠는 감성적인 소비자와 브랜드의 관계를 구축하고 유지하는 중요한 수단이라고 할 수 있다.

3. 변화에 따른 주요 과제

최근 광고를 비롯한 기업 커뮤니케이션 패러다임이 급변하면서 광고주는 기업 커뮤니케이션 진행 시 과거에는 없었던 새로운 문제들을 만나고 있다. 이는 미디어의 변화에서도 기인할 수 있고, 메시지 형태의 변화에서 기인할 수도 있다. 이 장에서는 새로운 환경에서 광고주가 기업 커뮤니케이션 진행 시 발생하는 새로운 문제들을 중심으로 살펴보고자 한다.

1) 브랜드 세이프티(Brand safety)

먼저 최근 대두되고 있는 브랜드 세이프티(Brand safety)에 대해 관심을 가질 필요가 있다. 차량 사고와 관련된 동영상 콘텐츠 앞에 유명 자동차 광고가 집행되고 폭력적이거나 불쾌하고 부적절한 콘텐츠 앞에 유명 기업의 브랜드 광고가 종종 노출되기도 한다. 브랜드를 알리고 긍정적 이미지를 얻기 위해 집행하는 온라인 광고가 오히려 역효과를 내고 자칫 브랜드 안전에 악영향을 미칠 수 있다는 우려가 제기되고 있다.

전통적인 광고 환경에서 광고주는 자사의 광고가 어떤 매체에 집행되는지 일 수 있으며, TV 광고의 경우 어떤 프로그램에 집행되는지, 신문광고의 경우 어떤 기사 면에 집행되는지 알 수 있다. 그러나 온라인 광고의 경우 구체적인 집행 매체를 정확히 파악하기 어려우며, 더구나 어떤 기사, 어떤 콘텐츠 속에 노출되는지를 알기도 컨트롤하기도 어렵다. 더구나 온라인 콘텐츠는 수시로 업데이트되기 때문에 더욱 그렇다. 게다가 소비자 개인이 본인의 SNS를 통하여 광고를 퍼 나르고 게재하기 때문에 자사의 광고가 집행되는 주변 환경, 즉 맥락을 정확히 알 수도, 컨트롤할 수도 없다. 이런 경우 자사 광고가 부정적인 콘텐츠, 혹은 브랜드 성격과 배치되는 콘텐츠 옆에 집행될 경우 브랜드나 기업에 치명적인 피해를 초래할 수 있다.

이러한 상황에서 브랜드 세이프티는 브랜드의 온라인 광고가 적절하고 안전한 콘텐츠 맥락 안에서 집행되어야 하며, 광고가 집행되는 과정에서 잠정적으로 유해한 사이트 혹은 콘텐츠들은 블랙리스트로 걸러져야 한다는 것을 의미한다. 이는 소셜 플랫폼을 비롯한 인터넷 환경의 특성은 공유되는 모든 콘텐츠를 통제할 수 없다는 뜻이고, 그렇기 때문에 부적합한 콘텐츠 속에 자사 광고가 노출되는 것을 우려하는 광고주의 근심을 심화시키고 있다.

이렇듯 온라인 광고 환경에서 미디어 수의 폭발적 증가, 개인 블로그나 SNS, 1인 크리에이터 사이트에 집행되는 광고 증가에 따른 광고 통제의 어려움은 광고주로 하여금 브랜드 세이프티의 중요성을 일깨워 준다. 브랜드 세이프티와 관련해서 광고가 부적절한 콘텐츠에 집행됨으로써 브랜드에 윤리적인 문제를 초래할 뿐만 아니라, 브랜드 아이덴티티나 브랜드 전략의 일관성을 파괴하는 브랜드 전략이나 광고전략상의 문제를 제기하기도 한다. 즉, 과거에는 광고가 집행되는 미디어와 광고 집행 맥락을 광고주가 컨트롤할 수 있었으나, 오늘날 수많은 인터넷 미디어와 개인 미디어에 집행되는 온라인 광고의 경우는 그것이 불가능하기 때문이다.

2) 콘텐츠의 질

전통적인 매스커뮤니케이션 환경에서는 주로 소수의 전문가에 의하여 콘텐츠가 생산되는 반면, 새로운 기업 커뮤니케이션 환경에서는 다수의 비전문가에 의해서도 많은 양의 콘텐츠가 생산되고 유통된다. 이러한 현상은 콘텐츠의 다양성을 보장한다는 긍정적인 면과 함께 콘텐츠의 질 저하라는 부정적인 면을 야기할 수도 있다. 개인이 원하는 콘텐츠를 생산하고 개인이 원하는 콘텐츠만을 선택적으로 접촉할 수 있는 새로운 미디어 환경에서는 오락 정보, 상품 정보 등 시장성이 강한 콘텐츠의 유통이 활성화되는 반면 인기가 별로 없는 공공문제, 정치적 의견 등의 콘텐츠는 유통이 줄어드는 상황이 발생할 수 있다. 즉, 새로운 커뮤니케이션 환경이 개인의 정보 통제권을 강화시켜 주기도 하지만 반대로 시장성이 강한 정보만을 소비하도록 한다는 점에서 볼 때 콘텐츠의 질을 약화시키는 결과를 초래할 수도 있다.

온라인 환경에서 콘텐츠를 생산하는 개인의 상대적인 전문성 부족이라는 측면에서 볼 때 아마추어리즘과 윤리적인 문제가 대두될 수 있다. 누구나 편집자가 될 수 있는 온라인 백과사전인 위키피디아는 웹 2.0 개념을 설명할 때 자주 인용되고 있다. 그러나 위키피디아의 콘텐츠 질과 관련해서는 그 질이 천차만별이고 신뢰할 수 없다는 비판을 받는다. 또한 온라인 환경의 참여 미디어의 경우 양질의 콘텐츠 제작을 위한 투자가 현실적으로 어려운 속성을 가지고 있다. 또한 기존 매스커뮤니케이션 환경에서 전문가나 조직에 의하여 생산된 콘텐츠는 전문가로서의 의식, 조직 내 윤리강령이나 외부 규제 등에 의하여 콘텐츠가 지나치게 흥미 위주로 제작되는 것을 방지하는 기제가 작동한다고 할 수 있다. 반면, 앞서 언급된 요소가 부족한 개인들에 의하여 생산된 콘텐츠는 지나치게 순간적인 흥미 위주로 감성화되어 제작될 개연성이 높으며, 기존 미디어에 요구되던 윤리적 책임에서 상당 부분 벗어나 있다는 점에서 콘텐츠 관련 윤리 문제가 대두될 수 있다.

이러한 콘텐츠의 질 저하로 야기되는 아마추어리즘과 윤리적 문제는 기업 커뮤니케이션 분야에서도 발생한다. 즉, 소비자 개인이나 1인 크리에이터가 제작한 브랜드 관련 메시지가 브랜드에 좋지 않은 영향을 미칠 수도 있다는 것이다. 실제 브랜드에 부정적인 내용의 콘텐츠가 인터넷을 타고 퍼져나가 해당 기업이 곤욕을 치르는 경우가 종종 발생하고 있다. 또 이러한 콘텐츠의 경우 소비자의 입장에서 제작되었다는 장점이 있지만, 소비자들이 제품의 포지셔닝, 목표 타깃, 기업이 전달하고자 하는 메시지 등을 정확히 파악하지 못한 상황에서 콘텐츠가 제작될 수 있다는 면에서 전문성의 부족과 비전략적이라는 한계를 지적할 수 있다. 즉, 새로운 미디어 환경을 기반으로 한 소비자의 브랜드 관련 콘텐츠의 생산 및 유통은 소비자의 자발적인 참여를 통하여 소비자와 브랜드의 관계를 강화시키는 긍정적인 면이 있지만, 이러한 아마추어리즘에 의하여 브랜드 아이덴티티에 손상을 미치는 등 브랜드에 부정적인 영향을 미칠 수도 있다.

4. 향후 기업 커뮤니케이션의 방향

1) 브랜드 커뮤니케이션

몇 십 년 동안 변함없이 유지되어 온 4대 매체 광고 중심의 광고 패러다임은 인터넷 상용화 이후 미디어 환경의 변화를 기반으로 큰 변화를 이루어 왔다. 새로운 광고 미디어들이 성장하였고, 브랜디드 콘텐츠, CSR, ICT와 같이 전통적 광고와는 다른 광고들이 빠르게 성장하고 있다. 앞서 살펴보았듯이 광고의 개념과 형태가 변하고, 마케팅 커뮤니케이션 구분이 희미해지고 있어서 이에 따라 광고주 조직도 다양화 · 세분화되고 있다. 필자는 이러한 상황에서 향후 변화된 환경을 반영하는 광고 대체 개념으로, 혹은 향후 광고의 나아갈 방향으로 브랜드 커뮤니케이션 개념을 제안한다.

브랜드 커뮤니케이션은 기존의 전통적인 마케팅과 광고 개념을 뛰어넘는 개념이다. 기존의 광고와 마케팅은 제품의 물리적 특성을 중심으로 소비자를 설득하는 것이 주목적이었다. 여전히 기업 중심의 'in-side out' 'push'라는 개념이 바탕에 깔려 있다. 그러나 이러한 기존의 광고 개념은 아이덴티티와 영역의 한계를 갖는다. 점점 능동적인 소비자와의 장기적 관계가 중요해지고 있으며, 잘 꾸며진 메시지로 설득하기보다는 소비자와의 소통이 점점 중요해지고 있다.

특히 4대 매체 중심의 광고라는 개념으로는 더 이상 확장되고 변화하는 기업 커뮤니케이션, 마케팅 커뮤니케이션들을 다루기가 어려워진다. 따라서 '브랜드와 관련된 기업의 모든 커뮤니케이션 활동'을 나타내는 개념으로 브랜드 커뮤니케이션을 제안하는 것이다. 이는 기존의 마케팅 커뮤니케이션 도구(광고, PR, 세일즈 프로모션, 다이렉트 마케팅 등)뿐만 아니라 상품/서비스, 디자인, 기업문화, stakeholder 관계, CSR, 문화 및 예술, 스포츠 등 일체의 기업 활동을 포함한다. 즉, 오늘날의 소비자가 접촉하는 모든 브랜드 접촉점(미디어)을 계획하고 관리한다는 개념이다.

브랜드 커뮤니케이션 개념에서 중요한 것은 브랜드 커뮤니케이션의 영역이 넓은 만큼 광고나 마케팅 부서의 영역을 넘어 기업의 전반적인 경영활동(제품, 유통, 기획, 재무 회계)과 깊은 관련이 있어야 한다는 것이다. 오늘날과 같이 SNS가 발달한 기업 환경에서는 아무리 4대 매체 광고를 잘해도 기업 오너나 구성원들의 잘못된 행동이나 제품 문제 하나로 이미지가 추락하는 경우가 다반사다. 기업의 '마케팅'이나 '광고' 활동뿐만 아니라 '모든' 활동이 브랜드 정체성을 만들어 낸다. 따라서 기업의 모든 활동을 관리해 브랜드 이미지를 만들어 내도록 브랜드 커뮤니케이션을 계획하고 진행하여야 하며, 잘 만들어진 이미지를 해치지 않도록 해야 한다. 따라서 기업의 모든 활동을 브랜드 커뮤니케이션 차원에서 전사적으로, 체계적으로, 치밀하게 관리하며, 일관되게 보여 주어야 한다. 현대와 미래 사회에서 기업이 지속적으로 성장하기 위해서는 제품, 기술만 가지고는 안 된다. 왜냐하면 이러한 요소들은 수시로 변하고 한계가 있기 때문이다. 결국은 건전한 기업 문화와 브랜드 파워가 기업의 지속성장을 가능하게 하며, 이러한 점에서 확장된 의미의 광고, 새로운 의미의 광고 개념인 브랜드 커뮤니케이션이 중요한 이유다.

2) 전달되는 광고

향후 광고주 입장에서 광고 효과를 높이기 위해 해야 할 일은 많지만, 특히

'전달되는 광고'에 신경을 써야 한다. 전달되는 광고란 광고주가 광고비를 지불하여 전문적인 매체를 통하여 집행되는 광고가 아니라, 소비자의 자발적인 행동을 통하여 소비자 SNS 등 1인 미디어를 통하여 확산되는 광고를 의미한다. 페이스북 광고의 경우 특정 브랜드의 팬이 되기 위해 브랜드의 충성도를 가진 소비자들은 그 브랜드 팬페이지의 '좋아요(Like)' 버튼을 누른다. 그렇게 팬이 되면, 브랜드 충성도 고객들의 담벼락과 그의 친구들의 뉴스피드에는 그의 '○○ Likes the brand'가 노출되고 이 과정을 통해 광고 메시지가 확산 과정을 거치게 된다. 이렇게 페이스북 이용자가 어떠한 기업의 팬페이지를 '좋아요'라고 할 때마다 그 사람들은 자신의 이름과 이미지를 사용하여 다른 사람들에게 그 브랜드를 지지한다고 암묵적으로 알리는 것이다. 실제로 브랜드 팬페이지에 게재된 상태 메시지는 팬 한 명당 평균 34명의 친구에게 추가적으로 노출되는 것으로 나타났다(이은선, 임연수, 2012).

전달되는 광고, 즉 광고 확산 개념이 중요한 이유는 광고 확산 과정에서 광고 효과가 확대될 수 있다는 점 때문이다. 기본적으로 기업이 일방적으로 제시하는 광고에 비하여, SNS에서 관계를 맺고 있는 타인으로부터 전달되는 광고가 더 효과적이라고 예측할 수 있다. 페이스북 친구들 간의 연결을 통해 노출된 친구의 '좋아하는(Like)' 브랜드 메시지는 회피하여야 하는 광고라기보다는 긍정적인 정보 공유로 받아들여질 가능성이 높다. 이와 관련해서 소셜 네트워크 사이트에서의 구전효과를 연구한 추와 김(Chu & Kim, 2011)의 연구 결과는 광고의 확산 효과를 이해하는 데 시사하는 바가 크다. 연구 결과, 소셜 네트워크 사이트에서 소비자들은 신뢰가 가는 사람들로부터 전달받은 정보에 대하여 더 많은 정보를 탐색하려고 하며, 이를 다른 이들과 공유하려고 한다. 또한 자신의 준거 집단으로부터 전달받은 정보에 대하여 매우 적극적인 태도를 가진다.

이러한 SNS를 활용한 광고의 경우에 전통적인 관점을 전환할 필요가 있다. 전통적인 미디어의 경우에는 송신자가 광고의 내용이나 노출 수준을 통제하기 쉬웠으나, SNS를 활용한 커뮤니케이션의 경우에는 광고의 노출 과정에 개별적인 이용자의 메시지 수용이 필수적일 뿐만 아니라, 광고의 내용 역시 개별적인 이용자의 신념, 태도, 선호, 동기 등에 따라 재생산될 가능성이 높다. 이러한 맥락을 종합하여 볼 때, SNS를 활용한 광고의 효과는 상호-연계된 이용자들이 능동적으로 수용하고 능동적으로 '전달되는 광고(passed-on advertising)'의 관점에서 접근해야 할 필요가 있다(김재휘, 강윤희, 부수현, 2013).

3) 컬래버레이션의 활성화

새로운 기업 커뮤니케이션 환경은 4대 매체 광고 중심에서 새로운 형태와 특성을 가진 기업 커뮤니케이션의 성장 방향으로 나아가고 있다. 광고가 콘텐츠화하고 있으며, CSR, ICT 활용 광고, 스포츠 마케팅, 문화 산업, 공간 산업, 엔터테인먼트 산업 등으로 기업 커뮤니케이션 영역이 확대되고 있다. 이러한 상황에서는 전통적인 광고 영역 이외의 분야와의 컬래버레이션이 활성화되어야 한다.

콘텐츠의 상업성이 강조되지 않으면서도 커뮤니케이션 효과를 도출할 수 있는 장점 때문에 광고 산업에서도 영화, 게임, 음악, 애니메이션 등과의 콘텐츠 컬래버레이션이 증가하고 있는 추세다. 최근 광고의 새로운 패러다임으로 광고의 콘텐츠화가 진행되고 있는 상황에서 광고 외 분야와의 콘텐츠 컬래버레이션은 바람직하다고 할 수 있다. 이는 광고의 콘텐츠화를 활성화시킴으로써 광고 산업의 지속성장을 가능하게 할 뿐만 아니라 질적으로도 콘텐츠의 질을 높일 수 있는 방법이기 때문이다. 따라서 광고 산업의 외연을 확장하고 지속적인 성장을 확보하기 위해서 콘텐츠의 상업성이 강조되지 않으면서도 커뮤니케이션 효과를 도출할 수 있는 타 분야와의 콘텐츠 컬래버레이션 활성화가 필요하다.

뿐만 아니라 개별 기업 차원에서도 콘텐츠 컬래버레이션의 성장 가능성을 염두에 두고 관련 조직의 활성화, 사내 교육의 강화 등을 진행하여야 할 것이다. 향후 광고홍보 업계에서는 브랜디드 콘텐츠의 효과를 높이기 위하여 보다 장기적인 안목에서 다양한 분야의 전문가들과의 협업을 추진해야 할 것이며, 이는 경영진의 정책적 배려가 필요한 부분이라고 할 수 있다. 또한 4대 매체 광고 중심의 전통적인 광고 영역뿐만 아니라 앞서 언급한 다양한 분야의 지식을 겸비한 융합형 광고인력의 양성이 필요하다.

앞서 기업 커뮤니케이션 변화에 따른 주요 과제로 브랜드 세이프티와 콘텐츠의 질을 언급하였다. 이 두 문제는 공통적으로 온라인 기반의 새로운 미디어 환경에서 개인 SNS 등의 1인 미디어를 통한 브랜드 메시지 노출이 많아지면서 기업 커뮤니케이션 메시지와 매체 집행 환경을 광고주가 컨트롤하기 어려워졌다는 것이 주요 이유다. 따라서 기업의 기업 커뮤니케이션 관련 조직과 담당자들은 개인과의 협력을 통하여 온라인 기반 브랜드 메시지 확산 과정에서 브랜드 세이프티를 도모하고 브랜드 관련 콘텐츠의 질을 확보할 수 있도록 해야 할 것이다. 또한 기업 커뮤니케이션 환경에서 그 중요성이 커지고 있는 1인 크리에이터, 그리고 이들의 대행사인 MCN과의 협업을 강화할 필요가 있다.

참고문헌

김상훈, 박현정, 이은영(2014). 소비자의 브랜드 진정성 지각과 관련된 브랜드 속성. **한국콘텐츠학회논문지**, 14(11), 398-410.

김재휘, 강윤희, 부수현(2013). 소셜 네트워크의 확산적 광고효과와 사회적 영향력에 관한 연구. **마케팅연구**, 28(2), 173-196.

김윤정(2019). 항공사 브랜드의 광고감정반응에 따른 브랜드 진정성이 기대감에 미치는 구조적 영향관계. **한국항공경영학회지**, 17(2), 81-98.

이시내, 민동원(2017). 자발 참여형 vs. 기업 주도형 공익 마케팅이 구매의도에 미치는 영향: 브랜드 인지도와 브랜드 진정성을 중심으로. **디지털융복합연구**, 15(12), pp. 255-263.

이은선, 임연수(2012). 페이스북을 활용한 국내 기업의 마케팅 커뮤니케이션에 대한 탐색적 연구: 의미연결망을 통한 메시지 구조 분석. **광고홍보학보**, **14**(3), 124-155.

최모세, 조창환(2019). MCN 브랜디드 콘텐츠 유형과 상호작용성에 따른 소비자 반응 연구: 지각된 실재감과 지각된 진정성의 매개효과를 중심으로. **광고학연구**, **30**(3), 107-139.

Blackstone, M. (1993). *Brand Equity and Advertising: Advertising Role in Building Strong Brands*. NJ: Hillsdale.

Blackstone, M. (1995). The qualitative dimension of brand equity. *Journal of Advertising Research, 35*(4), 76-81.

Chu, S. C., & Kim, Y. (2011). Determinants of consumer engagement in electronic word-of-mouth(eWOM) in social networking sites. *International Journal of Advertising, 30*(1), 47-75.

Fournier, S. (1998). Consumers and their brands: Developing relationship theory in consumer research. *Journal of Consumer Research, 24*(4), 343-373.

신헌철(2007. 5. 3.). 온라인 시장은 8:2 법칙 안 통해. 매일경제. http://news.mk.co.kr/newsRead.php?year=2007&no=282018

제6장

소비자와 수용자의 변화와 과제

오현정(차의과학대학교 의료홍보미디어학과 교수)

미디어 수용자에 대한 연구는 미디어 연구의 한 축을 담당할 정도로 매우 중요하다. 특히 변화하는 미디어 환경과 더불어 달라지는 수용자의 위상과 역할에 대해 이해하는 것은 이들을 대상으로 효과적인 커뮤니케이션 전략을 개발하고, 변화하는 요구에 대응하기 위해 필수적이다. 이 장에서는 미디어를 수용하고 소비하는 오디언스(audience)의 개념과 그 의미의 변천 과정, 그리고 디지털 미디어 시대에서 미디어를 이용하고 소비하는 우리 사회 구성원들의 다양한 모습을 살펴보고 변화하는 소비자, 수용자의 미디어 소비 행태에 따라 달라져야 할 광고PR 산업과 실무에 대해 논의하고자 한다.

1. 수용자의 의미

수용자라고 번역되는 오디언스에 대한 명확한 정의를 내리는 것은 사실 쉽지 않다. 불어와 라틴어 어원을 살펴보면 오디언스는 면대면 상황에서 화자의 메시지에 비의도적으로 노출되거나 이를 의도적으로 경청하는 사람들이라는 의미에서 출발하였다. 그리고 시간이 지남에 따라 그 의미는 책을 읽는 독자, TV를 보는 시청자, 라디오를 듣는 청취자 등 미디어를 통한 비대면, 비동시적 커뮤니케이션 상황까지로 확장되었다. 그리고 현재의 사전적 의미를 살펴보면 수용자는, ① 함께 모여서 무언가를 보거나 듣는 집단, ② 같은 것을 동시에 보거나 읽거나 듣는 특정 집단이나 다수의 사람으로 정의되고 있다(옥스퍼드 사전).

수용자는 정의하기에 따라 매우 다른 지위와 개념을 가지고 있으며 그 함의 또한 다양하게 나타난다(임종수, 2010). 커뮤니케이션 분야에서 수용자는 커뮤니케이션 메시지에 노출되는 수신자 전체를 지칭하는 집합적 용어다. 해롤드 라스웰(Lasswell, 1948)의 커뮤니케이션(SMCRE) 모델에 따르면 수신자들은 송신자가 의도를 가지고 미디어를 통해 송출한 커뮤니케이션 메시지에

[그림 6-1] **라스웰의 커뮤니케이션(SMCRE) 모델**

출처: Lasswell (1948).

노출되고 그 결과로 특정한 인지적 · 태도적 · 행동적 변화를 일으키는 사람들이다. 즉, 수용자는 송신자의 메시지가 담긴 자극에 노출되는 개인 또는 집단으로 관객, 시청자, 청취자, 독자 등 노출되는 자극의 형태에 따라 다양한 용어로 개념화될 수 있다. 그리고 학문 분야에 따라 소비자, 공중, 대중 등 다양한 함의를 가지고 논의되어 왔다. 맥퀘일(McQuail, 1977)은 커뮤니케이션 분야에서 활용되는 수용자의 개념을 네 가지 유형으로 분류하였는데, '미디어에 노출된 집합체로서의 수용자' '대중으로서의 수용자' '공중 또는 사회 집단으로서의 수용자' '시장 또는 소비자로서의 수용자'가 그것이다.

〈표 6-1〉 **맥퀘일의 수용자 분류**

구분	의미
미디어에 노출된 집합체로서의 수용자	• 관객, 독자, 청취자, 시청자 등 특정 콘텐츠에 노출된 실제 수용자로서 시청률이나 구독률과 같은 콘텐츠의 양적인 효과를 측정하기 위한 수용자의 개념 • 수용자는 주로 성, 연령, 지역 등의 인구통계적 특징으로 구분되며, 수용자 개개인이 보유한 질적인 특성보다는 광고 효과 등을 평가하기 위한 양적인 집합체
대중으로서의 수용자	• 대중사회이론에서 파생한 개념으로 수용자는 익명성, 상호고립, 이질성 등 대중의 성격을 그대로 반영하며 대중 미디어를 통해 제공되는 메시지에 수동적으로 노출되고 사고하는 무력한 대상 • 이 관점에서 수용자는 미디어에 의해 쉽게 조작당하고 조종당하는 취약한 존재

(계속)

공중 및 사회 집단으로서의 수용자	• 공통의 문제를 인식하고 그 문제를 해결하기 위해 조직된 사회적 집단으로서의 수용자로 단순한 개인의 집합체가 아닌 구성원이 서로 공유하는 규범을 바탕으로 상호작용을 하며, 연속성을 가지고 있음 • 정치적 · 사회적 능동성을 바탕으로 미디어의 메시지에 대해 주체적으로 사고하고 그 효과에 대한 통제력을 가짐
시장으로서의 수용자 (소비자)	• 미디어나 메시지가 목표하고 있는 대상으로서의 수용자로 미디어 콘텐츠를 소비하거나 미디어를 통해 광고되는 제품이나 서비스의 잠재적 고객으로서 광고주에게 판매되는 일종의 상품 • 미디어와 수용자의 관계는 생산자와 소비자의 관계에 한정되며, 수용자 개개인은 미디어 소비를 통해 개인의 필요와 욕구를 충족하는 존재

출처: McQuail (1977).

수용자는 미디어, 산업, 사회, 문화 등이 교차하는 매 순간 형성되고 사라지기를 반복하는 일시적 존재들의 집합이면서 우리 사회의 중요한 변화들을 이끌어 가는 원동력으로서 존재한다(임종수, 2010). 그리고 변화의 국면마다 그들이 공유하는 경험, 생각, 감정, 행동이 모여 우리 사회의 총체적 경험을 형성한다. 특히 이 장에서는 시장으로서의 수용자, 즉 미디어 기술과 콘텐츠를 이용하는 소비자로서 수용자의 변화에 초점을 두고, 디지털 미디어의 발전이 그들이 미디어를 소비하고 의미를 창출하는 방식을 어떻게 변화시켰는가에 대해 살펴보고자 한다.

2. 수용자 의미의 변화

수용자는 절대적으로 존재하기보다 미디어와의 관계 속에서 상대적으로 존재한다. 따라서 새로운 미디어가 탄생하고 미디어의 역할이 변화하게 되면 수용자의 특성은 새롭게 정의될 수밖에 없다. 그렇기 때문에 수용자가 변화한다는 것은 시대적 환경의 변화로 인해 수용자의 집단적 특성이 실제로 달라진다는 의미도 있지만, 새로운 미디어가 제공하는 편익이나 새로운 미디어 환경이 촉진하는 이용자의 행위가 확장됨으로써 수용자의 상대적 역할이나 수용자에게 기대되는 행동이 달라진다는 의미로도 생각할 수 있다. 또한, 미디어와 수용자의 관계를 바라보는 시각이 달라지면서 수용자에 대한 새로운 관점이 탄생하는 경우도 있다. 다시 말해, 수용자의 의미가 변화한다는 것은 수용자 스스로가 변화하거나, 미디어 환경이 달라짐에 따라 수용자와 미디어의 관계가 변화하거나, 이를 바라보는 관점이 변화한다는 것 모두를 의미한다.

1) 수용자의 기원

수용자는 이미 오래전부터 게임, 스포츠, 공연, 연극과 같은 퍼포먼스를 구경하기 위해 특정 장소에 모인 관객의 형태로 존재해 왔다(McQuail, 2005). 이들은 같은 물리적 공간을 공유하고 그 공간을 지배하는 집단의 규범을 따랐으며, 이때 수용자의 가치는 퍼포먼스를 감상하기 위해 상응하는 대가를 지불하고 특정 공간에 모인 청중의 무리 이상도 이하도 아니었다.

커뮤니케이션 분야에서 수용자는 인쇄 미디어의 등장과 함께 주목을 받기 시작했다. 인쇄 미디어의 등장은 커뮤니케이션의 시공간적 확장을 야기했고, 화자가 눈으로 확인할 수 있는 물리적 공간 안에서 이루어지던 커뮤니케이션과 달리 같은 시간과 공간을 공유하지 않더라도 같은 메시지에 노출되는 수용자라는 의미의 독자를 탄생시켰다(임종수, 2010). 독자의 탄생은 공적인 영역에서 이루어지던 미디어 소비를 사적인 영역으로 끌어들였으며, 과거 군중의 성격을 띠던 충동적이고 비이성적이던 수용자들은 독서를 통해 사유하는 합리적이고 이성적인 주체로 간주되기 시작했다(김평호, 2019).

이 독자가 수용자로서 산업적 의미를 가지기 시작한 것은 신문, 잡지 등 인쇄 미디어가 본격적으로 발전하기 시작한 18세기부터였으며, 전자미디어가 등장한 20세기부터 수용자는 TV, 라디오, 영화 등 다양한 미디어를 이용하는 사람들을 총칭하며 지금의 의미와 유사한 형태로 개념화되기 시작했다.

2) 대중 미디어 시대의 수동적 수용자

20세기 초의 대중 미디어 수용자는 주로 대중이라는 용어로 개념화되었으며, 이들은 신문, 잡지, 텔레비전과 같은 대중 미디어에 의해 생각이나 태도가 지배당하는 수동적인 존재로 간주되었다. 탄환이론과 피하주사이론 등 당시의 미디어 연구를 지배하던 이론들은 미디어의 강력하고도 직접적인 효과를 주장하였으며 수용자, 즉 대중은 이질적이고 상호 고립되어 당면한 사회 문제에 대해 주체적으로 사고하고 능동적으로 참여하기보다는 미디어에 의존하여 사고하고 행동하는 획일적인 존재로 간주되었다.

수용자 집단이 수동적 대상으로 연구된 것은 당시의 시대적 환경과 미디어 연구 패러다임에 기인한다(김정현, 2015). 당시의 시대적 배경을 살펴보면 제1, 2차 세계대전 당시 히틀러의 나치즘, 일본의 제국주의, 소련의 파시즘 등 각 국가가 대중 미디어를 활용하여 집권세력의 이데올로기를 선전하고 대중을 장악하는 과정에서 대중은 쉽게 조정당하는 무력한 개인의 집합체에 불과했다. 또한 이 시기의 미디어 연구들은 대부분 자극이 투입되어 그 결과로 나타나는 반응을 연구하는 심리학의 행동주의 연구에 크게 영향을 받았다. 그 결과, 당시의 연구들은 미디어 효과, 특히 대중 미디어 메시지의 설득 효과를 밝히는 데 집중한 반면, 수용자가 미디어를 선택하거나 선별적으로 수용하는 과정에는 크게 주목하지 않았다. 마지막으로 미디어 학자들이 사회학에서 대중이라는 개념이 내포하는 이질성, 상호고립성 등의 특성을 그대로 미디어 연구에 적용하여 미디어가 대중에게 미치는 강력한 영향력에만 관심을 두었고, 미디어 효과는 수용자 개개인의 특성과 관계없이 즉각적이고 획일적으로 나타난다고 보았다. 즉, 초기의 대중 미디어 연구는 대부분 수용자 집단 전체에 미치는 특정 미디어의 보편적 효과를 밝히는 데 주력하였다.

3) 수용자 능동성에 대한 고찰

1940년대부터 수용자의 개인차와 선별성에 대한 경험적 근거가 축적되면서 수용자를 능동적 존재로 바라보는 관점이 대두되기 시작하였다. 수용자의 능동성에 관한 대표적 이론인 이용과 충족이론은 수용자의 미디어 이용을 목적 지향적 행위로 간주하며, 수용자가 욕구를 충족하기 위한 미디어 선택권과 스스로가 원하는 콘텐츠를 선별적으로 소비하는 능동적 미디어 이용 행위에 초점을 두고, 이용자가 미디어를 이용하는 동기와 욕구를 밝히는 데 주력하였다(Blumler & Katz, 1975).

이러한 이용과 충족이론으로 대표되는 제한효과이론들은 개인의 선유경향과 사회의 환경적 요인에 따라 자극(S)과 반응(R)의 관계가 달라진다는 신행동주의 심리학에 큰 영향을 받았다. 즉, 대중을 개인의 욕구, 태도, 가치관, 성격 등에 따라 동일한 자극에 다양하게 반응하고 대응하는 주체적이고 능동적인 개인으로 보기 시작한 것이다.

한편, 2단계 흐름 이론은 대중이 상호 고립되어 있다는 기존의 가정을 반박하고, 미디어 효과가 수용자에게 직접적으로 나타나기보다는 수용자들의 사회적 상호작용을 거쳐 발현된다고 주장하였다(Katz & Lazarsfeld, 1955). 이 이론은 특히 여론 주도자를 대중에게 미디어 메시지를 전파하는 중요한 매개자로 본다. 즉, 수용자의 능동성은 수용자 개개인의 주체성과 수용자가 속한 집단의 사회적 특성이 상호작용한 결과라고 볼 수 있다.

수용자 능동성이라는 개념의 등장은 수동성과의 구분을 위해 등장한 개념이었으나, 이후 수용자의 능동성은 수동성과 이분법적으로 구분되어 논의되기보다는 다차원적인 개념으로 간주되었고, 학자들은 개별 미디어나 수용자에 따라 중요하게 고려되는 능동성의 하위 요소를 밝히는 데 주력하였다(김은미, 심미선, 김반야, 2012). 대표적으로 프랭크 비오카(Biocca, 1988)는 수용자의 능동성을 선택성, 유용성, 의도성, 관여도, 저항의 다섯 가지 하위 차원으로 분류하여 재개념화하였고, 이용자의 능동성은 미디어의 특성과 개인의 통

〈표 6-2〉 **수용자 능동성의 다섯 가지 하위 차원**

하위 차원	의미
선택성 selectivity	수용자의 능동성을 미디어, 프로그램, 콘텐츠 선택 과정에서의 선별적 주의와 노출뿐 아니라 선별적 인지와 기억까지도 포괄하는 개념으로 정의
유용성 utilitarianism	미디어 선택을 통해 수용자가 충족하고자 하는 욕구나 동기에 초점을 두고 미디어 소비를 어느 정도 합리적 선택에 기반한 행동으로 정의
의도성 internationality	능동성의 인지적 차원에 초점을 두고 미디어 소비 및 주의를 수용자의 동기, 개성, 인지 구조에 따른 스키마에 의한 행동으로 정의
관여도 involvement	미디어 소비에 수용자가 투여하는 인지적 노력의 관점으로 정서적 각성, 인지적 조직화, 정보의 구조화 등으로 정의
저항 resistance	수용자가 미디어의 효과를 제한하고 통제하는 정도로 정의하며, 종종 수신자의 의도나 목적이 실패하는 요인으로 연구

제력 간의 역동적 관계에서 지속적으로 재규정된다고 보았다.

종합하자면 수용자의 능동성은 수용자 안에 내재된 성향이라기보다는 그들이 특정 미디어를 이용할 때 나타나는 인지적 · 동기적 · 행동적 차원의 결과라고 볼 수 있다. 그리고 전통적 미디어 환경에서는 콘텐츠에 대한 이용자의 선택과 활용, 그 이면의 의도와 관여가 능동성의 지표였다면, 디지털 미디어 환경에서의 콘텐츠 소비는 이용자의 능동적 선택을 전제한다. 그리고 디지털 미디어 이용자의 능동성은 다양한 차원으로 발현된다. 이 장에서는 디지털 미디어를 능동적으로 이용하는 사람들의 동기, 의도, 심리와 그 결과로 인해 나타나는 새로운 행동적 특성과 집단적 양상을 조명하고자 한다.

3. 디지털 미디어 시대의 수용자와 소비자

디지털 미디어의 출현으로 인해 달라진 미디어 환경은 일상의 많은 부분을 변화시켰다. 디지털 기술과 함께 탄생하고 성장해 온 디지털 네이티브 세대, 개인화된 라이프 스타일과 그로 인해 촉진된 개인화된 미디어 소비, 모바일 중심 미디어가 촉진한 스낵 컬처와 숏폼 문화, 그 외에도 비선형적 · 다미디어적 · 사회적 미디어 소비 등 디지털 시대의 수용자들은 이전과는 다른 변화된 미디어 행동을 보이며, 이러한 이용자 개개인의 집합적 다양성은 새로운 디지털 생태계와 콘텐츠 소비문화를 형성하고 있다.

1) 디지털 네이티브, Z세대의 등장

Z세대는 1990년대 중반 이후에 태어난 약 20~25억 명의 디지털 네이티브(Digital Native)를 말한다. 모국어(native language)라는 것은 인간이 태어나면서부터 자신이 속한 환경에서 마치 숨을 쉬듯 일상적으로 경험하기 때문에 특별히 학습하지 않아도 자연스럽게 익숙해지는 언어다. 디지털 네이티브는 미국의 교육학자인 마크 프렌스키(Marc Prensky)가 2001년에 처음 사용한 개념으로, 이들은 디지털 기술과 함께 자라 와서 마치 모국어를 사용하듯 디지털 기기와 언어를 다루고 체화한 세대라고 정의할 수 있다.

IBM 기업가치 연구소에서 2018년에 발표한 자료에 따르면 Z세대는 문화적으로 가장 개방적인 세대이며, 유행보다 개성과 다양성을 중시하고 자신만의 정체성과 취향을 표현할 수 있는 개인화된 소비를 즐긴다. 자기중심성이 강하기 때문에 집단보다는 개인을 우선시하며, 현재 지향적이기 때문에 무언가를 장기간 소유하기보다는 공유하거나 구독하는 경험 중심적, 현재 중심적 소비를 선호한다. 이들은 디지털 기기를 통해 24시간 서로 연결되어 있으며, 수평적인 커뮤니케이션과 인간관계를 추구한다. 디지털 네이티브로서 이들은 태어나면서부터 스마트폰을 경험하였기 때문에 모바일 환경에 가장 익숙하고 상품을 소비하는 과정에서 SNS 등 디지털 미디어에 크게 의존한다. Z세대는 새로운 미디어 플랫폼과 콘텐츠 형식을 빠르게 수용하기 때문에 미디어 환경 변화에 가장 민감하게 반응하고, 새로운 형식의 콘텐츠를 가장 먼저 접하는 세대라고 볼 수 있다(IBM 기업가치 연구소).

디지털 네이티브들은 온라인상에서 강력한 존재감을 과시한다. 제품 구매와 사용 경험을 일상적으로 공유하며 좋은 제품에 대해서는 적극적으로 홍보하는 데 시간과 노력을 아끼지 않는다. 자신들이 선호하는 브랜드와 연결되고 싶어 하기 때문에 기업의 디지털 활동에 가장 먼저 반응하고 적극적으로 참여한다. 따라서 디지털 캠페인의 성공 여부는 얼마나 Z세대를 효과적으로 공략하였는가에 달려 있다고 해도 과장이 아니다. Z세대가 상업적 가치를 갖는 또 다른 중요한 이유는 바로 가족 구성원들의 구매의사 결정에 이들이 갖는 영향력 때문이다. 이들은 가족 내에서 디지털 기기를 다루는 데 가장 능숙하기 때문에 제품이나 기업에 대한 정보, 품질에 대한 평가, 적절한 구매 방법 등 가족 구성원, 특히 부모의 구매 관련 의사 결정에 깊이 관여한다. 이들의 경제력과 사회적 지위는 점차 더 상승할 것이고, 디지털화되고 있는 시장에서 Z세대의 영향력은 더욱더 확대될 것이다(대학내일20대연구소, 2019).

따라서 광고PR 실무자들은 현재 소비 시장의 중심에 서 있는 Z세대의 가치관과 신념 그리고 문화적 코드에 대한 이해를 바탕으로 빠르게 변화하는 그들의 미디어 소비 트렌드를 지속적으로 모니터링하고 변화에 즉각적으로 대응할 필요가 있다. 현재의 Z세대가 만들어 내는 다양한 사회문화적 트렌드와 미디어 소비 양상은 그 자체가 Z세대의 고유한 특성이라기보다는 Z세대가 가진 세대적 속성이 현재의 디지털 환경 및 사회적 흐름과 상호작용하여 생겨난 일시적인 현상일 가능성이 높다. 디지털 미디어 환경에서 캠페인이 성공하기 위해서는 Z세대의 참여가 필수적이다. 실무자들은 지속적으로 변화하는 디지털 미디어 기술과 서비스가 Z세대의 문화적 특성과 어떻게 결합하여 새로운 트렌드를 만들 것인가를 예측하고 선제적으로 그들의 취향과 문화를 선도하기 위한 콘텐츠 전략을 개발할 필요가 있다.

2) 스낵 컬처와 숏폼 콘텐츠 소비

스낵 컬처라는 말은 2007년 미국 IT 전문잡지인 『와이어드(Wired)』에서 '스낵을 먹듯이 쉽고 빠르게 소비되는 작은 포맷이 중요한 문화적 트렌드가 될 것'이라고 하면서 이를 스낵 컬처(Snack Culture)로 명명한 데에서 출발했다. 지하철, 버스 안에서 스마트폰을 이용하여 짧은 영상, 웹툰, 웹드라마, 웹소설 등을 시청하는 것은 아주 일상적인 모습이 되었다.

스낵 컬처가 확산된 원인은 다양하다. 먼저, 인터넷 기술의 발전으로 정보의 양이 폭발적으로 증가함에 따라 수용자의 입장에서는 소비해야 할 콘텐츠의 양이 많아졌고, 이에 따라 짧은 시간 내 압축적으로 설명할 수 있는 콘텐츠를 선호하는 경향이 증가하였다. 또한 모바일 기기 시장이 성숙기에 접어들면서 수용자들은 모바일 환경에 친화적이고 간편하게 시청할 수 있는 간결한 콘텐츠를 추구하게 되었다. 특히 과거 다운로드 중심의 콘텐츠 소비가 점차 스트리밍 중심의 서비스로 전환되면서 이용자는 실시간으로 데이터를 절약하면서 부담 없이 소비할 수 있는 가벼운 콘텐츠를 많이 찾는다. 선호하는 영상의 길이는 연령대가 낮을수록 짧아지는 경향이 있으나, 전체적으로 약 20분을 넘지 않는 길이의 영상을 선호한다(메조미디어, 2020).

전통적으로 드라마나 오락 프로그램과 같은 방송 콘텐츠가 평균 30분 이상의 길이로 제작되어 온 것을 감안하면 짧은 콘텐츠에 대한 소비자의 선호는 기존 제작 패러다임의 변화를 요구하고 있다. 콘텐츠 제작사들은 기존 콘텐츠를 짧은 영상으로 편집하여 재출시하거나 새롭게 짧은 길이에 최적화된 스토리를 구상하여 소비자와 만나고 있으며, 네이버, 구글, 카카오 등의 기존 미디어 플랫폼 업체들도 짧은 콘텐츠의 생산과 유통을 지원하는 서비스를 개발하면서 짧은 콘텐츠 소비 트렌드를 더욱 가속화시키고 있다.

최근 들어 이용자들이 선호하는 영상의 길이는 더 짧아지고 있다. 예컨대 중국의 IT기업 바이트댄스가 2016년 9월에 출시한 틱톡(TikTok)은 15초의 짧은 동영상 공유를 위한 모바일 플랫폼으로 10대를 중심으로 선풍적인 인기를 끌며, 2018년 기준 5억 명이 넘는 이용자를 보유하고 있다(박형재, 2019). 틱톡은 모바일 환경에 최적화된 동영상 공유 플랫폼으로, 공유 가능한 영상의 길이를 15초로 제한하는 대신 다양한 음악, 특수효과, 편집 도구를 통해 누구나 쉽게 영상을 제작하고 편집할 수 있도록 지원한다.

광고상품 역시 짧은 포맷으로 개편하여 출시되고 있다. 트위터(Twitter)는 2020년 1월부터 6초 분량 영상을 탐색 탭 상단에 노출하는 형태로 '스포트라이트' 광고상품을 운영하고 있으며, 틱톡 역시 2019년 초에 피드(feed)에 노출되는 네이티브 광고상품을 출시했다. 기업들이 제공하는 홍보 영상의 길이 역시 점차 짧아지고 있는데, 최근 조사에 따르면 2018년에 제작된 홍보 영상 중 2분 이하의 짧은 영상이 전체의 약 73%를 차지하며, 전체 광고홍보 영상의 평균 길이는 약 4분으로 지난 2016년의 평균 길이 13분에서 9분가량 짧아진 수치다(메조미디어, 2020).

디지털 환경에서 유통되는 영상의 길이가 짧아짐에 따라, 디지털 콘텐츠를 점점 완성된 스토리를 전달하기보다는 미완성의 상태에서 수용자의 참여를 유도하는 포맷으로 변화하고 있다. 즉, 콘텐츠 생산과 소비는 더 이상 구분된 개념이 아닌, 미디어가 제공한 가상의 공간에서 이용자들이 즐기는 일종의 놀이가 되었다. 2020년 Z세대의 새로운 트렌드로 등장한 '판플레이' 역시 디지털 공간에서 참여하기 위한 판을 만들고 그 판이 정한 규칙에 따라 콘텐츠를 소비하고 생산하는 놀이 문화를 의미한다(제일기획, 2020. 1. 13.). 이처럼 재미있게 참여할 수만 있다면 그 콘텐츠의 상업성에 이용자들은 크게 개의치 않는다. 따라서 광고, PR 실무자들은 어떻게 하면 효과적으로 수용자를 설득할 수 있을까보다는 어떻게 하면 수용자의 참여를 유도할 수 있을까에 대한 고민이 필요하다(대학내일20대연구소, 2019).

또한 수용자가 허용한 시간은 점점 짧아지고 있다. 앞으로도 짧은 콘텐츠를 선호하는 숏폼 콘텐츠 소비 경향은 점차 더 심화될 것이다. 따라서 광고 캠페인을 통해 어떤 메시지를 소비자에게 전달하려 하기보다는 광고를 통해 소비자가 놀 수 있는 판을 만들어 주는 전략이 필요하다. 즉, 완성된 광고를 제공하기보다는 소비자가 참여하여 자기만의 개성을 바탕으로 콘텐츠를 완성할 수 있는 일종의 열린 소재를 제공해야 한다. 놀잇감을 던져 주듯 콘텐츠를 던져 주고 그것을 어떻게 가지고 놀 것인가는 소비자가 결정하게 두는 것이 좋다. 그러나 어떠한 놀이터를 만들어야 이용자들이 찾아올 것인가에 대한 고민은 여전히 광고 담당자의 숙제로 남아 있다.

3) 미디어 소비의 개인화와 맞춤화

지하철이나 카페에서 이어폰을 끼고 스마트폰을 보고 있는 모습은 이제 너무도 일상적인 장면이 되어버렸다. 타인이나 주변을 둘러보기보다 각자 작은 화면에 몰두하는 모습은 마치 서로가 차단되고 고립되기를 원하는 것처럼 보인다. 커다란 스크린을 통해 단체로 관람하던 영화는 이제 작은 미디어 기기를 통해 상영되고, 만남의 장소였던 카페는 개인의 미디어 이용공간으로 탈바꿈하였다. 그 외에도 혼자 마시는 술이라는 의미의 '혼술'이나 혼자 하는 식사라는 개념의 '혼밥'과 같은 신조어는 과거에 사회적으로 이루어졌던 소비가 상당 부분 개인적이고 사적인 영역에서 이루어지고 있다는 것을 보여준다. 그리고 미디어 콘텐츠나 서비스 역시 이러한 사람들의 소비 패턴에 맞춰서 변화하고 있다.

혼자 거주하는 1인 가구는 2015년 이후부터 한국의 주된 가구 형태로 자리잡았다. 1인 가구의 비중 역시 지속적으로 증가하고 있는데, 2000년 15%에서 2019년 약 30%로 약 2배 증가했으며, 2040년에는 전체 가구의 35% 이상이 1인 가구가 될 것으로 전망하고 있다(기획재정부, 2020). 이러한 1인 가구의 확산은 개인화된 미디어 소비와 함께 미디어 콘텐츠 시장에도 새로운 변화를 가져오고 있다. 방송 편성표에 따라 가족 구성원들이 모여 TV를 시청하는 편성표 중심의 미디어 소비는 이미 오랜 과거의 이야기가 되어 버렸다. 모바일 기기와 PC와 같은 개인 미디어가 보급된 이후 소비자들은 이미 미디어 공급자가 정한 편성표의 질서를 따르지 않는다. 그들은 원할 때 원하는 장소에서 콘텐츠를 즐기고 싶어 하며, 미디어 소비에 대한 시공간적 제약을 거부한다. 이는 미디어 시장의 권력이 상당 부분 공급자 중심에서 수용자로 이동했다는 것을 의미한다. 미디어 소비가 개인화되면서 콘텐츠 시장은 콘텐츠를 소비하는 개개인에 맞추어 점점 더 세분화되고 원자화되고 있다.

미디어 소비의 개인화는 비주류 시장의 비중이 커지는 롱테일(Long-tail)과도 맞물려 있다. 롱테일의 법칙은 『와이어드(Wired)』의 편집자였던 크리스 앤더슨(Anderson, 2006)이 파레토의 법칙을 역설적으로 활용하면서 주목을 받은 개념이다. 파레토의 법칙은 경제학자 파레토(Vilfredo Pareto)가 1896년에 처음 제안한 이론으로 전체 매출의 80%가 상위 20%의 고객으로부터 발생한다는 법칙이다. 앤더슨은 파레토의 80/20의 법칙이 디지털 환경에서는 반대로 나타난다고 주장하였다. 그에 따르면 온라인은 시공간적 한계가 없고 소비할 수 있는 콘텐츠의 양과 종류가 거의 무한하기 때문에 소위 꼬리라고 하는 매우 특이하고 개성 있는 개인으로 구성되어 있는 틈새시장이 다양하게 형성되고 그 작은 시장의 총합은 주류 시장만큼, 혹은 주류 시장을 능가하는 경제적 가치를 갖는다.

이러한 미디어 소비의 롱테일 현상은 디지털 미디어 환경에서 더욱 두드러진다. 콘텐츠 제공자의 입장에서 살펴보면, 전통적인 미디어 콘텐츠의 유통과 공급에 수반된 비용과 콘텐츠 저장 및 전시의 수용적 한계가 디지털 환경에서는 거의 존재하지 않기 때문에 디지털 미디어 플랫폼 사업자들은 다양한 장르의 콘텐츠를 디지털 공간에서 무한하게 저장하고 제공할 수 있다(Napoli, 2013). 이용자의 입장에서는 과거 대중 미디어가 제공하는 콘텐츠를 수동적으로 소비하는 환경에서 점차 검색을 통한 능동적 선택의 단계로, 그리고 이제는 빅데이터와 인공지능 기술로 인해 고도화된 추천 알고리즘을 통해 굳이 검색하지 않아도 자신의 취향에 맞는 콘텐츠를 언제 어디서든 편리하게 이용할 수 있다. 예컨대, 다양한 장르의 콘텐츠를 비실시간으로 제공하는 동영상 서비스 플랫폼 넷플릭스(Netflix)는 이용자가 과거 시청한 콘텐츠를 바탕으로 유사한 소비 성향을 가진 이용자들이 선택했던 콘텐츠를 추천하는 강력한 알고리즘을 보유하고 있다. 이러한 맞춤형 콘텐츠 추천 서비스는 이용자가 큰 노력 없이도 자신의 취향을 반영하는 콘텐츠를 소비하게 해 준다.

광고주의 입장에서 이미 원자화된 이용자 개개인에게 도달하기 위한 표준화된 방법이나 채널을 찾는 것은 쉽지 않다. 따라서 광고의 집행 역시 개인화된 소비자의 미디어 이용 패턴을 반영하여 더 이상 편성표를 중심으로 목표 수용자가 시청할 만한 시간과 공간에 광고를 집행하기 위한 미디어 구매(media buying)가 아닌 정교한 데이터를 기반으로 광고를 시청하는 수용자를 직접 결정하고 구입하는 수용자 구매(audience buying)의 형태로 변화해야 한다. 기업들은 잠재고객의 미디어 이용 패턴에 대한 데이터를 수집하고 이를 활용하여 개별 소비자가 선호할 만한 콘텐츠를 제작하고 이를 소비자 전체를 대상으로 집행하는 것이 아닌 세분화된 개별 고객과 목표 행동에 따라 차별화하여 제공하는 맞춤화 전략을 통해 효율적으로 타깃을 공략해야 한다.

4) 다미디어 시대의 비선형적 콘텐츠 소비

다양한 미디어와 플랫폼이 공존하는 디지털 시대에서 개인의 미디어 이용은 매우 복잡한 형태로 나타난다. 비선형적 시청(non-linear viewing)은 전통적으로 TV 미디어를 통해 정해진 시간에 방영되는 프로그램을 시작부터 끝까지 한꺼번에 실시간으로 시청하는 형태가 아닌 수용자가 선호하는 기기와 플랫폼을 이용하여 이용자의 편의와 관심에 따라 하나의 콘텐츠를 원하는 시간에 다양한 방식으로 소비하는 것을 말한다(심홍진, 주성희, 임소혜, 이해미, 2015). 비선형적 시청 방식은 여러 편의 시리즈를 오랜 시간을 들여 집중적으로 한꺼번에 시청하는 몰아 보기(binge viewing), 한 편을 끊어서 시청하거나 중요 장면만 건너뛰면서 시청하는 비순차적 시청, 하나의 콘텐츠를 여러 미디어 기기를 이용하여 이어 보는 크로스 플랫폼(cross platform) 시청, 가상의 공간에서 다른 사람들과 상호작용을 하며, 미디어 소비 경험을 실시간으로 공유하는 사회적 시청(social viewing) 등 다양한 형태로 나타난다(심홍진 외,

2015).

이러한 비선형적 콘텐츠 이용은 과거 TV를 통해서만 이용이 가능하던 콘텐츠에 접근할 수 있는 다양한 디지털 플랫폼 기반 서비스들이 등장함에 따라 가속화되었다. 대표적으로는 공간적 이동에도 끊김 없이 콘텐츠를 시청할 수 있는 N스크린, 원하는 시간에 원하는 콘텐츠를 선택하여 소비할 수 있는 VOD(Video-On-Demand), 그리고 셋톱박스(set-top box) 없이도 인터넷을 통해 원하는 콘텐츠를 시청할 수 있다는 의미의 OTT(Over-The-Top) 서비스를 꼽을 수 있다.

비선형적 시청의 가장 큰 특징은 콘텐츠 시청의 시공간적 제약이 사라졌다는 것이다. 선형적 시청의 전형적인 형태는 편성표에서 정한 시간에 TV를 통해 콘텐츠를 처음부터 끝까지 시청하는 것이다. 그러나 콘텐츠 이용을 위한 기기의 다양성, 특히 모바일 기기의 등장은 콘텐츠 소비의 공간적 제약을 해소하였고, 다시 보기와 같은 VOD 서비스는 콘텐츠 이용의 시간과 이용 횟수에 대한 제약을 사라지게 만들었다. 따라서 비선형적 시청은 콘텐츠 소비의 시공간적 제약으로부터 자유롭기 때문에 이용자가 언제 어디서 얼마만큼 콘텐츠를 이용할 것인가에 대해 콘텐츠나 플랫폼 사업자가 통제할 수 없고, 이를 사후에 측정하는 것도 쉽지 않다. 또한 이용자가 콘텐츠를 이용하는 맥락(context)이 다양해졌기 때문에, 그에 따른 차별적 접근이 필요하다.

이러한 다미디어 시대에서 필요한 것은 다양한 플랫폼을 효율적으로 결합하여 하나의 캠페인을 진행하는 크로스 미디어 전략이다. 이는 하나의 콘텐츠를 다양한 미디어를 통해 송출하여 단순히 소비자 광고 노출 빈도를 높이는 것이 아니다. 그보다는 각 플랫폼의 특성과 콘텐츠 시청 맥락을 고려하여 차별화된 광고 목표와 전술을 기획함으로써 소비자가 제품에 대한 정보를 얻고, 호의적인 태도를 형성하며, 제품을 구매하고, 그 경험을 공유하는 일련의 소비 과정을 전략적으로 설계하는 것이다. 크로스 미디어 광고의 효율적 집행을 위한 미디어 산업의 구조적 혁신과 광고 효과의 통합적 측정을 위한 방안은 이미 오래전부터 논의되어 왔으나, 아직까지 우리나라의 광고 산업은 디지털 중심으로 급변하는 광고 시장과 미디어 환경의 변화에 효과적으로 대응하지 못하고 있다. 디지털 미디어 환경에 적합한 세분화된 크로스 미디어 광고의 효율적 집행을 위해서는 미디어 중심이 아닌 이용자 중심의 미디어 플래닝과 이를 효율적으로 집행하기 위한 통합적 광고상품의 개발이 필요하다.

5) 미디어의 사회적 소비와 소셜 커머스

1인 가구의 증가, 개인화된 소비와 미디어 이용의 확산으로 겉보기에 우리 사회는 점차 더 분열되고 사회 구성원들이 점차 고립되고 있는 것처럼 보인다. 그러나 사이버 공간에서 사람들은 전보다 더 다양한 방식으로 서로 연결되고 소통하고 있다. 페이스북(Facebook), 트위터, 인스타그램(Instagram) 등 이용자 간의 소통, 정보 공유 등을 통해 사회적 관계 관리를 지원하는 온라인 서비스를 총칭하는 소셜 네트워크 서비스(Social Network Service: SNS)는 전 세계적으로 가장 활발하게 이용되고 있는 디지털 플랫폼이다. 미디어 콘텐츠 소비의 상호작용성은 더욱 강해졌고, SNS를 통한 이미지, 영상 등의 콘텐츠 소비와 정보 공유, 취미나 관심사를 기반으로 한 네트워크 활동은 더욱 활발해졌다.

사회적 자원으로서 미디어 콘텐츠의 역할에 대한 논의는 오래전부터 있어 왔다. 사람들은 TV를 통해 시청한 드라마나 오락 프로그램의 내용을 타인과 소통하고 관계를 발전시키기 위한 도구나 소재로 활용해 왔다. 사회적 상호작용은 오래전부터 TV를 시청하는 주요 동기 중 하나였으며, 특히 우리나라는 가족이 함께 모여 TV를 시청하는 집단 시청에 매우 익숙했다. 특히 주말 저녁 안방에 모여 TV를 시청하는 행위는 단순한 미디어 콘텐츠의 소비가 아닌 가족 간의 유대감을 강화하는 중요한 가족 의식이었다. 그러나 이러한 공동 시청 문화는 디지털 기술과 모바일 기기의 보급으로 인해 점차 사라졌으며, 미디어의 소비는 지극히 개인적이고 파편화된 행위로 변모하였다. 서로 취향이나 관심사가 다른 가족 구성원은 더 이상 함께 콘텐츠를 공동으로 소비하지 않는다. 같은 공간에 있어도 각자 원하는 콘텐츠를 원하는 미디어에서 이용하게 된 것이다. 즉, 물리적으로 미디어 이용은 개인화되었다.

한편, 디지털 플랫폼에서의 이용자 활동은 오히려 과거보다 사회적 성격을 강하게 띤다. 디지털 공간에서 이용자는 타인과의 소통, 세계와의 연결을 추구하며, 영상, 이미지, 텍스트 등 다양한 콘텐츠와 정보를 공유함으로써 자신의 정체성을 표현하고, 그에 대한 타인의 반응과 지지를 확인함으로써 소속감과 유대감을 강화한다. 초기의 SNS 활동은 오프라인 관계에 기반하여 주로 지인 간에 이루어졌으나, 최근의 SNS 활동은 팔로잉을 통한 구독, 해시태그를 활용한 관심사 중심 소통 등 점차 그 형태는 유연해지고 대상은 광범위해지고 있다.

광고업계에서 특히 주목해야 할 사회적 소비 트렌드는 바로 소셜 커머스와 쇼퍼블 콘텐츠다. 초기의 소셜 커머스는 온라인 쇼핑과 SNS를 연동하여 일정 수 이상의 구매자가 모일 경우 제품을 판매하는 일종의 SNS 기반 공동구매라고 할 수 있다. 따라서 최소 구매 인원을 확보하기 위해 소비자들은 자발적으로 자신의 SNS를 통해 제품을 알렸고, 기업의 입장에서는 자연스럽게 제품 정보가 SNS를 통해 공유되는 홍보 효과가 발생하였다(김윤화, 2011). 그러나 이러한 초기의 소셜커머스 모델은 쿠팡, 위메프 등 관련 업체들이 오픈 마켓으로 이동하면서 사라졌고, 이제는 SNS 채널 안에서 이용자가 콘텐츠를 직접 구매 기능을 지원하면서 진정한 의미의 소셜 커머스 시대가 열렸다.

이러한 2세대 소셜 커머스는 쇼퍼블 콘텐츠라고도 불리는데, 이는 이용자가 콘텐츠를 시청하면서 실시간으로 콘텐츠에 등장하는 제품을 구매할 수 있도록 콘텐츠 이용과 제품 구매를 연결한 새로운 형태의 소셜 커머스다. 이러한 소셜 커머스는 인플루언서의 등장과 간편 결제 서비스의 확장으로 더욱 각광받고 있으며, 최근에는 실시간 방송과 쇼핑을 결합하여 판매자와 구매자 간의 쌍방향 소통이 가능한 라이브 커머스도 인기를 끌고 있다(인크로스, 2019). 1세대의 소셜 커머스가 동일한 제품을 적은 비용으로 구입하기 위한 경제성과 합리성을 추구하는 행위였다면 2세대의 소셜 커머스는 단순한 가격적 혜택을 넘어 제품의 검색, 구입, 이용의 종합적 경험이 갖는 사회적 의미가 강조된 진정한 의미의 사회적 소비라고 볼 수 있다.

디지털 환경에서 소비자는 과거 개인적으로 이루어졌던 뉴스, 정보, 콘텐츠, 제품 등의 소비 과정을 사회적 경험으로 확장시키고 그 안에서 타인과의 소통, 관계의 확장, 자기표현 등 다양한 의미를 추구한다. 즉, 얼마나 중요한 정보인가 또는 얼마나 좋은 제품인가에 못지않게 소비자는 누가 제공한 정보인가 혹은 누가 사용하는 제품인가를 중요하게 고려한다. 따라서 디지털 시대에 성공적으로 소비자를 공략하기 위해서는 디지털 미디어를 통한 소비의 경험이 소비자에게 심리적 만족감을 줄 수 있도록 소비의 사회적 여정을 전략적으로 설계하는 것이 무엇보다 중요할 것이다.

6) 능동성의 진화: 생산하는 소비자, 참여하는 수용자

대중 미디어 시대의 미디어가 관찰 미디어였다면 디지털 시대의 미디어는 참여 미디어다. 디지털 미디어 공간에서 모든 행위는 이용자의 능동적 선택에서 출발한다. 디지털 미디어 이용자들은 완성형으로 제공된 콘텐츠를 시청하는 관객이 아니다. 이들의 미디어 소비는 사회적이고 쌍방향적이고 수평적이다. 이용자들은 미디어 콘텐츠 제공자와 동등한 위치에서 적극적으로 의견을 개진하여 콘텐츠의 완성 과정에 참여하고, 완성된 콘텐츠를 재가공하여 유통하는 2차 생산자와 유통자, 그리고 매개자의 역할을 수행한다. 또한 개인적으로는 스스로 관심 있는 분야의 제품이나 콘텐츠를 생산하는 생산자의 역할을 겸하기도 하며, 집단적으로는 서로 협력하고 경쟁함으로써 집단 수준의 지성을 발휘한다. 디지털 환경에서 전통적인 의미의 생산자와 소비자, 송신자와 수신자를 구분하는 것은 큰 의미가 없을지도 모른다.

소비자의 능동성은 다양한 양상으로 나타난다. 대표적으로는 제품의 제작, 유통, 마케팅 과정에 참여하는 적극적 소비자로 제품의 개발 단계부터 출시의 과정에 적극적으로 참여하는 프로슈머(Pro+sumer), 구매의 경험을 공유하는 리뷰슈머(Review+sumer), 제품을 자신만의 방식으로 재가공하는 모디슈머(Modi+sumer) 등이 있으며, 최근에는 브랜드, 인물, 캐릭터에 대한 애정과 열정을 바탕으로 관련 상품의 기획, 투자, 유통, 판매를 주도하는 팬슈머(Fan+sumer)도 등장하였다(김난도, 2019).

이렇게 진화한 소비자 능동성은 쉽게 콘텐츠를 제작하고 유통할 수 있는 디지털 플랫폼과 만나 새로운 형태의 콘텐츠 시장을 형성하고 있다. 특히 콘텐츠 생산의 진입장벽이 낮아지면서 적극적인 소비자들은 직접 콘텐츠를 기획하고 출현 및 제작하는 1인 창작자로서 생산자의 역할을 겸하고 있으며 이들 중 다수의 지지를 받는 창작자들은 인플루언서가 되어 유명 연예인을 능가하는 사회적 지위와 인기를 누린다.

인플루언서로서 1인 창작자들의 상업적 가치가 폭발적으로 상승한 것은 바로 리뷰슈머로서 이들이 다른 소비자들에게 행사하는 영향력 때문일 것이다. 과거 제품의 리뷰는 제품을 필요에 의해 구입한 일반인들에 의해 주로 이루어졌으며, 제품을 사용한 개인이 제공한 리뷰는 바이럴 마케팅 혹은 긍정적 입소문을 창출하는 양적인 가치가 있었다. 그러나 최근 기업은 일반인이 제공하는 리뷰의 양적인 축적보다 영향력 있는 소수의 인플루언서가 제공하는 리뷰의 질적인 효과에 더욱 관심을 갖는다. 기업이 인플루언서와 협업하여 제작하는 브랜디드 콘텐츠에는 인플루언서가 브랜드 제품을 활용하여 콘텐츠를 제작하는 브랜드 컬래버레이션, 인플루언서의 개인 콘텐츠 안에 제품을 배치하는 간접광고, 인플루언서의 이름 브랜드나 상표에 활용하는 라이센싱 등 다양한 방식이 있다(최세정, 김태영, 부건훈, 2017).

물론 디지털 미디어 이용자 모두가 적극적인 콘텐츠의 생산자가 되는 것은 아니다. 다수의 이용자는 유익한 콘텐츠에 '좋아요'를 누르거나, 구매한 제품에 대한 평점을 제공함으로써 집단 지성을 축적하는 데 기여하는 정도의 참여에 만족한다. 이들의 참여는 개인적 차원에서는 미비할지 모르지만 집단적 수준에서는 여전히 강력한 영향력을 행사한다. 결국, 이용자들은 각자가 원하는 정도의 적극성을 바탕으로 미디어 콘텐츠를 소비하고 디지털 커뮤니티에 참여하고 있는 것이다. 그리고 각자의 위치에서 자신이 원하는 방식으로 미디어를 이용하고 스스로가 필요한 만큼의 참여와 만족할 만큼의 의미를 창출하며, 능동적으로 디지털 시대를 살아가고 있다.

4. 마치며

전통적으로 수용자는 미디어를 통해 제공되는 정보와 메시지에 노출되는 사람들의 집합으로 과거에는 미디어의 효과를 측정하기 위한 양적인 집합체 혹은 미디어 메시지를 일방향적으로 수용하는 수동적 대상에 지나지 않았다. 수용자의 선택적 노출과 정보 처리 과정 그리고 그 이면의 동기와 욕구에 주목하기 시작한 것은 1940년 이후부터였으며, 1990년대 이후 디지털 미디어의 등장과 소비자의 선택권 증가로 인해 광고PR 산업은 점차 미디어 중심에서 소비자 혹은 수용자 중심으로 변화해 왔다. 디지털 미디어의 등장과 새로운 세대의 출현, 정치사회적 환경의 변화는 미디어 소비의 패턴과 소비를 통해 추구하는 가치, 그리고 무언가를 소비한다는 것의 본질적 의미를 바꿔 놓았다. 이 장에서는 디지털 미디어 환경에서 광고, PR 업계가 특히 주목해야 할 수용자, 소비자의 변화에 대해 살펴보았다. 물론 여기에서 논의한 내용들이 디지털 미디어 시대를 살아가는 우리의 모든 경험을 다 반영하지는 못한다. 그러나 적어도 이 장에서 조명한 수용자의 다양한 모습은 디지털 미디어 시대를 관통하는 중요한 변화들이며, 효과적으로 광고, PR 캠페인을 설계하고 실행하기 위해 실무자가 반드시 고려해야 할 지금 이 시대의 수용자 트렌드임에는 틀림이 없다.

기획재정부(2020). 1인 가구 중장기 정책방향 및 대응방안.

김난도, 전미영, 최지혜, 이향은, 이준영, 김서영, 이수진, 서유현, 권정윤(2019). **트렌드 코리아 2020**. 서울: 미래의창.

김윤화(2011). 소셜커머스 시장현황 및 정책이슈. **정보통신정책연구**, 23(11).

김은미, 심미선, 김반야(2012). 능동적 미디어 이용 개념에 대한 재탐색. **한국방송학보, 26**(6), 46-87.

김정현(2015). **설득 커뮤니케이션의 이해와 활용**. 서울: 커뮤니케이션북스.

김평호(2019). **미디어 발명의 사회사**. 서울: 삼인.

김혜연(2018). 2018년 미디어 이용 행태. **제일매거진**.

대학내일20대연구소(2019). **밀레니얼-Z세대 트렌드 2020**. 경기: 위즈덤하우스.

심홍진, 주성희, 임소혜, 이해미(2015). 비선형적 TV 시청환경에서 수용자의 매체 이용행태 변화 및 파급 효과에 관한 연구. **정보통신정책연구원**.

인크로스(2019). 2020 디지털 마케팅 트렌드. **인사이트 리포트**.

임종수(2010). 수용자의 탄생과 경험: 독자, 청취자, 시청자: 다중 미디어 시대의 기막에 관한 시론적 연구. **언론정보연구, 47**(1), 77-120.

최세정, 김태영, 부건훈(2017). MCN 브랜디드 콘텐츠의 광고효과 분석. **한국방송광고진흥공사 용역보고서**.

Anderson, C. (2006). *The long tail*. New York, NY: Hyperion.

Biocca, F. A. (1988). Opposing conceptions of the audience: The active and passive hemispheres of mass communication theory. *Communication Yearbook, 11*(5), 1-80

Blumler, J. G., & Katz, E. (1975). *The Uses of Mass Communications: Current Perspectives of Gratifications Research*. Thousand Oaks, CA: Sage Publications Ltd.

Katz, E., & Lazarsfeld, P. F. (1955). *Personal influence. The Part played by people in the flow of mass communication*. New York, NY: Free Press.

Lasswell, H. D. (1948). The structure and function of communication in society. In L. Bryson (Ed.), *The communication of ideas* (pp. 37-51). New York, NY: Harper and Row.

McQuail, D. (1997). *Audience analysis*. Beverly Hills, CA: Sage

McQuail, D. (2010). *Mass communication theory* (6th Ed.). Thousand Oaks, CA: SAGE Publications Ltd.

Napoli, P. M. (2013). **수용자 진화: 신기술과 미디어 수용자의 변화**(백영민 외 공역). 서울: 나남. (원저는 2011년에 출판).

메조미디어(2020). 2020 숏폼 콘텐츠 트렌드. Insight M.

박형재(2019). '10대 천하' 틱톡 입성기. The PR News.

옥스퍼드 사전. audience. https://www.oxfordlearnersdictionaries.com/definition/american_english/audience

제일기획(2020. 1. 13.). 플랫폼과 콘텐츠만 있다면 어디서든 놀 수 있어! '판플레이'. 제일매거진. https://blog.cheil.com/41674

IBM 기업가치 연구소. 유일무이한 Z세대. https://www.ibm.com/downloads/cas/6GPKWPY9

3

디지털 변화 속 광고PR 산업

제3부

광고 산업의 변화 사례와 미래적 함의

제7장

개인 맞춤형 광고 플랫폼과 사례

김상현(이노션월드와이드 미디어본부 국장)

커뮤니케이션 통로가 단순하던 옛날에는 킬러 콘텐츠만 만들면 모든 소비자들을 만족시킬 수 있었다. 2005년에 롯데칠성에서 출시한 '미녀를 석류를 좋아해' 음료 브랜드는 당시 월 5억 매출을 기록하는 판매 부진 상품이었으나 당시 인기가 높았던 이준기를 모델로 CM송을 만들어 광고 캠페인을 진행했다. 매스미디어인 TV를 중심으로 노출이 이루어지자 전국 어느 동네에서나 흥얼흥얼 노래를 무의식적으로 부를 만큼 콘텐츠의 파급력이 높았고 사회적으로 인기를 끌었다. 그 결과, 월 매출 120억으로 폭발적인 성장을 했다. 이 사례는 콘텐츠만 좋으면 소비자를 타깃팅할 필요가 없다는 것을 보여 준다. 그러나 지금은 웹 기반뿐 아니라 시공간의 제약을 뛰어넘는 모바일 형태의 개인 특성 및 다양성을 반영하는 시대가 되었으며, 유튜브(Youtube), 인스타그램(Instagram) 등 너무나 많은 미디어가 존재한다. 그리고 소비자의 커뮤니케이션 수용 능력이 너무나 다양해 매스마케팅의 효율성은 상당히 떨어진다. 따라서 아무리 광고 캠페인 및 콘텐츠가 뛰어나더라도 더 이상 매스타깃팅은 효과적이지 못하다. 다양한 소비자를 데이터적 관점으로 구분하고 타깃화된 대상들에게 적합한 광고를 노출하는 활동이 중요해졌다.

1. 개인 맞춤형 광고의 시대

고객이 디지털에 연계된 인터페이스를 지나는 동안 다양하고 많은 양의 데이터가 축적된다. 그리고 분석 기술의 발달과 함께 데이터는 유의미한 마케팅 관점으로 나타난다. 특히 최근 개인화되는 미디어에 대한 사용이 증가하고 구매의사 결정에 있어 주변 지인과 타인의 평가 비중이 높아지면서 고객을 그룹으로 분류하고 개인의 특성을 파악하고 그에 맞는 맞춤형 광고를 판매에 적극적으로 활용한다. 지금까지 광고의 흐름이 크리에이티브 콘텐츠(Creative Content) 그 자체에 집중하였다면 새로운 형태의 미디어와 신기술이

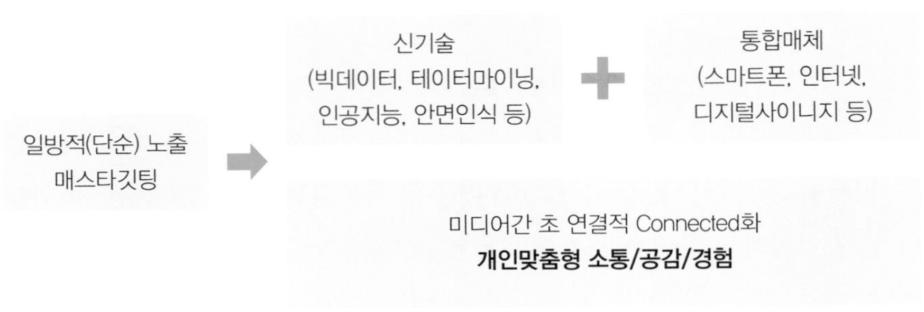

[그림 7-1] **신기술 통한 개인 맞춤형 광고**

결합되어 소비자에게 특별한 방법으로 원하는 정보와 메시지를 전달하는 데 집중하게 되었다. 이런 통합적 터치포인트를 통해 타깃하는 소비자에게(To rigt person) 적합한 메시지를(Relevant adverts) 전달하는 것이 중요한 시점이 되었다.

2. 개인 맞춤형 타깃팅 전략

타깃팅(Targeting)의 사전적 의미는 전체 시장을 세분화한 후 하나 혹은 복수의 집단을 목표 시장으로 선정하는 마케팅 전략 과정이라고 되어 있다. 예를 들면 방송, 인쇄, 옥외매체는 폭넓은 범위의 정보를 바탕으로 매스타깃을 설정하고 광고가 운영된다. 이는 개인 맞춤형 광고라 볼 수 없다. 디지털에서 타깃팅은 언제, 어디서, 누구에게 메시지를 전달할지 결정하는 규칙 집합을 말한다. 디지털과 연결된 플랫폼(인터넷, 모바일, 디지털사이니지 등)에서는 나이, 성별, 취미, 구매 이력 등 정확한 개인 맞춤형 타깃을 설정한다. 맞춤형 타깃팅이 중요한 이유는 행동 정보를 기반으로 성별, 연령, 관심사, 행동 패턴 등을 통해 광고 메시지를 던지고자 하는 대상에 대해 인사이트(Insight)를 파악하고 어떤 사람인지 알아가는 과정을 단축하여 효율적인 비용으로 내가 원하는 고객을 대상으로 광고를 할 수 있다. 그렇다면 디지털 플랫폼에서는

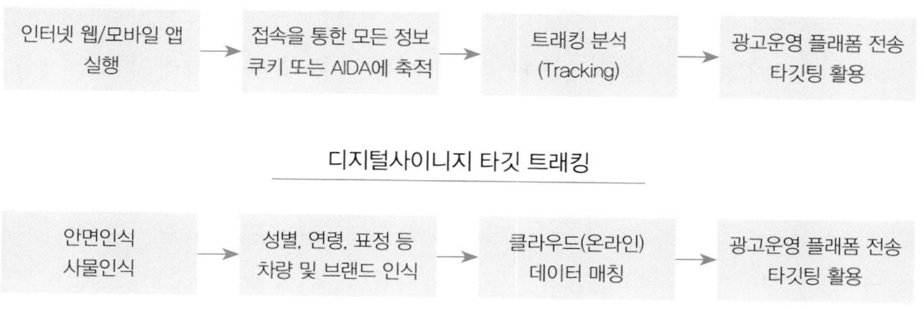

[그림 7-2] **타깃 트래킹 흐름**

어떻게 타깃팅을 할까? 디지털상에서의 모든 행동은 인식이 되고 흔적을 남긴다. 웹사이트/앱사이트 방문 이력을 포함해 로그인 정보, 접속 위치, 검색 단어 목록, 결제 방법, 구매 패턴, 안면인식 등 모든 디지털 행동을 추적한다.

3. 타깃팅 종류와 확대

1990년 말에도 고객 관계 형성을 통한 개인 맞춤형 광고를 집행했다. 하지만 단순히 성별, 연령, 주소, 연락처 등 기본적인 자료를 기반으로 텔레폰콜(Telephone Call), 다이렉트메일(DM) 등을 통해 타깃 마케팅을 진행했을 뿐이다. 당시는 주어진 자료 이외의 다양한 자료의 수집이 어려웠고, 기술적 한계로 인해 자료를 정리하고 저장하기 어려웠다. 따라서 소비자 입장에서는 나와 상관없는 불필요한 정보를 너무나 많이 받았다. 2000년대 인터넷과 디지털 기술이 폭발적으로 증가하면서 방대한 양의 데이터가 쌓이고 그 데이터를 분석 가공함으로써 진정한 개인 맞춤형 광고의 틀이 갖춰졌다. 2020년 현재 개인의 하루 24시간 행동 패턴을 온라인, 오프라인 흔적을 추적하여 체크할 수 있다. 이와 같은 디지털 인프라의 확대를 통해 우리는 최대 다수의 최대 행복이 아닌, 개인의 만족에 초점을 맞출 수 있다. 대부분의 사람은 개인 맞춤형 광고라고 하면 웹이나 앱 기반의 온라인만을 생각한다. 그러나 PC나 스마트폰 외에도 오프라인 미디어(대형 전광판 포함)에 탑재된 스마트미디어는 기존의 데이터 분석은 물론, 안면인식 기술 등을 통해 다른 형태의 개인 맞춤형 광고를 가능하게 했다.

수년 전부터 방송, 인쇄 등 매스미디어의 급격한 감소와 함께 마케팅 비용의 즉시 효과성을 측정할 수 있는 개인 맞춤형 마케팅 툴에 대한 수요가 증가하고 있다. 특히 데이터마이닝 기술의 발달로 자료를 분석하여 유의미한 자료를 산출하여 메시지를 전달하는 타깃팅 광고가 상당히 효과적이고 효율적이라는 인식이 명확해지고 있다. 최근 젊은 층에서 비대면 트렌드가 유행하던 차에 COVID-19 사태로 언택트 소비 활동이 심화되면서 개인 맞춤형 광고는 그 중요성이 한층 깊어졌다. 물론 과거에도 회원 정보, 리서치 자료를 바탕으로 SMS, 이메일, 지역을 구분하는 일차원적인 타깃 광고를 진행했다. 고객의 인구통계학적·지역적 특성, 구매 이력 같은 개인정보를 바탕으로 개개인에게 적합한 맞춤형 기업의 메시지를 전달하려 했다. 스마트 기기의 발달과 사용률이 폭발적으로 증가하고, 이를 통해 쌓인 개인별 데이터를 이용해 빅데이터 분석 기법과 알고리즘 기술이 최근 들어 급격히 발달하면서 개인 맞춤형 광고는 새로운 도약의 계기를 맞이했다.

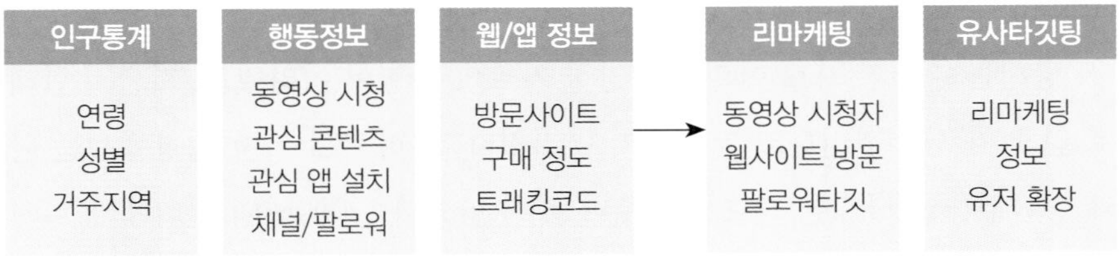

인구통계	행동정보	웹/앱 정보		리마케팅	유사타깃팅
연령 성별 거주지역	동영상 시청 관심 콘텐츠 관심 앱 설치 채널/팔로워	방문사이트 구매 정도 트래킹코드	→	동영상 시청자 웹사이트 방문 팔로워타깃	리마케팅 정보 유저 확장

[그림 7-3] **타깃팅 종류**

4. 개인 맞춤형 광고를 위한 플랫폼

인공지능, 안면인식, 빅데이터, 알고리즘 등 타깃 분석을 위한 새로운 개념의 단어들이 넘쳐 나고 있다. 소비자를 대상으로 하는 비즈니스 영역에서 이러한 최신 트렌드의 생성과 확산은 중요하다. 그러나 아직은 이런 기술을 통한 정확한 광고 타깃팅을 가능하게 하는 개인 맞춤형 광고 플랫폼은 많지 않다. 우선 많은 양과 정확한 데이터가 있어야 하는데 생각보다 오래전부터 데이터를 체계적으로 관리하는 회사는 많지 않다. 이러한 데이터 부족의 문제를 해결하기 위해 통합 데이터 관리 플랫폼이 존재한다. 대량의 데이터 저장소로 기업이 가지고 있는 데이터와 외부 데이터를 취합·분석·해석함으로써 정확하게 개인의 니즈에 맞춰 광고 전달이 가능하다.

이미 아마존(Amazon), 구글(Google) 등이 선도적으로 고객 데이터를 통한 마케팅에 집중과 투자를 하고 있으며, 향후 그 데이터의 효과는 엄청날 것이라 판단된다. 현재 이를 교훈 삼아 국내 기업들이 데이터 마케팅에 초기 투자를 시작하고 있다. 확실한 것은 구글 등과 같이 먼저 관심을 갖고 선도적으로 준비한 회사들이 시장을 지배한다는 점이다. 개인 맞춤형 광고를 가장 정확하게 준비·실행한 광고 플랫폼에는 어떤 형태와 매체들이 있는지 살펴보면 〈표 7-1〉과 같다.

〈표 7-1〉 **주요 회사별 광고 플랫폼**

주요 회사/매체	광고 플랫폼 형태
네이버	국내 No.1 포털사이트로 로그인 정보 기반 인구통계학적 타깃팅 성별, 나이, 시간, 지역, 유입경로(인터페이스)
카카오	카카오서비스 이용자 특성을 기반으로 다양하고 고도화된 분류 • 과거 집행 이력으로서의 광고 반응, 웹사이트 수집 데이터, 유사타깃 등 고객 파일 확장

	• 상세주소 또는 장소 검색 후 결과에서 설정하고자 하는 위치/블록 단위 설명 • 행동별, 관심사별, 이용서비스별, 검색키워드별 특정 카테고리 구분
유튜브	글로벌 최대의 네트워크 보유 플랫폼으로 쿠키 기반의 타깃팅 구글과 제휴된 디지털상에서의 정보를 기반으로 분류 • 성별, 연령, 자녀유무, 가구소득 • 관심 분야, 웹사이트URL, 관심키워드, 장소, 안드로이드앱 • CRM데이터 및 휴대기기 광고 식별자 기반으로 일치 사용자 • 콘텐츠를 기반으로 카테고리 분류하여 타깃팅
SMR	콘텐츠 시청정보 기반으로 타깃팅 • TV광고 집행 프로그램 위주 • 기준 인벤토리 내 특정 카테고리 또는 프로그램 지정 • 시의성이 높은 요일에 높은 비중 선점 • 정성적인 광고 효과 제고를 위해 모델 및 업종 키워드 선택
페이스북 인스타그램	가입자 프로필 정보를 기반으로 실제 유저의 정교한 타깃팅 • CRM데이터 전화번호, 이메일, ADID 등 • 웹사이트 맞춤, 픽셀을 삽입하여 매칭 • 페이스북 콘텐츠
디지털 사이니지	• 웹사이트/앱 네트워을 통한 고객 데이터 분석 • 안면인식, 사물인식 등 분석 기술 • 빅데이터 분석을 통한 맞춤형 광고 제공

5. 개인 맞춤형 광고 사례

일반적으로 온라인(PC, 스마트폰) 상태에서의 로그인 및 IP 기반의 서비스들이 다른 광고 플랫폼보다 정확한 타깃 광고가 가능하다. 대표적인 예로 페이스북은 전 세계 수십억 명의 데이터, 특히 개인정보 관련 양질의 데이터를 보유하고 있고, 이를 최신의 디지털 기술을 활용하여 분석한다. 이러한 온라인 기반 외에도 최근 하드웨어, 소프트웨어의 눈부신 발전으로 오프라인 상에서도 정밀한 타깃을 통한 개인 맞춤형 광고와 판매가 진행되고 있다. 따라서 다양한 형태의 개인 맞춤형 광고 사례를 분석해 보고 앞으로 다가올 미래에 무엇을 공부하고 준비해야 할지 고민해야 한다.

1) 넷플릭스 회원 맞춤형 콘텐츠 추천

세계 최대의 동영상 스트리밍 서비스 넷플릭스(Netflix)는 2016년 한국 진출 후 온라인 동영상 시장을 석권하고 드라마, 영화 등 화제성 콘텐츠를 직접 제작해 회원들에게 바로 제공하는 콘텐츠 제작사로 성장했다. 한국의 봉준호 감독이 만든 〈옥자〉에는 한국 영화 사상 최대 제작비인 5000만 달러(580억)를 투자했고, 최근에는 조선 시대 좀비물 〈킹덤〉, 천계영 작가의 웹툰을 원작으로 한 〈좋아하면 울리는〉 드라마 콘텐츠를 만들었다. 넷플릭스의 성장 비결은 디지털 공간에서 고객의 행동과 욕구를 측정하고 그 결과를 분석해 고객을 대하는 자체 시스템을 장착한 점이다. 넷플릭스는 시작할 때부터 주소와 신용카드 정보, 나이 등 고객의 프로필 정보를 확보했다. 이어 동영상 콘텐츠 대여 패턴 등 고객의 온갖 행위 데이터를 측정하고 체계적으로 축적했다. 또 데이터 분석에 정통한 전문가를 고용하여 데이터를 이리저리 조합하고 분석하는 알고리즘을 만드는 데 막대한 돈을 투자했다. 수학의 힘을 잘 아는 헤이스팅스(Hastings, 넷플릭스 창립자)는 언론 인터뷰에서 "선택지가 너무 많을 때 망설이는 시간을 줄여 주고 뭘 보면 좋을지 모를 땐 존재조차 알지 못했던 작품을 추천하기도 한다."라고 했다. 또 한 1억 달러를 투자한 〈하우스 오브 카드(House of Cards)〉 26부작을 만들 때도 단 한 장면도 보지 않고 제작하기로 결정했다. 그 이유는 2500만 이용자에게서 데이터를 수집하고 수학적 알고리즘을 적용하여 사람들이 어떤 동영상을 보는지에 대한 트렌드와 분석을 통해 해당 콘텐츠가 성공하리라 확신했기 때문이다. 이렇게 개개인의 데이터에 근거해 엔터테인먼트를 제작하는 방식을 가리켜 '데이터 엔터테인먼트'라고 한다. 현재 넷플릭스는 70억 건이 넘는 고객 평점 데이터를 보유하고 있고 매일 400만 건에 달하는 새로운 평가를 접수한다. 그 막대한 데이터를 바탕으로 회원 개개인의 맞춤형 콘텐츠 광고가 가능하게 되었다.

OTT 사업의 최강자인 넷플릭스를 새로운 관점에서 정의하면 '분석하고 즉시 답을 주는 기업'이다. 분석하고 답을 주는 기업은 고객과 고객의 행위가 자산이며 상품이나 서비스는 부차적이다. 알고리즘을 통해 회원의 막대한 양의 데이터를 분석하는 기업은 원하기만 하면 무엇이든 유통시킬 수 있는 만능 플랫폼과 같다. 넷플릭스 주력 서비스가 온라인상의 단순 DVD 대여에서 비디오 스트리밍으로, 그리고 다시 동영상 제작으로 계속 바뀐 것이 그런 점을 증명한다. 세계 최고의 데이터 마케팅을 표방하는 구글도 형식이라는 틀만 다르지 개인 고객에 맞춰 메시지를 전달하는 알고리즘은 넷플릭스와 유사하다.

우리는 넷플릭스 같은 기업 사례를 보며 많은 교훈을 얻는다. 내 고객이 누구인지를 알고, 고객이 무엇을 원하는지를 알 수 있다면 내가 원하는 콘텐츠, 상품을 판매할 수 있다. 내 상품과 서비스를 좋아하는 고객에게는 더 많은 혜택을 준다. 비록 내 고객은 아니지만 내 상품과 서비스를 좋아할 만한 신호를 포착하면 즉시 컨택 포인트를 찾아 커뮤니케이션할 수 있다. 디지털 기술의 매력은 경험과 직관으로 수집했던 고객 정보를 객관적인 데이터로 무한정 수집하고 과학적으로 분석할 수 있는 점이다. 그뿐 아니라 디지털 기술은 분석 데이터를 바탕으로 고객의 시간과 공간을 뛰어넘어 연결해 준다. 이런 디지털 기술의 힘을 빌려 고객의 모든 데이터를 실시간으로 한눈에 보면서, 우리가 원하는 마케팅을 수학 알고리즘 하나로 즉시 실행할 수 있다면 상당히 효율적인 마케팅을 할 수 있다.

디지털 기술의 발전은 실제 기업들이 넷플릭스처럼 정확한 개인 맞춤형 광고를 할 수 있는 길을 활짝 열어 놓았다. 특히 클라우드 컴퓨팅이 대중화되면서 기업들이 이전보다 훨씬 저렴한 비용으로 데이터를 저장하고 분석하는 시스템을 만들어 운영할 수 있다. 또 고객들이 모두 스마트폰을 들고 다니면서 자신의 위치, 취향, 사회적 관계망 등 막대한 양의 정보를 실시간으로 발신하고 있는 점도 넷플릭스처럼 고객 맞춤형 광고를 가능하게 한다. 기계학습과 같은 인공지능 기술의 대중화도 모든 기업이 저렴한 비용으로 똑똑해질 수 있는 길을 열어 줬다. 하지만 아직 대부분의 기업이 처한 현실은 넷플릿스를 따라하기는커녕 기본적인 디지털 마케팅을 펼치기도 어렵다. 매출이 조 단위 이상의 회사도 자체 유튜브 채널도 운영하지 않는다. 최고 경영자가 의욕을 갖고 기업의 내부고객 프로필의 수집 및 보관 상태를 점검하면 한숨만 나오는 경우도 있다. 고객의 핵심 데이터를 회사 내부에 보관하지 않고 파트너들이 가지고 있는 경우도 있다. 그나마 손에 쥔 데이터마저도 실제로 활용할 수 있는 수준에 못 미친다.

빅데이터를 활용한 예측 마케팅 전략은 유사한 주제를 다룬 다른 전략과 달리 개념과 비전을 강조하지 않고 대부분의 기업이 처한 현실에서 실현 가능한 해법을 찾도록 조언한다. 예를 들어, 처음부터 완벽한 고성능 솔루션을 장려하지 말고 웹사이트나 매장 등 기존 접점을 통해 모을 수 있는 현실적인 데이터부터 수집하고 분석하는 데서 출발할 것을 제시한다. 데이터는 온라인을 접속할 때 함께 전송되는 표준 정보다. 이러한 정보에는 컴퓨터의 IP 주소, 도메인 유형, 브라우저버전, 현지 시간 등이 포함된다. 특정한 개인을 식별하거나 위치를 파악하는 데 사용할 수 있는 정보에는 이메일 주소, 이름, 주소, 전화번호, 신용카드 번호, 보험 번호 등이 포함된다. 이러한 정보는 거의 항상 고객으로부터 명시적으로 수집되며 주로 소비자가 웹사이트에 등록하거나 금전적 거래를 할 때 수집된다. 당신이 과거에 거래한 적이 있는 회사와 당신의 과거에 아무 거래가 없는 회사가 당신의 데이터를 사용하는 것에 대해서는 심리적 태도상의 중요한 차이가 있다. 만약에 당신이 전에 한 식당에 가서 음식을 맛있게 먹고 훌륭한 서비스를 받았는데, 그 식당을 다시 방문했을 때 종업원이 당신을 알아본다면 당신은 기뻐할 것이다. 종업원은 당신이 무슨 메뉴를 좋아했고, 어떤 반찬을 선호했는지 알고 미리 서비스를 할 수 있다. 하지만 반대로 전혀 모르는 곳에서 내가 언제 어느 식당을 갔는지, 좋아하는 음식은 무엇인지 알고 문자메시지나 카카오톡으로 연락을 해 온다면 기분은 좋지 않을 것이다.

넷플릭스에 대여되는 콘텐츠의 2/3 이상이 추천으로 발생한다. 이런 추천의 근간이 되는 유사점을 분류하는 방식에 '협업 필터링'이라 불리는 방법이 존재한다. 사전에 누적된 대규모의 데이터를 활용하여 이를 분류하고 분류된 데이터의 기준을 기반으로 새로운 데이터에 대입하여 분류하는 방법이다. 이러한 협업 필터링의 분류 기준은 대표적으로 두 가지가 존재한다.

〈표 7-2〉 **넷플릭스 협업 필터링 방법**

사용자 기반	아이템 기반
두 사용자의 공통된 아이템을 기반으로 얼마나 많이 일치하는지 수치화하는 방법 (유사도를 이용해 성향이 비슷한 회원에게 추천)	사용자 기반과 동일하게 유사도를 기반으로 아이템 기준으로 추천하는 방식 (A 아이템 구매 시, 유사한 B 아이템 추천)

사용자 기반은 A와 B라는 사람이 특정한 콘텐츠에 똑같이 5점을 부여하면 일치성이 있지만 5점과 2점을 부여하면 유사성을 찾을 수 없는 단점이 있다. 따라서 최근에는 아이템 기반의 알고리즘을 활용해 개인 맞춤형 광고를 진행한다. 넷플릭스는 데이터 분석을 통해 회원 맞춤형 메시지를 끊임없이 제공하며 회원 가입자 수를 늘리고 사용률을 획기적으로 증가시켰다. 전 세계적으로 OTT 시장은 계속 성장하고 있고 월트 디즈니 컴퍼니 등 후발 경쟁 업체들이 공격적으로 시장에 뛰어들고 있다. 넷플릭스가 고객을 어떻게 분석하고 어떤 비즈니스 전략을 가지고 대응하는지 지켜볼 만 하다.

2) 고객 맞춤 도서 추천

데이터 기반 도서 추천 플랫폼의 예로, ㈜플라이북이 론칭한 공공도서관 이용자들을 위한 도서 추천 디지털 키오스크 '플라이북 스크린(Flybook Screen)'을 들 수 있다. 플라이북 스크린은 공공도서관에 설치되는 도서 추천 디바이스로, 42인치 터치스크린을 통해 무료로 실시간 책 추천 서비스를 제공한다. 도서관 이용자가 연령, 성, 관심 분야, 기분 상태 등을 키오스크에 입력하면 개인 취향에 맞는 도서를 추천받을 수 있으며 추천 받은 도서의 세부 정보와 대여 가능 여부도 즉시 확인할 수 있다. 실시간 문자메시지(SMS)로 서가 위치를 제공받는다. 향후에는 소비자의 대출 현황 및 검색 로그 분석을 통해 요일별, 날씨별, 기간별 도서를 추천할 수 있다. 그리고 사회 이슈가 생길 때마다 이슈와 관련된 정보 및 서적을 사람들의 빅데이터를 활용해 이슈에 민감한 독자들에게 제공할 수 있다.

국내 공공도서관으로는 서초구립반포도서관이 최초로 '플라이북'과 업무협약을 체결하고 '플라이북 스크린'을 도입하였으며, 이를 통해 10만여 권의 보유 도서 데이터를 바탕으로 개인 맞춤형 추천 도서 서비스를 제공한다. 플라이북은 서초구립반포도서관을 시작으로 정약용 도서관(AI 도서 추천), 충북교육도서관, 양천도서관 등 도서 추천 서비스가 필요한 전국의 공공도서관에 '플라이북 스크린' 도입을 확대해 나가고 있다. 도서관 회원들의 이용 패턴과 요구 사항을 분석하여 시스템에 실시간 반영하고 데이터가 쌓이고 그 쌓인 데이터를 가공하는 것이다. 특히 국내 도서 정보의 빅데이터를 수집 · 분석하고 인공지능 기술을 활용해 개인 맞춤형 도서 추천을 제공한다. 서비스를 시작한 지 얼마되지 않아 지금은 다소 고객의 만족에 못 미칠 수 있다. 하지만 온라인을 통한 도서 검색 및 대출이 증가되고, 모바일 앱을 통한 개인의 선호도를 간단히 입력하면서 데이터가 쌓여 감에 따라 발전된 컴퓨팅 기술을 통한 데이터 분석을 통해 개인에게 의미 있는 맞춤형 광고 메시지를 전달할 수 있다.

[그림 7-5] **플라이북 스크린**

3) 블록체인 기반 지능형 디지털사이니지

비두(Bidooh)는 블록체인을 기반으로 디지털 플랫폼 광고 서비스를 제공하는 기업이다. 불특정 다수의 성별, 연령, 직업, 구매 이력 등을 빅데이터로 분석하여 맞춤형 광고를 제공하며, 스마트폰 앱을 활용해 누구나 광고를 표출할 수 있고 광고 시청도 가능하다. 비두와 제휴된 디지털사이니지 앞을 사람이 지나가면 그 사람과 관련된 데이터를 불러와 그에 맞는 맞춤형 광고를 보낸다. 클라이언트 입장에서는 온라인상의 퍼포먼스 광고처럼 내가 원하는 고객 한 명당 노출되는 비용을 따로 계산할 수 있어 효율적이다.

원리는 블록체인 기반 디지털사이니지에 카메라를 장착하고 거리의 행인들을 인식하여 각자에게 맞춤형 광고를 보여 주는 시스템이다. 미디어 상단에 탑재된 카메라 센서를 통해 사람들의 안면을 인식하고 광고를 보는 사람들의 반응까지도 실시간으로 확인할 수 있다. 디지털사이니지 앞을 지나가는 행인의 옷을 인식해 같은 브랜드의 광고를 보여 줄 수도 있고, 광고판을 보는 사람이 웃고 있는지, 인상을 찡그리고 있는지 등을 파악해 광고에 대한 반응도 실시간으로 체크할 수 있다. 실제로 광고판에 부착한 센서는 30m 거리에 사람이 다가올 경우 작동하며 성별이나 연령대 등 기본 정보를 수집한다. 10m 거리부터는 SNS상의 인물 사진과 행인을 대조해 구체적인 신상 정보까지 파악할 수 있다. 이를 통해 그가 관심을 가질 만한 광고를 노출할 수 있으며, 광고를 본 후의 반응도 확인할 수 있다. 이 과정을 통해 모든 정보는 블록체인에 저장된다. 광고주의 입장에서 보다 효율적인 광고를 할 수 있으며, 효과에 기반한 광고 연장 여부를 결정하는 데도 도움이 된다. 또한 고객들의 반응에 따라 스마트폰 등으로 실시간 메시지를 수정하여 광고를 노출할 수 있는 장점도 있다. 그러나 아직까지 수용자 얼굴을 인식하는 정확도가 얼마나 높을지에 대한 의구심이 들고, SNS 등 온라인과 연결하여 관련 데이터를 분석해 바로 의미 있는 정보를 활용해 즉시 메시지를 전달할지도 의문이다. 특히 국내의 경우 「개인정보보호법」에 따라 사전 동의가 없는 고객을 인식하고 분석하는 것은 불가능하다. 따라서 디지털 마케팅 활용 관련 법령 개정이나 사전 개인에게 정보 동의를 받은 대량의 데이터가 필요하다. 저자는 2020년 1월 CES에 참관하며 사람을 인식하여 타깃팅하는 비디오 기술이 너무나 많다는 것과 해마다 그 정확도가 높아지고 있음을 눈으로 확인했다. 따라서 여러 가지 제약이 해결되고 나면 향후 국내 디지털사이니지 광고판에서 개인 맞춤형 광고가 활성화될 것이라 기대한다.

상황인식	빅데이터
Digital Sinage + Context Aware System 카메라 센서를 이용해 사람의 근접 여부, 연령, 표정, 착용한 의류브랜드, 온도나 습도에 따른 외부 정보의 능동적 인식/활용	Real-time information 전달 센서를 통한 사람의 특성 분석, 온라인과 연결해 개인별 네트워크화를 통한 개별 데이터 분석

[그림 7-5] **개인 맞춤형 디지털사이니지**

4) 자동차 산업의 고객 관리

자동차는 상당한 고관여 제품이다. 소비자가 자동차를 구매할 때 비용이 많이 들기 때문에 여러 가지 요소를 고민해 구매 여부를 판단한다. 최근 판매 회사들은 차량에서 생산되는 각종 데이터를 체계적으로 관리하고, 실시간으로 축적되는 다양한 정보를 빅데이터 기술을 활용해 분석하여 제품의 생산 프로세스 개선에 이용하고 있다. 그리고 품질, 소비자 서비스 역량을 강화한다. 자동차 산업 마케터들은 몇 년 전부터 유저 타깃팅 기반 네트워크를 활용하고 있다. 타깃 유입을 통한 상세 정보를 전달하고 궁극적으로 세일즈 참여

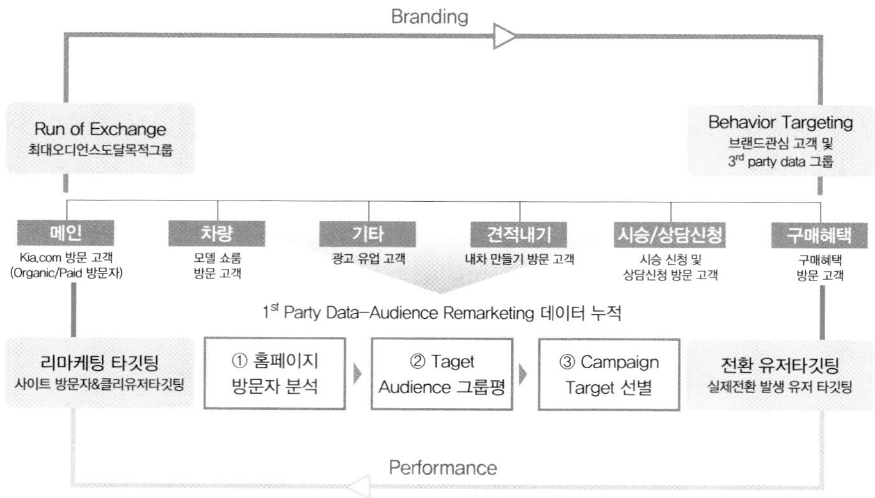

[그림 7-6] **자동차 고객 유입경로**

연결을 유도한다. 빅데이터를 활용해 타깃이 반응하는 요일과 시간대 그리고 타깃이 존재하는 지역, 사이트, 디바이스 타깃팅을 선행한다. 고객의 성향 및 선호도를 분석하여 가장 효과가 좋은 광고 카피 및 크리에이티브 제작물을 만들어 고객에 메시지를 끊임없이 던진다. 예를 들면, 특정 지역에 고급차량 검색 빈도가 증가하면 해당 지역에 고급차량 마케팅을 강화하고 검색어를 분석하여 새로운 판매 정책을 세울 수 있다.

따라서 기존의 브랜드 중심의 타깃 노출 확보에 치중했던 마케팅을 타깃의 행동을 설계하고 브랜딩과 세일즈를 연계하여 각 단계별 개인 맞춤형 융화 콘텐츠 및 새로운 상품발굴을 통해 다양하게 접근하는 시도를 하고 있다. 구매 후에도 엔진오일 교환 단계를 문자 메시지로 알리고, 와이퍼의 무상교체 서비스 등 구매 이력을 바탕으로 그에 맞는 개인 고객 맞춤형 광고를 지속하고 있다.

5) 신기술 활용 최신 뷰티(Beauty)

2020년 CES에서 혁신 기술을 이용한 개인 맞춤형 기술들이 전시되었다. 그중 뷰티 기술로 가장 주목 받은 제품 중 하나는 글로벌 뷰티 브랜드 로레알의 '프로소'였다. 소비자가 직접 스마트폰 앱에 얼굴을 스캔하면 현재의 피부 상태를 정밀하게 분석해 주며, 적합한 화장품에 대한 정보를 제공하고, 이에 관련하여 제조되는 상품을 광고한다. 피부 상태, 환경 정보, 개인 취향 등 많은 양의 관련 데이터를 인공지능이 분석해 최적화된 화장품을 추천해 주는 것이다. 특히 기존 화장품이 피부 타입에 따른 몇 가지 라인의 완제품으로 판매되었다면, 프레소는 화장품 원료에 인공지능이라는 기술을 결합해 소비자가 개인 맞춤형 정보를 직접 소개받고 그 개인화된 광고 정보를 통해 자신에게 맞는 제품을 제조해 사용할 수 있도록 만들었다.

한편, 국내 화장품 업계 선두주자인 태평양 아모레퍼시픽은 스마트폰 앱으로 얼굴을 촬영하여 이목구비와 피부상태를 분석하고, 피부를 5개의 케어 부위로 나누고 각 부위에 세분화된 기능성 성분을 넣어 5분 내에 개인 맞춤형 마스크팩을 제조해 즉석에서 소비자에게 제공한다. 구매 여부는 개인 소비자의 선택이다. 외모에 대한 물질적 분석, 이와 관련된 개인 맞춤형 정보에 대해 대부분의 소비자는 관심을 갖는다.

P&G도 작은 카메라가 초당 200프레임으로 얼굴을 스캔하여, 주근깨와 같은 어두운 색소를 감지하고 열전사 잉크젯 노출을 통해 정확한 양의 파운데이션을 도포하는 방식으로 동일한 원리를 이용해 파운데이션 대신 스팟 라이트닝 스킨케어를 사용할 수 있도록 맞춤형 광고 및 제품을 전달했다. 이러한 방식은 헬스케어 관련 신기술을 이용해 개인의 신체나 심리적 특성을 파악하고 그에 맞게 개별 맞춤 솔루션을 제공한다. 현재 웹 또는 앱상에서 일어나는 타깃 분석과는 다르게 실제 개개인의 상태를 파악하여 문제점을 해결하고 관련 메시지와 상품을 추천한다. 해당 개인에게만 정확히 전달하는 방식으로 개인정보 노출을 꺼리는 많은 사람에게 호응을 받았다.

[그림 7-7] **로레알 프레소 개인 맞춤형 뷰티**

6) 인공지능 옥외전광판

전통적인 옥외매체는 스마트폰과 연계해 진화하고 있다. 야외에 설치된 광고판에 QR코드 화면을 찍으면 QR코드에 저장된 개인정보에 따라 타깃화된 광고 메시지가 나온다. 광고판에 스마트폰을 가져다 스캔을 할 정도면 기본적으로 광고 제품에 대해 관심이 있는 고객이다. 최근에는 오프라인과 연계하여 스마트폰으로 광고를 인식시키면 다양한 정보가 담긴 콘텐츠를 제공하는 방식이 널리 사용되고 있다. 개인별 IP 태그를 지속적으로 트래킹해 소비자가 시간과 장소에 따라 무엇을 원하고, 우리의 어떤 상품에 매칭이 되는지 지속적으로 데이터를 쌓아 가며 메시지를 던진다. 그리고 디지털사이니지가 폭발적으로 증가하면서 옥외 디지털 광고는 기업에서 일방적으로 광고 형식의 메시지를 제공하지만, 실제로는 안면인식, 데이터 분석 기술, 초고속 5G 기술과 함께 소비자 주체가 되는 쌍방향 소통의 효과적인 수단이 되었다.

2019년 반포고속터미널 매표소 상단 디지털사이니지에 추석 맞이 이벤트를 진행했다. 당연히 타깃은 가족들과 떨어져 서울에 직장을 다니거나, 학교를 다니는 사람들로 인스타그램에 가족 사연 이야기를 받고 추석 시즌 10일 동안 대형 디지털미디어에서 개인 사연을 노출해 주는 이벤트였다. 고속터미널이라는 장소적인 특성과, 이용객에게 개인 맞춤형 프로모션을 제공한 것이다.

오사카의 도톤보리 쇼핑몰에 요미우리TV가 설치한 와쿠와쿠 소셜 비전 역

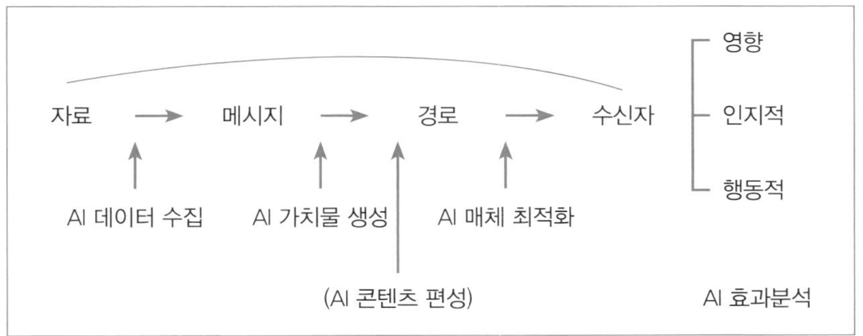

[그림 7-8] **개인 맞춤형 광고를 위한 프로세스**

[그림 7-9] **일본 롯본기 개인 맞춤형 인공지능 전광판**

시 광고를 방영하는 동시에 쿠폰 발행이 가능한 디지털사이니지다. 스마트폰으로 이용자의 얼굴을 전송하여 대형화면에서 미니게임을 즐기거나 쿠폰 발행, 해시태그를 붙인 트윗 등이 가능하다.

앞으로의 옥외광고는 이처럼 스마트폰과 디지털사이니지의 연동과 초고밀 카메라를 통한 개인의 정보 파악으로 제품 특성과 고객 타깃에 맞춤형 광고가 가능하다. 일본 롯본기 인공지능 전광판의 경우 카메라가 지나가는 차량의 차량 넘버 인식을 통해 차량의 구매년도, 차주의 차량 구매 주기 등을 파악하여 실시간 광고 메시지를 다르게 편집하여 즉시 전달한다. 광고회사 덴츠와 협력사들은 카메라의 촬영 영상을 받아 도로를 주행하는 차종을 인공지능으로 실시간 인식하여 옥상에 설치된 대형 영상을 통해 인식된 고객을 분석하여 그에 적합한 커뮤니케이션 메시지를 표출하는 테스트를 진행했다. 지금까지는 타깃팅이 어려워 단순한 편성 스케쥴에 따라 광고를 내보내고 있었으나 앞으로는 데이터 분석인 딥러닝(Deep Learning)을 통해 카메라가 인식하는 자동차의 브랜드명, 모델, 연식 등을 실시간으로 인식 · 판별함으로써 대상 차량에 최적화된 내용으로 개인 맞춤형 광고를 전달할 수 있다. 특히 5G 등 통신 기술의 발달을 기반으로 이종 플랫폼 간의 네트워크가 증가되었다. 그 결과 오프라인에서 체크된 차량 소유주들의 프로필을 온라인으로 즉시 분석할 수 있으며 자동차와 관련된 광고뿐 아니라 다양한 제품의 정보를 옥외 대형 전광판을 통해 개인 맞춤형 메시지로 전달할 수 있다.

7) 지역 기반 광고

GPS(위치추적) 기능이 스마트폰에 적용되면서 지역을 원하는 방법으로 설정 구분할 수 있다. 지도상에서 매장을 방문할 고객을 구분 설정하여 지역을 선정하는 것이다. 특정 애플리케이션을 설치한 이용자가 설정한 구역 내로 들어오면, 그 이용자의 프로필과 앱 로그인 분석을 통해 개인 맞춤형 광고를 할 수 있다.

마케팅 솔루션 기업인 블로그 와처가 제공하는 프로필은 구역 탐지 기능을 활성화하여 시간, 장소, 개인의 프로필을 자유롭게 조합한 뒤 광고 메시지를 전달하는 지역 타깃 광고를 가능하게 한다. 토요일 오후 신촌 현대백화점에서 25~30세 남녀를 대상으로, 스마트폰을 사용해 앱 사이트나 애플리케이션을 이용한 정보를 분석하여 대상 고객의 관심 분야를 추정해 정보를 전달하기 때문에 광고의 효율성을 높일 수 있다.

블로그 와처에서 제공하는 맛집, 쿠폰, 여행, 홈쇼핑, 문화 등의 정보를 사용자의 취향에 맞게 열람할 수 있는 애플리케이션 위드유에서 행한 실험에서는, 연휴 전에 여행 관련 사이트나 애플리케이션을 이용하는 사람에게 여행

특집 정보를 발송했더니 페이지뷰가 보통 때와 비교해 8배 이상이 상승했다는 결과가 나왔다.

이와 같은 사례는 온라인상에서의 고객 프로파일과 오프라인상의 시간과 장소를 결합해서 타깃 광고를 한 좋은 사례라고 볼 수 있다. 특히 애플리케이션을 통해 이용자 정보를 등록하게 하면 어떤 소비자가 어떤 시간에 어떤 상품을 사러 매장에 간다는 데이터 누적이 가능하며 누적된 데이터를 분석해 일대일 소비자 광고가 가능하다. 그 밖에도 경쟁 업체의 오프라인상 상점 소비자 유도 구간 범위를 설정하고 접근하는 고객에게 당사 매장의 신제품 및 프로모션 광고를 통해 경쟁 업체 고객을 유인할 수 있다.

한편, 소비자는 근처의 단골 상점이나 경쟁 상점에서 특별 혜택이나 정보를 얻어 보다 유리한 상점을 선택할 확률도 높아진다. 개인의 정보 이용에 대한 동의 유인을 통해 일반 상점뿐 아니라 기타 실내 상업 시설들도 GPS나 블루투스를 활용해 매장 방문객을 모으는 효과적인 수단을 증가시키고 있다. 인근 잠재고객에 접근할 수 있는 플랫폼이 더 개발되고 고객 데이터가 많아지면 온라인과 오프라인이 유기적으로 결합된 개인 맞춤형 광고가 가능하다. 온라인 앱 이용자들이 오프라인 매장 방문을 통해 또 다른 정보와 서비스를 이용하거나 온라인 앱을 오프라인에서 보다 유용하게 활용하도록 하는 것이다. 이를 통해 우리들은 온라인에서 발생한 고객 정보를 오프라인과 공유하고 연결하여 효과적인 마케팅 방법을 개발해 사용할 수 있다.

[그림 7-10]의 무인점포 아마존고의 사례를 살펴보자. 고객이 내방을 하면 상품에 부착된 바코드와 고객의 스마트폰이 연동되어 자동 결제를 하는 시스템이다. 이 서비스는 구매 시점에 인공지능 기술이 적용되어 상품을 확인하고 자동으로 결재까지 한 번에 진행된다. 고객이 고르는 상품들을 스마트폰에 자동 연동시킴에 따라 축적된 데이터가 향후 고객 맞춤용 광고로 활용된다. 아마존 입장에서는 온라인과 오프라인의 결합된 데이터로 막강한 판매 마케팅을 할 수 있다. 또한 무인점포의 증가로 인건비가 줄어든다. 아마존고의 사례를 보고 국내 대형마트도 곧 유사한 방식으로 적용할 것으로 본다.

[그림 7-10] **아마존고 무인 점포**

8) 고객 데이터 기반 인터넷 쇼핑

옥션이나 GS샵 같은 인터넷 쇼핑 포털에 가면 고객에 맞는 추천 상품을 보여 준다. 쇼핑몰이 경쟁적으로 제공하는 이런 개인화 서비스는 개인의 취향에 맞춰 더 많은 구매를 유도하기 위해 경쟁적으로 발전하고 있다. 이와 같이 온라인상에서 행해지는 추천 상품 제공이라는 알고리즘을 도입해 활성화시킨 기업은 수도 없이 많다. 이들의 알고리즘은 가장 많이 일치하는 데이터를 찾아내 적용하는 것이다. 한 사람이 식료품을 주문했다면 다른 유사한 소비 패턴을 가지고 있는 다른 사람과 비교하여 가장 많이 중복되는 식료품의 카테고리를 지속적으로 웹페이지에서 보여 준다. 이렇게 저장된 구매 이력이 수년간 쌓이다 보면 매우 정교한 개인화 마케팅이 가능해지고, 그 확장은 그와 유사한 사람들까지 포함하여 적용된다. 구글 또한 광고가 위치한 페이지의 내용을 읽고 분석해서 가장 유사한 광고로 꼽히는 몇 가지 중에서 하나를 표시한다. 뿐만 아니라 구글의 애널리틱스를 구글 애드와 연동해서 활용할 수 있다. 구글 애널리틱스는 데이터를 세분화하고 시각화하여 새로운 방식으로 내용에 접근하도록 하여 광고 타깃팅의 정확도를 높이고 마케팅 전략 강화에 도움을 주기 위해 사용되는 웹 분석 도구다. 애널리틱스를 설치하면 구글 검색엔진을 통해 분석한 내용에 맞는 광고를 싣는 정도에서 그치지 않고 이를 통해 분석한 사용자 피드백에 따라 광고를 조절할 수 있다. 예를 들어, 한 달 동안 A페이지에서 주로 가, 나, 다 세 종류의 광고가 각각 25%씩 등장했다고 하자. 이 중에서 가 광고의 클릭률이 5%, 나의 클릭률이 3%, 다의 클릭률이 1%였다면 이후 한 달 동안은 가와 나 광고를 다른 광고보다 많이 노출시켜서 더 효율적인 개인 맞춤형 광고를 통해 판매를 개선할 수 있다.

9) 개인 맞춤형 감성 광고

최근 기업체에서는 단순한 브랜드 고지보다는 체험형 마케팅에 주력하고 있다. 제품을 경험하기 위해 기존의 전통적인 행사보다는 디지털 환경을 활용하는 빈도가 높아지고 있다. 그 이유는 소비자들의 생활 패턴이 달라지고 있기 때문이다. 1인 가구의 증가, 대면 접촉을 기피하는 현상을 통한 개인화 미디어의 폭발적 증가, 이런 이유로 매장에는 키오스크를 포함한 디지털 영상이 많이 생기고 있다. 스마트폰으로 인스타그램, SNS, 유튜브 등 다양한 애플리케이션 앱을 통해 많은 정보를 얻어 짧은 시간에 취사선택할 수 있고 디지털사이니지와 연계되어 실시간 정보를 상호 교환할 수 있다. 따라서 향후 하드웨어, 소프트웨어의 급격한 발전에 따라 미디어의 개인 맞춤형 인터랙티브 활동은 더욱 강화될 것이다.

이에 따라 트렌드에 민감한 기업들은 소비자에게 매력적이고 즐거움을 주기 위해 참여형 콘텐츠를 개발해 활용을 모색하고 있다. 그 중 한 가지가 게임 형식에서 반복되는 요소들을 활용해 기업 활동에 고객의 참여를 유도해 사람들이 선뜻 하지 않을 일에 몰입시키고 반복적으로 사용하도록 만드는 방법이다. 이는 과거에도 꾸준히 활용되어 왔으나, 최근에는 온라인상의 활동과 오프라인상의 실제 생활에서 발생되는 개인의 데이터를 가지고 적극적으로 특정 콘텐츠를 제공하는 식으로 발전하였다. 그렇다면 재미 요소가 네크워크 측면에서 어떻게 연결되고 타깃팅되는지 살펴보자.

나이키(Nike)는 런닝이라는 (건강) 화두를 개인이라는 소비자와 직접 연결하여 사용하고 있다. 나이키는 애플(Apple)의 아이팟과 연결할 수 있는 나이키 플러스 상품을 출시했다. 나이키 플러스는 위치 기반 시스템과 기타 센서를 활용해 사용자의 런닝 기록을 자동으로 네트워크에 전송해 주는 서비스와 상품 일체를 제공한다. 중요한 점은 단순히 수치를 알려 줄 뿐만 아니라 사용자가 자신의 목표를 달성했을 경우 웹사이트에서 인증을 받을 수 있고, 이 기록을 소셜미디어에 올리고 다른 사람들의 기록과 비교하며 경쟁할 수 있다는 것이다. 나이키 플러스는 자칫 지루하기 쉬운 달리기라는 고독한 성격의 운동을 여러 사람과 함께 하는 경험으로 바꿔 주었다. 이런 정보의 공유를 통해 사람들은 다른 사람과의 비교를 통해 자극받거나 좌절할 수도 있고 아예 무시할 수도 있다. 결국 데이터를 어떻게 받아들일지는 결국 사용자 자신의 몫이지만, 분명한 사실은 데이터가 없었다면 그리고 게임 요소를 적극적으로 반영하지 않았다면 고객에게 개인 맞춤형 경험을 제공하는 새로운 변화를 구현하기는 어려웠을 것이다.

나이키는 '루나에픽(Lunar Epic)'이라는 최첨단 신발 출시에 맞춰 필리핀에서 세계 최초로 '풀사이즈 런닝 트랙(Full Size LED Running Track)'인 언리미티드 스타디움(Unlimited Stadium)을 설치했다. 스타디움에서는 나 자신과의 가상 경주를 할 수 있는 인터랙티브 디지털 영상 기능을 만들고 최대 30명까지

[그림 7-11] **나이키 루나에픽**

참여가 가능하도록 했다. 신발에 센서를 부착하면 LED 화면에 자신의 아바타가 표시된다. 아바타의 런닝 패턴과 맥박의 형태를 분석한다. 그리고 달리기 기록을 지속적으로 저장해 주며 타인의 기록과 비교하고 비슷한 연령의 런닝 스타일을 비교하여 장단점을 제공해 준다. 결국 나이키 루나에픽을 신으면 건강과 달리기 능력이 향상된다는 메시지를 전달하는 것이다. 이벤트 기간 동안 나이키는 사용자 자신과 똑같은 아바타를 디지털로 분석해 개인 맞춤형 광고 서비스를 제공했다.

현대자동차는 사람과 사람, 그리고 사람과 세상을 잇는다는 그룹의 가치 'Connect'를 대중들에게 효과적으로 보여 주고자 스쿨버스를 타고 청주와 충주를 오가는 청각장애아를 대상으로 맞춤형 디지털 광고판을 만들어 아이들의 지루하고 적막한 등하교 길을 즐겁게 해 주고자 했다. 투명 OLED 디스플레이를 스쿨버스 창문에 부착하여 아이들이 서로 메시지를 주고 받고, 그림을 그리고, 창문에 저장된 메시지와 함께 사진을 촬영하여 스마트폰으로 부모님께 전송하는 등 다양한 상호 의사소통(Interactive Connecting) 경험을 제공하였다. 캠페인의 일환으로 이 스토리를 바탕으로 각색한 동화 형태의 콘텐츠를 4회에 걸쳐 동시에 연재하였고, 200만 개의 공감 하트가 모이면 실물 동화책으로 제작 및 배포하는 소비자 참여형 프로모션을 진행했다. 이를 통해 대중의 공감과 참여를 얻을 수 있었다. 이처럼 듣고 말하지 못하는 학생들을 위해 개인 맞춤형 콘텐츠를 제작해 유튜브 조회수 1400만 뷰를 달성하고 칸 광고제에서 동상을 수상하는 성과를 이루었다.

[그림 7-12] **현대자동차 그룹 재잘재잘 스쿨버스**

6. 마치며

앞서 다양한 형태의 개인 맞춤형 광고 사례를 살펴보았다. 앞으로 다가올 미래 산업에서 개별 단일 기술이 아닌 기술의 혁신과 융합, 데이터 지식이 경쟁 원천인 플랫폼이 우리 삶을 지배한다. ICT, 스마트시티, 인공지능, 빅데이터 등이 고도화되면서 사람과 디지털 기술이 일상생활에서 상호작용하게 되며 맞춤형 광고 영역에도 많은 변화가 나타날 것이다.

개인 맞춤형 광고는 콘텐츠, 광고 플랫폼, 네트워크, 디바이스의 모든 기술이 융합되는 융합 산업으로 시장의 수요 증가와 기술발전에 따라 가장 발 빠르게 변화하는 중이다. 하지만 국내에서는 아직 데이터의 부족, 법적 문제, 데이터 분석에 따른 비용 부담 등의 사유로 한계가 있다. 따라서 아마존, 구글 등과 경쟁하기 위해 광고 플랫폼 및 관련 시스템의 경쟁력 확보가 중요하다. 특히 신기술을 적극적으로 수용하고, 정부기관・마케팅전문회사・시스템을 만드는 IT 회사 사이에 유기적인 협업을 이루고 정교한 개인 맞춤형 광고 플랫폼을 만듦으로써 글로벌 경쟁에서 두각을 나타낼 수 있을 것이다.

참고문헌

심성욱, 김운한, 신일기, 김신엽, 김상현(2019). **인터랙티브광고론**. 서울: 서울경제경영.

유승철(2018). YOOAi_OOH 사례. 옥외광고학회 춘계 발표자료.

이노션(2018). 기아자동차 디지털 미디어 제안. 이노션 자료.

현대HCN(2020). 키오스크 트렌드. 회사 내외부 리포트 자료.

제8장

인공지능과 새로운 형태의 광고PR 사례

차영란(수원대 미디어커뮤니케이션학과 교수)

4차 산업혁명을 이끄는 인공지능은 디지털 경제를 구성하는 핵심기술로 빠르게 발전하고 있다. 인공지능 기술은 이미 우리의 일상 곳곳에 스며들어 성장과 삶의 질 향상과 같은 다양한 혜택을 누리게 해 주고 있다. 디지털 기술의 발달 속에서 인공지능은 교통, 의료, 교육, 치안, 일자리, 서비스 로봇, 미디어 산업과 같은 일상생활 여러 분야에서 활용되고 있다. 우리는 인터넷 서핑을 하거나 소셜미디어를 이용하다가 나의 관심사나 개인 정보에 꼭 맞는 광고에 노출될 때가 있으며, 그러다가 무의식적으로 상품의 구매를 결정하게 된 경험을 흔하게 가지고 있다. 이처럼 알고리즘에 따른 개인맞춤형으로 광고PR환경에 활용되고 있는 인공지능에 대해 살펴보고자 한다.

1. 4차 산업혁명과 인공지능

인류 역사의 변화 속에는 언제나 새로운 기술의 등장과 기술적 혁신이 있었다. 새로운 기술의 등장은 세계의 사회 및 경제 구조에 큰 변화를 일으켰다. 기술적 혁신과 이로 인해 일어난 사회·경제적 큰 변화가 나타난 시기를 우리는 '산업혁명'이라고 부른다. 4차 산업혁명은 지금까지 쌓아 올린 모든 산업적 결과물들을 유기적으로 결합시켜 상호작용적인 융합 소프트웨어를 생산해 내고 있다(김진하, 2015). 2016년 4차 산업혁명이 다보스 포럼(World Economic Forum)을 통해 전 세계적 화두로 등장한 후 글로벌 트렌드가 변화하고 있다. 우리나라도 이에 따른 변화의 시기를 맞이하고 있는데 민간 기업뿐만 아니라 정부에서도 4차 산업혁명에 대한 중요성을 인식하여 대통령 직속 하에 '4차 산업혁명위원회'를 설립하는 등 기술적 혁신을 대비하고 있다. 4차 산업혁명이란 인공지능, 사물인터넷(IoT), 로봇 기술, 드론, 자율주행차, 가상현실(VR) 등 정보통신 기술(ICT)이 주도하는 차세대 산업혁명을 말한다(박승빈, 2015). 그중 인공지능과 빅데이터는 혁신을 주도하는 초연결 기반의 지능화 혁명으로, 산업뿐만 아니라 국가 시스템, 사회, 삶 전반의 혁신적 변화를 일으키고 있다. 1784년 영국에서 시작된 증기기관과 기계화로 대표되는 1차 산업혁명은 '기계 혁명'이라고도 불리며 증기기관의 등장으로 가내수공업 중심의 생산체제가 공장생산체제로 변화된 시기를 말한다. 1870년 전기를 이용한 대량생산이 본격화된 2차 산업혁명은 '에너지 혁명'으로 불린다. 그리고 1969년 인터넷이 이끈 컴퓨터 정보화 및 정보통신 기술(ICT)의 발전으로 인한 '디지털 혁명'을 3차 산업혁명이라고 한다. 현재 우리는 또 다른 새로운 기술의 등장과 기술적 혁신 속에서 로봇이나 인공지능을 통해 실제와 가상이 통합되어 사물을 자동적 · 지능적으로 제어할 수 있는 4차 산업혁명이 진행되는 시대에 살고 있다. 이런 변화 속에서 가장 뚜렷하게 달라진 점은 생산 현장에서의 노동자의 수가 점점 감소하고 있다는 것이다. 이런 변화는 일자리 부족의 문제점을 야기하고 있지만, 인공지능과 빅데이터의 연계 및 융합으로 인한 기술 및 산업구조의 변화로 인해 우리 삶의 질을 향상시키고 있다(이경상, 2017).

1) 4차 산업혁명에 따른 광고

4차 산업혁명에 속하는 다양한 기술 가운데, 2017년에 가장 두각을 나타낸 인공지능은 빅데이터와 결합하여 다양한 산업과 기술 및 서비스가 융합되는 소프트웨어 개발을 통해 대거 확산되었다. '알파고'와의 바둑대결로 인해 초지능화 사회의 시작을 알리게 되었고 많은 사람이 인공지능에 대해 관심을 갖기 시작하였다. 이전에도 인공지능에 대한 연구와 관심은 꾸준히 이어져 왔다. 알파고 대국보다 20년 전인 1997년에 체스 경기에서 IBM의 딥블루가 이미 인간과 기계와의 대결에서 기계가 승리를 한 사례가 있다. IBM은 2011년에도 미국 ABC 방송국의 인기 퀴즈쇼인 '제퍼디!(Jeopardy!)'에 인공지능 컴퓨터 왓슨(Watson)을 내세워 인간과 퀴즈대결을 벌였는데 최종 라운드에서 왓슨은 인간을 압도적인 차이로 따돌리며 우승하였다. 이 대결은 인공

[그림 8-1] **IBM 왓슨-제퍼디(좌), 구글 딥마인드 알파고(우)**

출처: 로봇신문(2016. 6. 14.).

지능 컴퓨터가 계산도구에서 벗어나 인간의 언어로 된 질문을 이해하고 해답을 도출하는 수준까지 도달했음을 보여 주는 사례로 회자되고 있다. 이러한 IT 트렌드의 변화는 사회환경의 변화와 접하게 연관되어 있음을 알려 주며 4차 산업혁명에 중심축을 이루는 기술들은 이제는 비즈니스 경쟁력을 만드는 기반이 되고 있다(김진하, 2016).

글로벌 시장조사 기관인 트랙티카(Tractica)의 조사보고서 『인공지능, 컴퓨팅, 네트워킹, 스토리지 및 클라우드 인프라 스트럭처: 글로벌 시장 분석 및 예측』에 따르면 인공지능 기반 하드웨어 및 소프트웨어 인프라에 대한 전 세계 시장은 2016년 35억 달러(약 3조 8천억 원)에서 2025년까지 1,154억 달러(약 124조 6천억 원)로 성장할 것으로 전망하였다(인공지능 신문, 2018. 7. 24.).

아울러 인공지능의 기술은 날로 발전하고 있으며, 빠른 속도로 우리 일상에 파고들고 있다. 인공지능은 다양한 신기술을 흡수하며 진화해 온 광고 산업에도 적극적으로 도입되고 있는 추세이며 파급력과 영향력이 매우 크다. 이는 광고 시장의 포화에 따른 경쟁 격화와 기계가 스스로 학습할 수 있는 머신러닝 기술의 급속한 발전 및 인공지능을 구동할 수 있는 컴퓨터 비용의 하락 등이 인공지능 기술의 도입을 촉발한 것이 그 이유로 분석된다. 기술 자체의 고도화와 컴퓨터 자원의 급속한 발전 등으로 이미 광고 산업은 물론 제작과 유통 및 시청자 대응 등 다양한 영역에 걸쳐 인공지능을 활용하고 있다.

물론 인공지능에도 한계점이 있으나, 그럼에도 이미 인공지능은 미래의 광고 산업에서 없어선 안 될 존재로 점차 입지를 굳히고 있다. 이어 향후 클라우드 컴퓨팅과 빅데이터 산업뿐 아니라 사물인터넷 발전에 크게 기여할 것이다. 인공지능의 개입을 통해 로봇, 드론, 자율주행차량 및 커넥티드카뿐 아니라 가전제품과 같은 물리적 장치에도 연결되어 스마트 홈 전반에 걸쳐 생태계 구축 경쟁이 본격화될 것이다(국경완, 2019).

2019년 IBM의 마케팅 트렌드 보고서에서는 인공지능의 마케팅 기능을 근본적으로 변화시킴에 따라 마케팅과 기술 모두에 능통한 '마테케터(martecheter)'가 부상하고 있다고 설명하였다. 이 보고서에 따르면 인공지능은 마케팅 전문가들 사이에서 계속 사용량을 늘리고 새로운 마케팅 담당자를 양산하며 소비자를 위해 더 많은 개인화를 이끌어 내고 있다. '마테케터'라는 새로운 마케팅 담당자가 나타나고 이 마케팅 데이터 디렉터의 출현이 인간과 기술을 연계해 새로운 마케팅 역할을 할 것을 예측하고 있다. 이러한 역할은 인공지능과 머신러닝으로 촉진되고 있으며, 개인 맞춤화를 현실화하기 위해 점차 활용될 것이다. 이는 인공지능이 분석하고 대규모로 개인화된 맞춤형 콘텐츠를 제공할 때 마케팅 담당자가 결정을 내리고 캠페인을 배포하는 방식을 바꿔 놓을 것이다(CIO Korea, 2018. 12. 20.).

2. 국내외 인공지능 현황

2020 다보스포럼 보고서에 따르면 인공지능은 2030년까지 글로벌 경제에 최대 15조 달러를 기여할 것으로 보이며, 이 중 6조 달러는 생산성 향상, 9조 달러는 소비 측면 효과에서 나올 전망이라고 밝혔다. 특히 북미와 중국 지역의 인공지능 효과는 2030년까지 GDP의 14.5%, 26.1%로 잠재성이 가장 높은 지역으로 조사되었다. 그러나 알고리즘의 조작 가능성, 의사 결정의 편향성과 같은 부작용이 우려되는 만큼 투명성, 개인정보 보호 및 상호 운용성,

사람과 인공지능 시스템 간의 협력, 신뢰성 및 견고성 추구 등 윤리적인 대응 체계가 필요하다고 시사하였다(정민, 류승희, 2020). 국내 시장 현황은 한국 IDC가 발간한 『국내 인공지능 2019–2023 시장 전망』 보고서에서 연평균 17.8% 성장세를 이어가면서 2023년 기준으로 시장 규모가 6400억 원을 넘어설 것으로 예상하였다. IDC는 해당 보고서를 통해 인공지능을 위한 하드웨어(HW) 시장은 2019년 인공지능 전체 시장에서 가장 큰 매출을 차지하지만 2022년 이후부터는 인공지능 구축을 위한 컨설팅 · 개발 관련 서비스 시장보다 비중이 작아질 것으로 전망했다. 반면 업무 프로세스 효율화 및 비즈니스 자동화를 위한 인공지능 애플리케이션과 플랫폼 구현 사업 부문은 크게 성장할 것으로 보았다. 서비스/소프트웨어(SW) 시장 모두 향후 5년간 연평균 성장률 30% 성장세를 이어갈 것으로 예측했다. 또한 인공지능이 미래를 바꿀 가장 핵심적인 기술 이니셔티브로서 산업 전반에서 도입되고 있으며, 기업 내 조직들은 인공지능 적용을 통해 비생산적인 반복 수작업 대신 고부가가치 업무에 집중하면서 비즈니스 효율성과 생산성 제고에 나서고 있다(정민, 류승희, 2020).

인공지능이 고용 및 일자리 변화에 미치는 영향과 관련하여, 지능형 기계

지역	효과(조달러)	GDP 대비 비중(%)
북아메리카	3.7	14.5
남아메리카	0.5	5.4
북유럽	1.8	9.9
남유럽	0.7	11.5
선진 아시아 시장	0.9	10.4
중국	7.0	26.1
아프리카, 오세아니아, 기타 아시아 시장	1.2	5.6

자료: PwC.

주: 2030년까지의 경제적 효과를 의미.

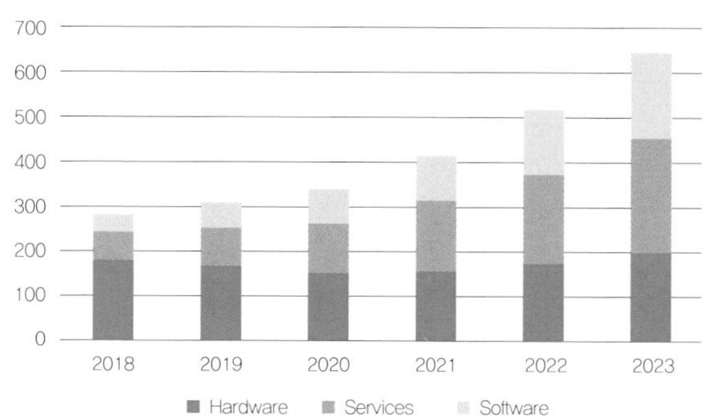

▲국내 인공지능(AI) 시장 전망(2019–2023년, 한국IDC 자료인용)

[그림 8-2] **인공지능으로 창출되는 경제적 효과(좌)와 국내 인공지능 시장 전망(우)**

출처: 정민, 류승희(2020).

로 인해 대체되는 직종의 종류나 대체 위험도를 측정한 연구들이 자동화로 인한 실업을 경고하고 있다. 이에 적응하기 위한 인간의 능력 개발, 직무의 변화, 사회적 관점의 안전망 마련 등이 주요 대안으로 제시되고 있다. 인공지능이 노동시장에 미치는 영향을 둘러싸고 기술 낙관론적 전망과 자동화로 인한 높은 일자리 대체위험을 경고하는 예측들이 서로 엇갈리고 있는 가운데, 일자리 양극화 현상 및 스킬 미스매치, 실업률 증가 등의 부정적 현상은 곧 우리 사회가 직면하게 될 현실이다. 인공지능과 일자리에 대한 논의는 2013년 경부터 경제학자들의 중요한 화두로 등장하였으며, 이후 많은 연구자가 엇갈린 견해를 제시해 오고 있다.

2016년, OECD의 연구자들은 인공지능이 직업을 구성하는 과업의 일부를 대체할 것이라는 접근법을 통해 미국에서는 9%, 한국은 6%의 일자리만이 전면 대체위험에 노출될 것이라는 비교적 낙관적 견해를 제시하였다. 또 최근 보고서에서도 전면 대체 가능성보다는 일의 특성이 변화될 가능성에 무게를 두는 전망을 지속하고 있다. 한국에서 자동화로 인한 직무 대체의 위험이 높은 일자리는 10.4%, 업무 수행 방식에 있어 현저한 변화가 예상되는 직무는 32.8%로 예측하였다(이경은, 2020). 김건우(2018)의 분석에 따르면 전통적 '화이트 칼라'인 사무종사자를 비롯하여 산업용 기계조작이나 컴퓨터를 이용한

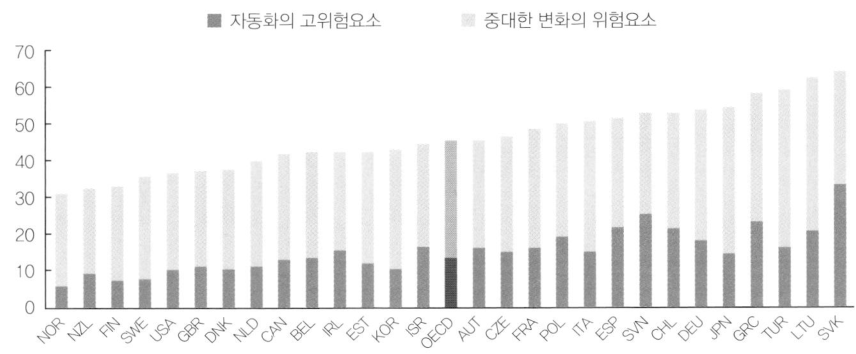

[그림 8-3] 자동화로 인한 일자리 위험성

출처: OECD(2019).

기계제어 등 '블루 칼라' 종사자들을 포함한 국내 일자리의 43%가 자동화 고위험군으로 식별된다고 하였으며, 김동규 등(2017)는 4차 산업혁명 진전에 따른 기술대체 가능성만으로 콜센터 요원(고객상담원 및 안내원), 생산 및 제조 관련 단순종사원, 치과기공사, 의료진단전문가, 금융사무원, 번역가(통역가), 창고작업원, 계산원 등을 일자리 위기 직업으로 소개하였다.

3. 인공지능의 정의 및 역사

1) 인공지능에 대한 다양한 정의

인공지능이라는 용어는 1956년 미국의 다트머스대학(Dartmouth College)에서 열린 워크숍 제안서에서 존 매카시(John McCarthy)가 처음 공식적으로 사용하였는데 당시 인공지능을 '지능적인 기계를 만드는 과학과 공학'이라고 정의하였다. 한국정보통신기술협회는 "컴퓨터로 구현한 지능 또는 이와 관련한 전산학의 연구 분야로 사람 또는 동물의 지능이 컴퓨터로 모사될 정도로 세밀하고 정확하게 표현될 수 있다는 생각에 기반을 둔다."라고 인공지능을 정의하였다(TTA, 2007). 또 백과사전에서 인공지능은 "인간의 지능으로 할 수 있는 사고, 학습, 자기 개발 등을 컴퓨터가 할 수 있도록 하는 방법을 연구하는 컴퓨터 공학 및 정보 기술의 한 분야로서, 컴퓨터가 인간의 지능적인 행동을 모방할 수 있도록 하는 것을 말한다."라고 정의하였다(두산백과). 또한 OECD가 발간한 인공지능 분석보고서에서는 인공지능에 대해 "디지털 변혁을 견인하는 핵심기술로 부상하고 있다. 생산성 향상, 효율성 증가 및 비용 절감을 실현시킴으로써 경제의 판도를 바꿀 것으로 전망된다. 사회적으로는 삶의 질을 향상시키고 더 정확한 예측과 판단을 통해 인간의 의사 결정을 도울 것으로 보인다. 이러한 순기능과 동시에 인공지능에 대한 불안과 윤리적 우려도 심화되고 있다. 인공지능 활용에 따른 일자리 대체, 편향된 인공지능의 결과와 그에 따른 활용, 개인정보침해 등 다양한 도전 과제가 예상되고 있다."라고 설명하고 있다(OECD, 2019).

이렇듯 인공지능에 대한 정의는 다양하면서도 명확하게 제시되어 있지 않지만, 공통적으로 인간의 지능을 기계를 통해 구현하는 기술이라고 정의하고 있다. 구체적으로 설명하자면 인공지능은 컴퓨터와 같은 기계가 경험을 통해 지능을 의미하는 사고나 학습과 같은 인간의 지적 능력을 학습하고, 새로운 입력 내용에 따라 기존 지식을 조정하거나 과제를 수행할 수 있도록 지원하는 기술을 뜻한다. 즉, 기계가 인간의 지능으로 문제 상황을 대처할 수 있는 기술이라는 것이다. 따라서 인간의 인식, 판단, 추론, 문제해결, 그 결과로서의 언어나 행동지령, 더 나아가 학습 기능과 같은 인간의 두뇌 작용을 이해하는 것의 연구를 대상으로 하는 학문 분야로 궁극적으로는 두뇌의 기능을 기계로 실현하는 것을 목적으로 한다.

2) 인공지능의 유형

개념적으로 인공지능은 강한 인공지능, 약한 인공지능, 초인공지능으로 구분된다. 강한 인공지능이란 실제 사람처럼 자유로운 사고가 가능한 인공지능을 말하고, 약한 인공지능이란 자의식이 없이 특정 분야의 문제를 해결하기 위해 개발된 인공지능을 말한다. 초인공지능은 강한 인공지능을 넘어서서 인간의 지능을 초월한 인공지능을 말한다. 강한 인공지능은 범용인공지능이라고도 불리며 문제의 영역이 주어질 시에 어떤 문제든 해결할 수 있는 기술 수준으로 영화 〈터미네이터〉의 스카이넷이나, 〈어벤저스2〉의 울트론처럼 흔히 영화 속에서 볼 수 있는 로봇들을 예로 들 수 있다. 실제 기술적인 측면에서 약한 인공지능이 많이 쓰이고 있으며, 강한 인공지능을 만들려면 아직 멀었다는 게 과학계 중론이다. 하지만 인간보다 지능 수준이 높고 종합적인 판단을 할 수 있는 강한 인공지능에 대한 기술 개발은 지금도 진행되고 있다. 약한 인공지능의 예로는 스팸메일 필터링, 이미지 분류, 기계번역

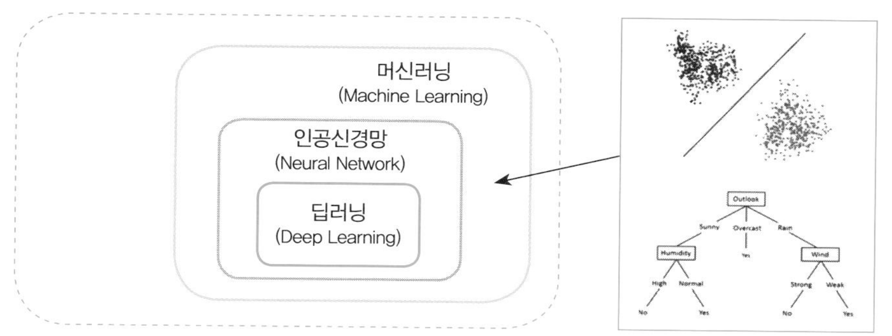

[그림 8-4] **인공지능, 머신러닝, 딥러닝의 관계**

출처: 모두의 연구소(2016. 5. 29.).

기술 등이 있다. 이를 적용한 기업으로는 딥마인드사의 알파고나 IBM사의 왓슨 등이 대표적이다. 또한 약한 인공지능을 구현할 때는 머신러닝(기계학습)을 사용한다. 딥러닝과 머신러닝이라는 용어가 혼용되고 있지만, 머신러닝이 좀 더 큰 개념으로 머신러닝의 방법론 중 하나가 딥러닝으로, 머신러닝 방법론 중 가장 많이 쓰이는 것이기도 하다(네이버지식백과).

3) 인공지능의 역사

인공지능은 세 차례의 붐을 맞이하였다. 초창기 인공지능은 단순 퍼셉트론을 이용해서 패턴인식을 할 수 있는 수준이었으나 역전파 기법, 초기화 기법, 활성화 함수가 개선되면서 딥러닝을 통해 지금의 알파고까지 이르렀다. 1930~1940년대부터 생각하는 기계에 대한 기대가 본격화되기 시작되었으며 최초의 인공지능 연구로는 워렌 맥컬로치(Warren McCulloch)와 월터 피츠(Walter Pitts)가 제안한 인공 뉴런(neuron) 모델 연구를 필두로 하여 1943년에 진행된 연구를 들 수 있다. 1950~1960년대 초창기의 인공지능 연구는 정리(theorem) 증명과 게임 등의 분야에서 놀라운 성과를 거두었으나, 이후 과도한 기대에 따른 실망과 쇠퇴, 그리고 새로운 모델 및 이론의 개발 등이 반복되었다. 영화 〈이미테이션 게임〉에 등장하는 영국의 수학자 앨런 튜링(Alan M. Turing)은 1950년 「계산 기계와 지능(Computuing Machinery and Intelligence)」이라는 논문에서 기계가 생각할 수 있는지 테스트하는 방법인 튜링 테스트를 개발하였고, 지능적 기계의 개발 가능성, 학습하는 기계 등에 대하여 기술하였다. 튜링 테스트란 기계가 인간과 얼마나 비슷하게 대화할 수 있는지를 기준으로 기계에 지능이 있는지를 판별하고자 하는 시험으로 기계와 인간을 칸막이 방에 놓고 제3자가 질문을 한 다음 어느 것이 기계이고, 어느 것이 인간인지를 구분하는 것이다. 만약 제3자가 기계와 인간을 구분할 수 없다면 그 기계는 튜링 테스트를 통과한 것이다. 이는 이용자가 컴퓨터와 인간에게 같은 질문을 던졌을 때 그 응답을 듣고 그것이 인간인지 컴퓨터인지를 구분할 수 없다면 그것은 인간과 유사한 인공지능이라고 할 수 있다. 이 테스트는 개발된 이후 통과된 기계가 없었으나 2014년 영국왕립학회는 최초로 영국국립대학교가 개발한 '유진 구스트만'이라는 컴퓨터 프로그램이 튜링 테스트를 통과하였다고 밝혔다. 다만, 이 결과에 대해 단순 채팅로봇이라고 비판하는 부정적인 측면도 없지 않다. 그래서 다른 연구자들은 새로운 인공지능 성능 테스트의 개발 필요성을 제기하였으며 지금도 계속해서 새로운 테스트가 발표되고 있다.

앞서 언급한 '유진 구스트만'이 가진 약점에도 불구하고 인공지능이 인간과 구별하기 힘든 수준에 도달했다는 점에서는 상당한 의미를 가진다. 튜링 테스트가 개발된 후 수리논리학이나 컴퓨테이션, 인공두뇌학, 정보 이론 등 인간의 사고 과정에 대한 이론들이 등장했다. 이 기술을 현실화한 튜링머신(Turing Machine)은 존 폰 노이만(John von Neumann) 교수에게 영향을 주어 현대 컴퓨터 구조의 표준이 되었으며, 많은 사람이 이것을 인공지능 역사의 시작으로 보고 있다. 이어 1956년, 미국 다트머스대학에서 열린 워크숍 제안서에서 존 매카시가 공식적으로 용어를 처음 사용함과 동시에 당시 연구가들은 '인공지능'이라는 명칭하에 인간의 지적 기능을 모방한 기계의 연구를 적극적으로 개시하였다. 하지만 이 콘퍼런스에서는 별다른 연구 결과는 발표되지 않았기 때문에 인공지능이라는 용어의 탄생에 그 의미가 있다고 할 수 있다. 아울러 콘퍼런스에 참석한 인공지능 전문가 아서 사무엘(Arthur Samuel)은 1959년 IBM이 개발한 최초의 과학 계산용 상용 컴퓨터인 IBM 701에서 실행되는 인공지능 프로그램을 개발하였고, 그의 논문「체커 게임을 활용한 머신러닝에 관한 연구(Some Studies in Machine Learning Using the Game of Checkers)」에서 '머신러닝'이라는 용어를 사용했다(김성민, 정선화, 정성영, 2018).

1970~1980년대에는 전문가 시스템에 대한 연구가 활발하였으나, 영국의 인공지능 연구소는 해체되고, 미국의 연구재단은 인공지능 연구 지원을 중단하는 등 암흑기를 맞이했다. 그러다 1980년대 중반 역전파 알고리즘의 재발견 이후 인공 신경망(Artificial Neural Network: ANN) 모델에 대한 연구가 활발해졌다. 1990년대의 인공지능 연구는 통계학, 정보 이론, 최적화 등 다양한 분야의 방법을 활용하였으며, 학습 이론 등 굳건한 이론적 토대를 갖추게 되었다. 2000년대에 들어서 대규모 데이터를 이용한 기계학습이 활발히 연구되었으며, 체스, TV 퀴즈 쇼 참가 및 운전 등의 작업에 적용한 인공지능 기술이 사람과 대등하거나 더 우수할 수 있음을 입증하였다. 2010년대 이후 컴퓨터 하드웨어와 학습 알고리즘의 발달은 심층 기계 학습모델의 구축을 가능하

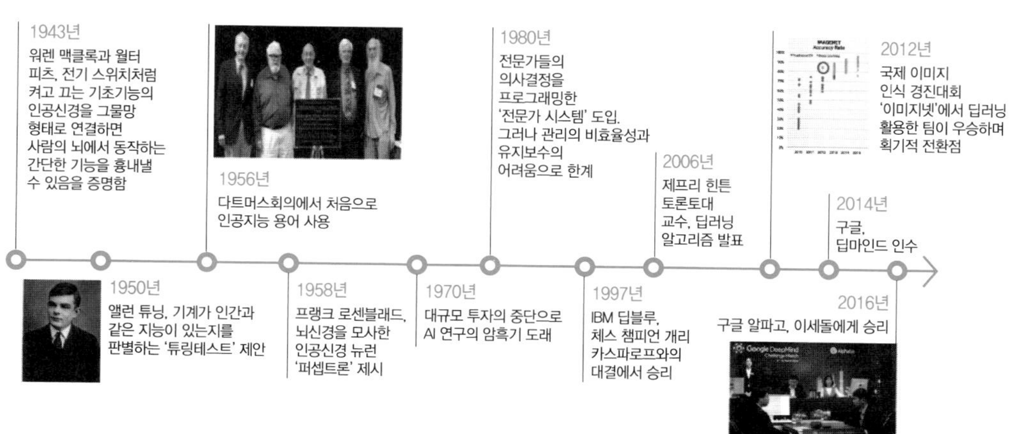

[그림 8-5] **인공지능의 역사**

출처: 주간경향신문(2019. 4. 27.).

게 하였으며, 이에 기반하여 바둑 및 사진상의 객체 인식 등에서 사람보다 뛰어난 컴퓨터 프로그램이 개발되었다(주민식, 2017. 9. 15.).

4. 인공지능의 구현기술

1) 인공지능 3대 기술 요소: 알고리즘 · 컴퓨팅 파워 · 빅데이터

인공지능의 알고리즘이란 기계를 학습시키는 소프트웨어, 즉 머신러닝의 알고리즘이다. 인간이 학습을 하듯이 기계도 학습을 한다는 의미의 머신러닝은 흔히 '컴퓨터 프로그램이 경험을 통해 어떤 작업의 성능을 개선시키는 것'으로, 컴퓨터가 데이터를 이용해 스스로 학습하여 고도화된 성능(결과물)을 얻을 수 있도록 하는 다양한 알고리즘을 아우른다. 딥러닝은 머신러닝의 일종이나 최근 다양한 분야에서 두각을 나타내면서 독자적인 영역을 구축해 가고 있다. 딥러닝은 기존의 인공신경망 모델이 가지고 있던 여러 단점을 극복하고, 기술발달에 따른 컴퓨팅 파워 개선, 빅데이터 분야 성장 등에 영향을 받으면서 발전하고 있다. 머신러닝을 통한 학습 과정은 크게 지도학습(supervised learning)과 비지도학습(unsupervised learning), 강화학습(Reinforcement Learning)으로 구분할 수 있는데, 지도학습은 개발자의 개입으로 입력 데이터와 정답을 함께 제시하고 비지도학습은 개발자의 개입이 없이 입력 데이터의 특성만으로 분류하기만 할 뿐 답을 제시하지 않는다. 강화학습은 게임이나 시뮬레이션 환경에서 인공지능이 입출력 데이터를 생성하여 최적의 전략을 모색한다(김성민, 정선화, 정성영, 2018). 기존의 머신러닝 알고리즘이 대부분 지도학습에 기초하고 있다면 딥러닝은 비지도학습에 효과적인 것이 특징이다. 지도학습은 훈련 데이터에 조건뿐만 아니라 이에 대한 정답(또는 라벨)까지 주어지는 방식이다. 예를 들어, 사진 자료에 '자동차, 사람'과 같이 일일이 라벨링이 되어 있고 이를 학습해 다른 사진들에서 자동차와 사람을 찾아내는 방식이다. 반면 비지도학습은 여러 자동차와 사람을 섞어 놓고 이 사진에서 비슷한 특성을 지닌 것끼리 자동으로 묶어 보라고 하는 방식이다. 이와 달리 강화학습의 경우에는 자율주행과 같은 기술 구현 시 전방의 사물을 단순히 인식하는 것을 넘어 상황에 따라 속도를 조절하고, 정지하는 등 차량 주행과 관련된 모든 과정에서 인간의 개입을 최소화하는 학습방법이다. 이처럼 딥러닝은 라벨링되어 있지 않은 대량의 데이터를 활용해 학습할 수 있다는 점에서 유용하여, 현재 관련 데이터가 풍부하고 높은 정확성 및 추론을 요구하는 분야에서 널리 활용되고 있다. 이러한 분야에는 자연어 처리, 이미지 인식, 음성인식 등 주요 인공지능 관련 기술도 포함된다.

딥러닝의 발전으로 다양한 인공지능 분야에서 가시적인 성능 개선이 이루어지고 있으며, 이러한 점에서 딥러닝이 최근 인공지능 관련 논의의 핵심 키워드로 부상하고 있다. 트랙티카(Tractica)에 따르면 딥러닝 관련 매출이 인공지능 시장에서 가장 큰 비중을 차지하며, 향후 성장 속도도 가장 빠를 것으로 전망되고 있다. 신경망 기반 알고리즘으로 분류되는 딥러닝 알고리즘은 영상정보에 적합한 합성곱 신경망(Convolution Neural Network: CNN), 언어정보에 적합한 순환 신경망(Recurrent Neural Network: RNN)이 대표적이며, 기존의 신경망 알고리즘에서 특징추출 과정을 학습 과정에 포함시킨 것이 가장 중요한 특성이다. 또한 2개의 대결 신경망 구조를 갖는 생성적 적대 신경망(Generative Adversarial Networ: GAN)이 발표되면서 새로운 데이터를 생성할 수 있는 길이 열렸으며 방대한 학습 데이터가 필요한 신경망 알고리즘에서 데이터의 영향력을 감소시키고 있다. 분류 대상 당 5,000개 이상의 데이터로 학습되어야 알고리즘이 허용 가능한 성능을 가질 수 있으며, 인간 성능에 도달하기 위해서는 적어도 100만 장의 학습 데이터가 필요하다고 한다.

딥러닝의 발전에 따른 자연어 처리 기술의 발달은 질의응답 시스템, 검색 · 기계번역 등의 품질 개선에 영향을 미치고 있다. 예를 들면, 구글 번역기는 8개 언어조합에 '구글 신경망 기계번역'이라는 새로운 기술을 적용했다고 발표했다. 이 기술의 적용으로 번역 완성도가 대폭 개선된 것은 물론, 활용

사례가 많은 구어나 은어에 대한 번역도 가능해졌다. 이처럼 자연어 처리는 우리가 일상적으로 사용하는 언어를 기계적으로 분석하여 컴퓨터가 이해할 수 있는 형태로 만들거나, 그러한 형태를 다시 인간이 이해할 수 있는 언어로 표현하는 분야다. 기존의 컴퓨터가 단어나 짧은 문장 등 제한적 형태의 언어만을 이해할 수 있다면, 자연어 처리는 일상적인 문장이나 구어적 표현까지도 이해할 수 있도록 만든다.

이미지 인식은 컴퓨터가 사진 등 이미지 데이터를 스스로 분류 · 판단할 수 있도록 하는 분야다. 예를 들어 고양이의 외양적 특징 등을 학습한 컴퓨터가 처음 보는 이미지 또는 동영상에서도 고양이 이미지를 판별해 낼 수 있게 되는 것이다. 실제로 구글은 2012년 16,000대의 컴퓨터 프로세서를 연결하여 만든 신경 네트워크가 무작위로 선별한 유튜브(Youtube) 동영상에서 고양이를 판별하는 실험에 성공한 바 있다. 또한 페이스북(Facebook)도 이용자의 얼굴을 인식 · 판별할 수 있는 '딥페이스(Deep face)'라는 알고리즘을 개발하여, 이용자가 페이스북에 올린 사람의 얼굴을 인식해 자동으로 태그하는 서비스를 도입한 바 있다(박승규, 2018).

우리가 쉽게 접할 수 있는 인공지능은 음성인식 기술과 자연어 처리 기술이 적용된 구글 어시스턴트(Google Assistant), 마이크로소프트의 코타나(MS Cortana), 아마존의 알렉사(Amazon Alexa), 애플의 시리(Apple Siri)와 같은 인공지능 비서 어플리케이션이다. 2018년 5월, 구글 어시스턴트는 사람이 하는 것처럼 로컬 리테일 숍에 전화를 걸어서 예약을 할 수 있는 기능을 발표했다. 사람이 직접 통화를 하지 않고 구글 어시스턴트가 전화를 해서 실제로 스타벅스, 던킨 도넛, 파네라 브레드와 같은 브랜드에 전화주문을 할 수 있는 시스템을 구축한 것이다. 마치 사람이 전화를 걸어 예약을 하는 것과 동일한 과정을 수행하였으며 주어진 상황이 복잡하더라도 상황에 맞게 대처하는 모습을 보여 주었다. 이처럼 음성인식 기술은 인간의 발성 등 음성 데이터를 정확하게 인식하여 컴퓨터가 다룰 수 있는 형태의 데이터로 변환하고, 그 의미를 파악해 내는 기술이다. 음성인식은 스마트폰에 탑재된 음성검색 기능과 같

[그림 8-6] **인공지능 음성인식 서비스 가상 비서
(아마존 알렉사, 구글 어시스턴트, 마이크로소프트 코타나, 애플 시리)**

출처: Medium (www.medium.com).

이 주로 인간이 음성으로 직접 컴퓨터에 명령을 내리는 등의 서비스를 구현하는 데 널리 활용되고 있다. 또한 음성 명령을 정확하게 인식하여 관련 작업을 실행하기 위해서는 음성을 텍스트로 작업한 이후 문장의 의미까지도 파악해야 하는 만큼 자연어 처리와도 연계되어 발전하는 추세다(HSAD Blog, 2018. 8. 17.).

2) 인공지능 기술 기반 산업

(1) 가상 비서

최근 음성으로 대화하며 사용자가 필요로 하는 작업을 도와주는 가상 비서가 거대 IT 기업의 비즈니스 플랫폼으로 대두되고 있다. 애플의 시리는 스마트폰상에서 음성대화로 식당 예약이나 영화 추천과 같은 서비스를 제공하고 있으며, 현재는 다소 정체되어 있지만 이를 뒤이어 등장한 다양한 가상 비서의 효시라는 점에서 주목할 만한 기술이라 할 수 있다. 이어 구글의 나우, 마이크로소프트의 코타나, 페이스북의 엠 등이 유사하게 개인비서 기능을 제공하고 있다. 또한 아마존에서 개발한 스마트 스피커 '에코(Echo)'는 음성인식 기반 가상 비서인 알렉사를 통해 상품을 추천하거나 구매하는 부분까지 연동하여 크게 각광받고 있다. 이들 가상 비서는 완벽한 서비스를 제공하는 하나의 제품이라기보다는 비즈니스를 일으키는 사용자 접점으로서의 플랫폼을 지향하며, 이를 통해 다양한 사용자 데이터를 수집함으로써 부가적인 서비스를 유도하고 또 자체의 성능을 향상시킨다는 데 기술적 의의가 있다.

(2) 지능로봇

로봇 분야에 인공지능을 도입하고자 하는 시도는 상당히 오래전부터 시작되어 산업용 로봇이나 서비스 로봇에서 큰 효과를 보고 있다. 최근의 경향은 이를 정보통신 기술과 접목하여 유용성을 극대화하는 방향으로 가고 있는데, 소프트뱅크의 페퍼(Pepper)는 대표적인 예시로 로봇 자체의 조작 기능이나 제어 기능에 중점을 두기보다는 사용자와의 상호작용에 집중하여 정보를 제공하거나 감성적인 교감이 가능하도록 하는 개발 전략을 취하고 있는 것으로 파악된다. 페퍼는 IBM 왓슨의 질문하고 답하는 기술을 장착하여 로봇의 모양을 한 심층 질의응답을 강점으로 하며, 현재 일부 현장에서 리셉션 기능이나 주문을 받는 서비스 등에 활용되고 있다.

(3) 추천 시스템

사용자의 과거 구매 이력이나 비슷한 성향의 다른 사용자의 구매 이력을 분석하여 구매할 가능성이 높은 제품을 추천하는 시스템이 활발히 개발되고 있다. 구글의 유튜브에서는 비디오를, 아마존은 제품을, 넷플릭스(Netflix)는 영화를, 스포티파이(Spotify)는 음악을 추천하는 서비스를 운영 중에 있으며 기본적으로 각 사용자가 구매했던 제품이나 온라인사이트에서 브라우징했던 제품을 기록한 후, 이런 데이터를 협력적인 필터링 방식으로 분석하여 유사한 성향의 사용자에게 추천하는 방식을 사용한다. 최근에는 고차원적인 사용자의 의도 파악이나 반복되는 동일제품 추천을 방지하는 방향으로 연구가 지속되고 있는 상황이다(은덕수, 홍윤미, 안진주, 박정수, 2019).

5. 인공지능과 광고

광고를 한다는 것은 일종의 추천 엔진을 가동하는 것인데 딥러닝은 이러한 추천에 탁월한 능력을 가지고 있다. 프로그래밍된 광고를 타깃팅할 때 기계학습은 사용자의 클릭률을 높이며 리타깃팅(retargeting) 시 최적의 제품 조합과 광고 카피를 선택할 수 있다. 광고업계에서의 인공지능의 활용은 누구를 타깃팅으로 어떤 정보의 광고를 제공할 것인지와 같이 이용자의 정보를 파악하고 광고를 노출시키는 데 있다. 검색엔진이나 디스플레이 광고, 특히 소셜미디어에서 광고는 이미 이러한 알고리즘을 기반으로 한 타깃팅 방법이 주를 이루고 있다. 같은 비용으로 훨씬 효율적이고 효과적인 광고 효과를 누릴 수 있게 된 것이다. 따라서 광고업계에서는 인공지능을 활용한 광고에 주력을 가하고 있다(차영란, 2018). 특히 수요가 세분화되고 TV보다는 유튜브나 넷플릭스처럼 개인이 원하는 것을 집중적으로 시청하도록 변화한 현대 사회에서 개인의 니즈를 파악하고 이를 나누어 타깃팅해 광고와 정보를 노출시키는 것은 매우 중요한 일이 되었다. 이렇듯 디지털화된 미디어 플랫폼의 변화를 통해 미디어 이용자의 모든 행동 데이터가 측정되고 분석되고 대용량의 데이터를 이용해 기계를 학습시키고 만들어진 알고리즘에 의해 최적화된 자원의 분배가 가능해졌음을 알 수 있다.

1) 머신러닝이 광고에 준 영향

2018년 『포브스(Forbes)』 지의 기사는 머신러닝이 광고에 준 여러 영향 중에 세 가지를 제시하고 있다.

첫째는 머신러닝이 사용하는 기본 분석 방법인 예측분석이다. 개인의 과거의 행동을 분석해서 미래의 행동을 예측하는 기법으로 이미 많이 사용되고 있다. 예를 들어, 아마존은 고객의 구입목록을 보관하고 분석하여, 고객이 재접속 시 접속자의 신원을 파악하고 'Hello!'라는 인사와 함께 접속자가 과거에 구입한 제품의 목록을 바탕으로 관련 있는 제품들을 제안하고 있다. 이 방법은 넷플릭스에서도 사용하는 기법으로 고객의 과거 영화감상의 정보를 분석하여 만들어진 알고리즘을 통해 고객의 취향에 맞는 새로운 영화를 추천함으로써 고객 만족을 극대화시키고 있다.

둘째는 광고주 브랜드의 타깃팅을 효과적이고 효율적으로 해 준다는 점이다. 데이터 애널리틱스에서 제공하는 고객의 정보와 온라인 서치, 네비게이션, 구매 행동을 바탕으로 보다 정확한 타깃을 특정하여 개발된 알고리즘을 통해 광고를 노출시켜 불필요하게 낭비되는 광고예산을 줄일 수 있는 장점을 가지고 있다. 대표적인 예로 미디어 구매가 수요와 공급 간의 매칭을 실시간 입찰(Real Time Bidding: RTB)로 자동화한 프로그래매틱 광고를 들 수 있는데 온라인 광고의 최종목표인 구매전환율을 높이고 광고구매 단가를 낮추기 위해 정확한 타깃을 선정하고 효과적이고 효율적인 미디어 구매를 돕는 알고리즘의 개발로 미디어 구매의 자동화를 이루고 있다.

셋째로 가격변동 기법이다. 이 기법은 상황에 따라 가격변동 정책을 수행하여 이익을 극대화하는 마케팅의 전통적인 기법 중의 하나로 미국의 스포츠 경기의 입장권을 주로 판매하는 티켓마스터(Ticketmaster)는 2011년부터 전 경기의 결과에 따라서 인기팀과 비인기팀 경기의 입장권 가격을 온라인상에서 자동으로 조절해 왔다. 이 기법 역시 수요와 공급의 원칙에 따라 인기팀의 티켓의 수요가 올라가면 가격을 상승시키고 비인기팀의 수요가 떨어지면 가격을 하락해서 구매를 유도하는 알고리즘의 개발이 가능했다(HSAD Blog, 2019. 3. 21.).

이 외에도 머신러닝이 광고 분야에 적용된 가장 대표적인 부분이 리타깃팅 부분이다. 리타깃팅은 온라인 리테일 숍을 방문하여 서치를 한 후 제품을 구매하지 않은 소비자가 다시 온라인에 접속했을 때 지난 방문의 온라인 행동을 바탕으로 적절한 광고를 제시하는 기법이다(이해수, 곽은아, 한동섭, 2019). 기업들은 소비자를 선별하여 맞춤형 광고를 제공함으로써 광고의 효율성과

적합성을 높이고자 한다. 이를 위해 빅데이터와 AI 기술은 소비자의 인구통계학적 속성이나 관심사, 과거 검색, 구매 기록 등을 수집/분석하여 개별 소비자에게 차별화된 메시지를 노출할 수 있다는 점에서 이점을 갖는다(유종숙, 2018). 실시간으로 수집한 데이터를 통해 각각의 소비자에게 적합한 메시지를 노출할 뿐만 아니라 소비자의 필요와 선호를 예측하여 제품, 서비스를 제안하고 실제 구매 효과로 이어지고 있다.

2) 추천 알고리즘의 중요성

스마트 기기의 보편화와 여러 기기에서 인터넷을 자유로이 활용하여 끊김 없이 콘텐츠를 소비할 수 있는 N스크린(N-screen)의 시대가 도래하면서, 이용자의 미디어 콘텐츠 활용 시간을 두고 경쟁이 첨예화되고 있다. 경쟁의 국면을 돌아보면, 콘텐츠의 형질이 만들었던 벽은 무의미해졌다. 이제 콘텐츠 시장은 언론사, 방송사, 통신사, 인터넷업체 간 만인을 위한 무대가 되었고, 제한된 시간 속 고객의 이목을 잡을 수 있는 순간의 경쟁력을 제고하는 추천 알고리즘의 중요성이 날로 높아지고 있다. 특히 방송을 대표한 전통 기업의 혁신 전략 회의에서 '상사'들의 핵심 레퍼토리인 "넷플릭스처럼"이 담고 있는 의미 중 하나는 추천 알고리즘(recommendation algorithm)의 적용일 것이다. 추천 알고리즘의 목표는 고객 관계 관리(Customer Relationship Management: CRM)의 극대화다. 고객 관리는 고객이 누구인지를 파악해서 고객이 '원할 것 같은(정확하게는 소비할 것 같은)' 상품이나 서비스를 제안하는 마케팅 활동이다. 조금 과장하면, 추천 알고리즘을 고도화하는 과정이 고객 관리 활동이라고 말할 수 있다. 추천 알고리즘의 전제에는 '고객을 알아야 물건을 팔 수 있다'는 마케팅의 기본 원리가 담겨 있다.

추천 알고리즘은 크게 추천할 학습 기반 데이터에 따라 콘텐츠 기반 필터링과 협업 필터링으로 분류될 수 있다. 콘텐츠 기반 필터링은 추천의 기준이 콘텐츠다. 이용자가 소비한 콘텐츠의 특성을 기준으로 그 사람의 취향과 선호를 파악한 뒤 그에 부합하는 콘텐츠를 제공하여 구매 의도를 높이는 것이 콘텐츠 기반 필터링이다. 이용자가 '이미 소비한' 콘텐츠를 기준으로 유사한 특성을 가진 콘텐츠를 추천하는 것이다. 콘텐츠 기반 필터링의 기반이 된 학습 데이터를 콘텐츠 제공 기업은 최대한 잘게 쪼갠다. 이 과정을 특성 추출이라고 하는데 이 특성을 묶어서, 분석 대상 콘텐츠는 각자의 특성 프로필을 갖게 된다. 음원을 예로 들어 본다면 각각의 음원은 가수, 장르, 작사가, 작곡가 등을 기준으로 재정리한 특성 프로필에 따라 추천 알고리즘에 분류된다. '이 곡과 유사한 노래'가 특성 프로필에 기초를 둔 추천인 것이다(이희복, 2019).

추천 알고리즘은 영상뿐 아니라 음악 산업에서도 활용하고 있다. 세계 최대 음원업체인 스포티파이의 한국 진출이 초읽기에 들어가면서 국내 음원업계에도 인공지능 서비스 경쟁이 본격화하고 있다. 2008년 스웨덴에서 탄생한 스포티파이는 강력한 인공지능 음원추천 기능을 무기로 글로벌 음원 시장을 휩쓸고 있다. 국내 음원 플랫폼 업체들도 인공지능 기술을 활용한 맞춤형 선곡 서비스를 대폭 강화하고 있다. SK텔레콤의 음원 플랫폼인 플로(Flo)는 이용자 취향을 반영한 상위 100곡 순위차트를 선보이며 딥러닝 기술로 기존 플로차트에 이용자의 청취 이력과 선호도, 음원 정밀 분석 등의 빅데이터를 접목해 개인 맞춤형 차트를 만든다. 플로 관계자는 "차트 내 100곡이 이용자의 취향 순으로 새롭게 정렬된다"며 "50위 밖의 곡이 10위권 안에 올라갈 수도 있다."라고 설명했다. 후발주자로 국내 음원 시장에 진출한 플로는 인공지능 기술에 공을 들이고 있다. 2018년 말 서비스 시작부터 홈 화면에서 실시

[그림 8-7] **알고리즘의 사용으로 '하우스 오브 카드'와 비슷한 콘텐츠를 추천해 주는 넷플릭스**

출처: Netflix(www.netflix.com).

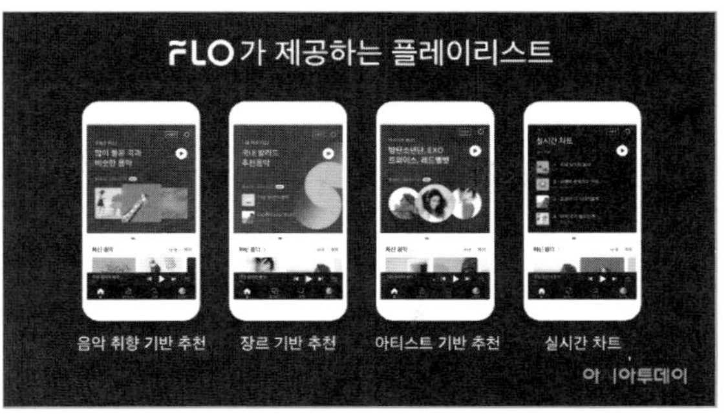

[그림 8-8] **SK텔레콤의 음원 플랫폼인 플로**

출처: 아시아 투데이(2019. 7. 12.).

간 차트를 없애고 스포티파이처럼 인공지능 음원 추천을 내세워 이용자 취향에 기반한 플레이리스트로 승부를 걸었다(아시아 투데이, 2019. 7. 12.).

인공지능 큐레이터는 이와 같이 가치 있는 양질의 콘텐츠를 찾아내고 소비자가 접근하기 쉽도록 콘텐츠를 분류하거나 배치한다. 직접 찾아보지 않아도 관심 있는 콘텐츠를 찾아내 장르별로 분류하여 추천해 주는 알고리즘은 이미 우리 삶에 깊이 들어와 없어서는 안 될 서비스로 자리 잡았다.

3) 개별 맞춤형 인공지능 광고

인공지능과 머신러닝 분야의 혁신적인 발전으로 광고와 브랜딩이 점점 더 눈에 띄지 않는 세계로 진입하고 있다. 브랜드는 이제 소비자의 일상에 자연스럽게 녹아들어야 소비자의 의도를 파악하고 요구를 충족시킬 수 있을 것이다. 자연어 처리를 비롯하여 인공지능, 머신러닝, 예측분석 기술의 발전 속도가 가속화되면서 브랜드와 소비자가 소통하는 방식에도 많은 영향을 미치고 있다. 우선 과거 고객 서비스 관리와 같이 인력 의존도가 높아 자원 투입량이 많았던 마케팅 활동은 이제 알고리즘을 동력으로 삼고 있다. 최첨단의 인공지능은 고도로 개인화된 마케팅 캠페인을 자동으로 생성할 뿐 아니라 새로운 고객층을 확보하는 데도 도움을 준다. 챗봇이 부상하면서 대다수 소비자가 인공

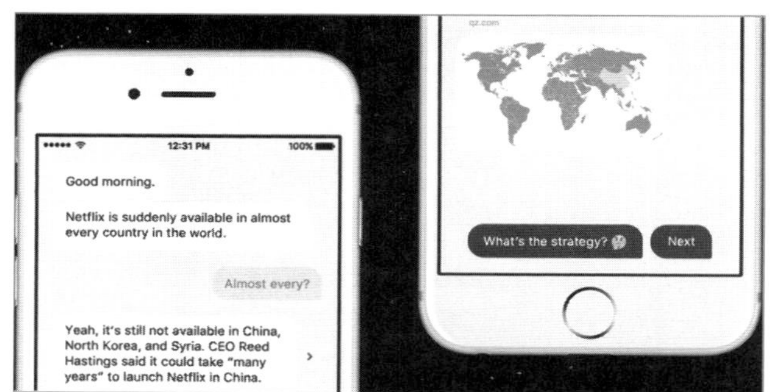

[그림 8-9] 미디어 기업 '쿼츠(Quartz)'의 챗봇을 활용한 대화형 뉴스 서비스

출처: Publy (2018).

지능 원리에 익숙해지고 있다. 챗봇을 활용한 커뮤니케이션은 SMS나 메시징 애플리케이션으로 커뮤니케이션하려는 소비자의 욕구가 높아지면서 모바일 고객 서비스를 위한 최적의 솔루션이 되었다. 또한 메시징 서비스의 부상으로 모바일 메신저 혹은 문자 메시지 전송 앱으로 커뮤니케이션하는 것을 선호하는 소비자 수가 압도적으로 많아지면서 챗봇은 마케터에게도 필수 솔루션으로 자리 잡았다. 모바일 기기 사용자의 65%가 기업과 메신저 앱으로 소통한 바 있고, 75%는 문자 메시지를 사용해 소통한다. 그리고 페이스북 메신저에는 34,000여 개 이상의 챗봇이 존재한다. 마케팅 계획 수립과 고객 유치 이외에 콘텐츠 제작도 인공지능 기술로 자동화하고 최적화할 수 있다. 향후 브랜드는 크리에이티브 업무를 인공지능을 통해 수행하게 될 것이다(Publy, 2018).

4) 광고에 활용된 인공지능 사례

왓슨은 미디어 및 마케팅 분야에 깊숙하게 자리 잡고 있다. 2016년 10월, IBM은 왓슨 애즈(Watson Ads)를 출시하여 브랜드가 소비자별 맞춤 인터랙티브 광고를 제작할 수 있도록 하였다. 왓슨 애즈는 IBM의 날씨 데이터 회사인 더웨더컴퍼니(The Weather Company)의 데이터를 활용하여 상황 인지 신호 기반 개인화, 즉 소비자 개인의 날씨 상황에 맞는 광고 소재 개인화를 선보였

[그림 8-10] **IBM 웨더 시그널**

출처: 인공지능 신문(2018. 7. 24.).

다. 미국의 수프 제조 브랜드 캠벨(Campbell's)은 사용자 위치, 현지 기상 정보 및 사용자의 식재료 검색 내용을 토대로 더웨더컴퍼니 사이트에 개인별 레시피를 제안하는 광고를 게시한 최초의 파트너였다. 2016년 9월 뉴욕에서 개최된 IAB Mixx 콘퍼런스에서 더웨더컴퍼니의 글로벌 세일즈 책임자인 제레미 스타인버그(Jeremy Steinberg)는 "왓슨 애즈가 브랜드와 소비자 규모에 따라 일대일 커뮤니케이션을 하고 있는데, 이는 꽤 흥미진진하다."라고 발표했다(이희복, 2019).

구글은 자사의 광고 플랫폼에 인공지능을 적용한 자동 광고 서비스를 출시했다. 광고 플랫폼에 머신러닝 기술을 적용해 광고 게재 위치와 광고 유형을 스스로 결정하는 방식이다. 구글은 지난해 4월부터 베타 서비스 운영을 한 결과 프로젝트에 참여한 광고주의 매출이 평균 10% 늘어났다고 밝혔다. 국내 기업인 카카오는 광고주가 자체 보유한 데이터와 카카오톡, 카카오스토리, 다음 등 서비스 내 이용자의 관심사 및 행태 정보를 분석해 맞춤형 광고를 집행할 수 있는 인공지능과 빅데이터 기반 광고 플랫폼 '카카오 모먼트'를 선보였다. 이 서비스는 광고주의 캠페인 목표에 따라 카카오 플랫폼 내에서 광고 효율을 극대화할 수 있는 관심사, 장소, 시간, 인구학적 통계를 인공지능이 설정해 광고를 집행하는 것이 특징이다. 각 이용자에 특성에 따라 다른 광고 메시지를 노출할 수도 있다. 4300만 명이 사용하고 있는 메신저 카카오톡을 비롯해 포털 다음, 카카오 T, 멜론, 카카오페이지, 카카오스토리 등 각각 수백만에서 수천만 명 이상의 이용자를 확보하고 있는 카카오의 다양한 서비스를 비즈니스에 활용할 수 있어 디지털 광고 영역에서 빠르게 성장하고 있다. 또한 실생활에 관련된 소비인 외식, 의류, 뷰티 분야에서 빅데이터 기반으로 인공지능 기술을 활용하고 있다. 2011년에 론칭한 온라인 퍼스널 스타일링 서비스 스티치 픽스(Stitch Fix)는 인공지능 알고리즘과 스타일리스트의 추천을 더해 고객에게 어울릴 만한 의류와 신발 등을 스타일링한다. 스티치 픽스는 2011년 창업 이후 약 300만 명의 고객을 확보했고, 2018년 2월 기준 기업가치가 2조 원을 넘었다. 스티치 픽스의 서비스는 고객 A가 구입한 셔츠 데이터를 바탕으로 어울릴 만한 청바지를 제안하거나, 비슷한 디자인에 색상이 다른 셔츠를 제안하는 방식이다. 또 패션 상품의 특성상 핏이 굉장히 중요하기 때문에 보다 정확한 핏의 옷을 제공하기 위해 고객 데이터를 적극 활용한다고 강조했다(이진희, 2019). 스티치 픽스는 데이터 기반의 비즈니스 모델을 바탕으로 새로운 비즈니스를 만드는 전략을 잘 보여 주는 사례다.

2019년에 도미노 피자에서 'Points for Pies'라는 인공지능 포인트 리워드 캠페인을 시행하였다. 이 캠페인은 도미노 피자 애플리케이션 상으로 피자 사진을 찍어서 올리면, 인공지능이 이를 인식하여 보상으로 포인트를 제공하

[그림 8-11] **온라인 퍼스널 스타일링 서비스 스티치 픽스**

출처: Stitch fix (www.stitchfix.com).

고 소비자들은 미디엄 사이즈의 도미노 피자를 무료로 주문할 수 있도록 해준다. 해당 기능은 도미노 피자 외에도 타 브랜드 피자를 포함한 냉동피자, 수제피자, 그리고 피자 모형까지 광범위하게 인식 가능하며 도미노 측은 이번 캠페인을 통해 광고 효율성을 높이는 것을 목표로 한다고 밝혔다. 세계 최대 규모의 단일 경기 스포츠 이벤트인 슈퍼볼에 거액의 광고비를 투자하기보다는, 포인트 리워드 캠페인을 통해 오히려 더 자연스러운 광고 효과를 기대하고 이에 더해, 소비자들이 직접 올린 사진들을 기반으로 이들이 주로 어느 종류의 피자를 먹는지, 언제 어디서 누구와 먹는지 등의 행동 패턴을 분석할 수 있을 것이라고 전망하였다. 이렇게 수집된 데이터는 도미노가 신제품을 출시하거나 새로운 판매 및 유통 전략을 수립할 때 유용할 것으로 보인다(DMC report, 2020a).

이어 화장품 회사인 로레알의 인공지능 기술 기반 뷰티 홈 디바이스 '페르소(Perso)'는 전 세계 최대 IT 전시회인 'CES 2020'을 통해 처음으로 모습을 드러냈다. 해당 디바이스는 관련 모바일 애플리케이션과 함께 작동되는 기기로, 사용자들이 '페르소' 모바일 앱에서 사진을 찍으면 앱 내 인공지능 기능이 개개인의 피부 상태를 분석한다. 이후 앱에서 사용자의 위치정보에 기반해 습도, 온도와 같은 주변 환경 조건까지 분석해, 이 모든 데이터를 '페르소' 디바이스에 자동 전달하고 이러한 사용자 데이터를 바탕으로 해당 디바이스는 소량의 개인 맞춤형 화장품 포뮬러를 즉석에서 추출한다. 로레알이 선보인 페르소 뷰티 디바이스는 당사에서 디지털 혁신을 위해 별도로 꾸린 '로레알 테크놀로지 인큐베이터' 기관에서 지난 1년간 개발한 야심작으로, 페르소를 통해 기존의 '화장품 제조업체' 이미지에서 벗어나 디지털 디바이스 사업을 시작으로 다양한 개인 맞춤형 서비스까지 제공하여 본격적으로 자사의 수익모델을 서비스업까지 확장할 계획을 밝혔다. 아직까지 로레알 페르소의 성공 여부가 확실치 않지만, 향후 계속해서 이와 같은 방향으로 당사가 더 발전해 나간다면, 조금 더 장기적으로 제품과 서비스 모든 측면에서 고객들을 만족시키는 글로벌 통합 뷰티 브랜드로 성장해 나갈 것으로 전망된다(DMC

[그림 8-12] 도미노 피자 인공지능 포인트 리워드 캠페인 방법(좌)과 로레알의 인공지능 기술 기반 뷰티 홈 디바이스 '페르소' 사용방법(우)

출처: DMC report (2020a, 2020b).

report, 2020b).

앞서 살펴본 사례의 마케팅 분석은 어떤 광고표현 요소가 매출에 직결되는지에 대해 밝히기도 하고 다양한 컨택 포인트에 접촉한 사람들을 최종적으로 구매로 연결시킬 수 있도록 컨택 포인트 정보를 최적화하기도 한다. 이 분야에서는 많은 부분을 기대할 수 있는데 현재 상황에서는 마케팅에서 발생하는 데이터의 바이어스를 보정하기 위해 데이터 전처리를 수작업으로 진행해야 하므로 많은 비용이 발생한다는 점이 장벽이다.

6. 인공지능과 크리에이티브

인공지능은 인간의 고유물이라고 생각했던 창작의 영역까지 발을 들였다. 2015년 구글은 디지털 이미지를 생성해 내는 프로그램 '딥드림'을 공개했다. 딥드림은 이미지인식 신경망을 이용하는 새로운 방식을 제시했다. 신경망이 과거 인식한 수많은 이미지의 특징을 추출 · 재구성 · 시각화함으로써 새 이미지를 '창작'하도록 한 것이다. 인공지능이 무엇인가를 '창조'하도록 하는 선구적인 시도였다. 2018년 8월 국내에서는 AI가 쓴 소설만을 위한 공모전이 열렸다. 최고의 작품은 인공지능 스타트업이 출품한 로맨스 소설이었다. 이에 앞서 2016년 일본에서는 니혼게이자이 신문이 주최하는 '호시 신이치 SF 문학상' 공모전에서 AI가 쓴 단편소설이 1차 예심을 통과해 주목을 받기도 했었다. 당시 심사위원들은 해당 작품의 작가가 AI라는 사실을 눈치채지 못했다고 한다(이승민, 정지형, 2020). 또 다른 사례로 2016년 소니는 인공지능이 작곡한 노래를 발표했다. 총 2곡의 노래를 발표했는데 그 중 'Daddy's Car'란 제목의 노래는 마치 1960년대 비틀즈의 음악과 유사했다. 그 노래를 작곡한 인공지능에게 제공된 데이터는 주로 비틀즈의 음악들이었고 인공지능이 학습한 음악이 비틀즈의 음악이었기 때문에 창작의 결과로 나온 노래 역시 비틀즈풍의 음악일 수밖에 없었던 것이다. 만약 인공지능이 보다 다양한 장르의 음악을 학습했다면 비틀즈풍의 곡이 나오지는 않았을 것이다(HSAD Blog, 2019. 3. 21.).

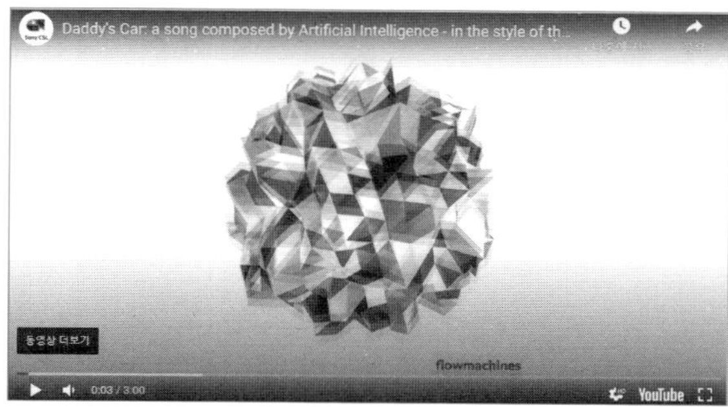

[그림 8-13] **그림기법을 학습하여 창작해내는 구글의 '딥드림'(상)과 소니뮤직의 인공지능 작곡가(우)**

출처: Google (www.deepdreamgenerator.com), HSAD Blog (2018).

예술의 영역에 이어 광고제작과 같은 기획에도 인공지능이 사용되고 있다. 인공지능이 최적의 광고표현을 자동으로 만들어 내는 방법은 높은 평가를 받는 광고표현을 장면, 등장인물의 나이와 수, 모델 사용 유무, 전체 컬러톤 등의 요소로 분해하여 높은 평가를 받은 광고가 각각의 요소에서 어떻게 이루어져 있는지를 분석하고 이러한 효과적인 요소를 어떻게 구성하면 매출로 직결되는 좋은 광고가 완성되는지 판단하여 제작하는 방식이다.

자동 광고 생성에서 인공지능 기반 시스템은 목표에 따라 광고를 제작하는 과정을 자동화할 수 있다. 소셜미디어 광고 플랫폼은 이미 지능형 자동화를 통해 홍보하는 링크에 기초하여 실행해야 하는 광고를 제안하고 있다. 또한 인공지능 처리 기술인 자연어 처리 및 자연어 생성을 사용하여 사람이 작성한 문구보다 성능이 뛰어나거나 더 나은 광고 문구를 작성하는 타사 도구도 있다. 또한 고객 타깃팅은 실제 광고 카피와 창의적인 것만큼 중요하다. 페이스북, 링크드인 및 구글과 같은 플랫폼은 믿을 수 없을 정도로 정밀하게 타깃 고객을 대상으로 풍부한 알고리즘을 제공하지만, 이를 수동으로 수행하는 것은 종종 지속 가능하지 않고 확장되지도 않는다. 인공지능을 활용하여 마케터는 올바른 잠재고객에게 도달하여, 소비자가 캠페인에 어떻게 반응하고 다양한 유형의 크리에이티브와 다른 채널에 어떻게 반응하는지 이해할 수 있다. 광고주는 여기서 소비자를 타깃팅하고, 실시간으로 타깃팅 전략을 최적화하며, 소비자 행동에 따라 전체적인 미디어 제공을 조정할 수 있다(IAB, 2019).

광고 크리에이티브 영역에서 인공지능을 이용하기 시작한 사례 중 하나는 바로 버거킹의 AOR(Agency of Robot)이다. AOR은 머신러닝이라는 기술을 본격적으로 광고 크리에이티브에 이용한 미국에서는 최초의 실제 사례라고 할 수 있다. 버거킹은 데이비드 마이애미(David Miami)라는 대행사와 함께 진행한 AOR에서 최신 머신러닝 기술을 통해 수백만 개에 달하는 기존의 패스트푸드 광고와 마케팅 보고서를 분석하고, 여기에서 발견된 패턴을 기반으로 여러 개의 버거킹 광고를 만들어 냈다. 즉, 기존 패스트푸드 광고의 성공 요인

[그림 8-14] **버거킹의 광고제작 인공지능 AOR**

출처: HSAD Blog (2019).

이 무엇인지 머신러닝의 학습기법을 통해 분석하고, 이 결과를 바탕으로 인공지능이 여러 개의 베타버전 TV 광고를 만들어 낸 것이다. 2018년 10월 1일에 론칭된 이 시리즈 광고들은 시작 화면에 'This ad was created by artificial intelligence'라는 메시지로 시작되어, 시즐이나 신선한 재료들을 보여 주는 장면이 주를 이룬다. 이러한 장면이 기존에 가장 성공적인 패스트푸드 광고에서 하나의 성공 패턴으로 분석된 것이라고 한다(HSAD Blog, 2019. 3. 21.).

일본의 껌 브랜드 클로렛츠(Clorets)는 2016년부터 인공지능과 인간 간의 광고 창의성 대결 캠페인을 열었다. 이 대결은 인간과 인공지능이 각각 '클로렛츠 민트 탭'이라는 제품을 '입을 빨리 상큼하게 하고 오래 가는' 메시지를 담은 광고를 만들면 투표로 승자를 결정하는 방식으로 진행하였는데, 놀랍게도 인간이 제작한 광고가 아주 근소한 차이(54:46)로 승리하였다. 창작은 인간의 고유 영역으로만 여기던 생각의 틀에서 벗어나 인공지능도 광고를 제작할 수 있다는 큰 의미를 던져 주는 계기가 된 것이다(이희복, 2019).

중국의 최대 전자상거래업체인 알리바바는 직접 초당 2만 줄의 광고 카피를 작성하는 인공지능 카피라이터 개발에 성공했다. 인공지능 카피라이터는 딥러닝과 자연어 처리 기술로 알리바바의 전자상거래 플랫폼인 티몰과 타오바오에서 수백만 줄의 광고 카피를 학습한 후 제품페이지에 링크를 삽입하여 버튼을 클릭하면 인공지능이 생산한 여러 개의 카피 아이디어를 확인

[그림 8-15] **사람이 만든 광고 vs 인공지능이 만든 '클로렛츠' 광고**

출처: Business insider (2017. 3. 12.)

할 수 있다. 각 회사 측은 카피 어조에 따라 적합한 카피를 선택하면 된다. 의류업체인 '에스프리(Esprit)'와 미국 캐주얼 브랜드 '디키즈' 등에서도 이 기술을 활용하고 있으며 이처럼 사람만이 담당하여 수행할 수 있었던 카피업무를 인공지능이 맡게 되면서 인간 카피라이터의 위치가 흔들리고 있다(전자신문, 2018. 7. 4.).

도요타의 경우 IBM의 왓슨 애드버타이징이 제공하는 왓슨 애즈로 프리우스 프라임 광고를 만들었다. 왓슨 애즈는 음성을 문자로 전환시키는 스피치 투 텍스트와 왓슨 컨버세이션, 자연어 이해 등 API를 조합해서 만든 AI 광고 플랫폼으로, 사용자와의 대화를 통해 자동차 정보를 알려 준다. 또한, 구매를 고민하는 소비자에게 프리우스 프라임의 장점을 어필한 1:1 맞춤형 광고가 가능하다. IBM의 왓슨 애드버타이징은 인공지능을 활용함으로써 왓슨 애즈뿐만 아니라 광고기획자의 광고기획 의사 결정과 소비자 행동을 예측한 효과적인 타킷팅과 실시간 광고 노출의 최적화를 돕는 네 가지 인공지능 솔루션을 구축하였다(이희복, 2019).

또 다른 인공지능의 캠페인 사례로 롯데마트의 1:1 추천 서비스가 있다. 롯데마트가 자체 모바일 앱인 'M쿠폰'을 통해 아마존 웹서비스(AWS)의 인공지능 솔루션인 '아마존 퍼스널라이즈'를 도입하여 매장 이용고객을 대상으로 맞춤형 일대일 상품 추천 서비스를 운영했다. '아마존 퍼스널라이즈'는 아마존 닷컴에서 실제로 사용 중인 추천 알고리즘을 장착하고 있다. 특히 롯데

[그림 8-16] **왓슨 애즈가 제작한 도요타광고(좌)와 '아마존 퍼스널라이즈'를 사용하는 롯데마트(우)**

출처: IBM (www.ibm.com), 뉴데일리경제신문(2019. 10. 29.)

마트에 적용한 알고리즘은 데이터의 시간적 순서를 반영해 모델링할 수 있는 데이터를 수집 · 분류하는 알고리즘으로 시간의 흐름에 따라 변화하는 고객의 니즈를 파악하는 데 적합한 것이 특징이다. 롯데마트는 이러한 방식을 2016년부터 운영하고 있으며 2017년 7월부터 2개월간 10만 명 이상의 고객을 대상으로 '아마존 퍼스널라이즈'를 테스트해 본 결과, 기존 고객에게 제공되었던 쿠폰에 비해 2배 이상 높은 반응률을 보인 바가 있다(뉴데일리 경제, 2019. 10 .29.).

7. 마치며

이미 우리 사회는 다양한 인공지능과 함께 살아가고 있고 광고PR 분야에서의 인공지능 활용은 점차 당연시되고 있다. 현재 많은 기업에서 인공지능 기술을 도입하여 서비스를 제공 중이라는 점에서 알 수 있다. 이처럼 현재 4차 산업혁명에서의 인공지능 핵심기술은 광고 산업에서 불가피한 주요 전략이라고 볼 수 있다. 인공지능의 활용으로 변화된 컨슈밍(Consuming)의 시대에서 개인화 추천 시스템은 예측 모델링으로 소비자의 움직임을 추적하고 타깃의 필요에 맞는 서비스를 '필요한 시간에, 필요한 곳에서, 필요한 것을,

원하는 스타일로 제공'할 수 있게 지원한다. 그동안 마케터들은 소비자 중심의 마케팅 전략을 추구해 왔지만, 인공지능 플랫폼 기반의 마케팅에서는 고객 니즈가 진정으로 실현되는 소비자 중심의 장이 되었다.

인공지능 플랫폼이 마케팅의 메인 스트림으로 들어오는 순간 브랜드 이론은 다시 만들어져야 할지 모른다. 마케터는 인공지능 플랫폼에서 생성되는 다양한 행동 데이터를 통해 소비의 패턴을 읽어 내고 실시간 변화하는 고객 상황에 맞게 행동을 최적화하는 방식의 마케팅을 선택해야 한다.

인공지능의 추천 리스트에 들어갈 차별점을 발굴하고 추천 알고리즘을 설계할 수 있는 행태 데이터에 대한 분석역량이 있어야 한다(이희복, 2019). 마케팅 계획 수립과 고객 유치 이외에 콘텐츠 제작도 인공지능 기술로 자동화하고 최적화되고 있다. 이에 향후 브랜드는 크리에이티브 업무를 인공지능을 통해 수행하거나 이 부분을 적극적으로 활용할 수도 있을 것이다. 이렇듯 인공지능이 다양한 혜택을 가져오지만 동시에 디지털 격차, 사이버보안 등 새로운 도전 과제를 제시하기도 한다. 이에 대해 우리는 '지속 가능한' 성장과 '모두의' 삶의 질을 향해 함께 노력해야 한다. 이에 OECD, G7, G20 그리고 EU 등 다양한 국제기구에서 인공지능 윤리가 화두로 제시되고 있으며, 미국, 프랑스, 영국, 일본 등 주요 선진국에서는 국가 차원의 인공지능 발전 및 윤리 의제가 폭넓게 다루어지고 있다. 또한 구글, 마이크로소프트, 카카오 등 인공지능을 핵심기술로 다루는 글로벌 기업들과 국제전기전자학회(IEEE), 전미 컴퓨터 학회(ACM) 등 주요 관련 기관에서도 '사람 중심' 가치에 기반하여 인공지능 가이드라인을 발표하는 등 인공지능이 인간과 공존하며 살아가도록 만들기 위해 노력하고 있다.

이처럼 광고와 마케팅에 영역에서도 인공지능과의 공존은 필수다. 기존 광고는 해당 상품 및 서비스를 어떻게 소비자에게 잘 표현해 낼 것인가가 중점이었다면, 지금은 4차 산업혁명의 핵심기술을 얼마나 잘 활용할 것인가가 중요해졌다. 하지만 그렇다고 해서 '광고=기술'이라는 프레임은 옳지 못한 표현이다. 광고의 핵심은 사람이 주도하되 소비자에게 보여 주는 데 이용하

는 것이 기술이다. 기술력을 앞세워 광고의 본질이 흐려지지 않도록 주의할 필요성이 있다. 이에 대해 '애드 에이지'에 기고한 쥴리 슐랙(Julie Schlack)은 머신러닝이 가지고 있는 한계점에 대하여 경고하였다.

머신러닝의 결과는 미래에 바탕한 것이 아니라 현재에 존재하는 패턴에 바탕을 두고 있기 때문에 머신러닝에 의존을 하게 되면 혁신의 가능성에 제약을 줄 위험이 있다는 주장이다. 즉, 머신러닝과 인공지능은 데이터 사이언스의 한 부분이고, 현재 존재하는 다양하고 방대한 데이터를 수학에 바탕을 둔 통계기법을 활용한 컴퓨터 알고리즘으로 주어진 환경에서 가장 보편타당한 예측을 하는 것이라고 할 수 있다(HSAD Blog, 2018. 8. 17.).

인공지능이 잘못된 예측 결과를 제공하는 경우가 있는 것처럼 머신러닝과 인공지능이 지닌 한계점은 존재한다. 그렇지만 인공지능 개발자는 물론 인공지능 또한 스스로 발전하고 있으므로 인공지능이 만들어 낼 광고의 미래에 대해 계속하여 관심을 가지고 지켜볼 필요가 있다. 결론적으로 인공지능은 사람을 보조하는 역할의 수단으로 사용되어야 하며, 인공지능이 제대로 작동하고 있는지와 같은 인간의 확인이 필요하다. 따라서 앞으로의 광고 산업의 발전을 위해 마케터의 역할은 더욱 중요해졌다고 할 수 있다.

참고문헌

김건우(2018). 인공지능에 의한 일자리 위험 진단. **LG경제연구원 보고서**, 1-13.

김동규, 김중진, 김한준, 최영순, 최재현(2017). 4차 산업혁명 미래 일자리 전망. **고용정보원 보고서**, 29-35.

김서영(2017). 인공지능 기반 주요 서비스의 금융권 활용사례와 시사점. **금융결제연구 보고서**, 1-29.

김성민, 정선화, 정성영(2018). 세상을 바꾸는 AI 미디어: AI 미디어의 개념 정립과 효과를 중심으로. **한국전자통신연구원 기술정책연구보고서**, 13-61.

김영인, 이민호, 김영균, 이지미, 이숙자, 곽지훈, 정달영(2017). 국방 인공지능(AI) 활용방안연구. 국방행정지원 연구보고서, 12-30.

김진하(2016). 제4차 산업혁명 시대, 미래사회 변화에 대한 전략적 대응 방안 모색. KISTEP Inl, 15(8), 45-58.

박승규(2018). 인공지능 기술 동향. IITP Weekly ICT Trends, 2-12.

박승빈(2017). 4차 산업혁명 주요 테마 분석: 관련 산업을 중심으로. 통계개발원 연구보고서, 234-236.

유종숙(2018). 4차 산업혁명 시대의 광고기획 솔루션. 경기: ㈜한울엠플러스.

은덕수, 홍윤미, 안진주, 박정수(2019). 인공지능(AI) 산업 동향. 2019년 경북 산업정책동향보고서, 6-10.

이경상(2017). 4차 산업혁명 시대를 이끄는 핵심 기술동향. KESSIA ISSUE REPORT, 1(3), 5-6.

이경은(2020). AI가 일자리에 미치는 영향에 대한 연구동향 및 정책적 대안 탐색. 정보통신정책연구원 보고서, 2-10.

이승민, 정지형(2019). 2020년 AI 7대 트렌드. ETRI Insight Report, 1-26.

이진희(2019). 상상이 현실로 AI 마케팅의 변화. 한국컴퓨터정보학회논문지, 24(12), 183-189.

이희복(2019). 인공지능과 광고 크리에이티브. IITP Weekly ICT Trends, 1-14.

정민, 류승희(2020). 2020년 다보스 포럼의 주요 내용과 시사점. 현대경제연구원 연구보고서, 1-17.

차영란(2018). 광고 및 미디어 산업 분야의 인공지능(AI) 활용 전략. 한국콘텐츠학회논문지, 18(9), 102-115.

DMC Report(2020a). 2020 디지털 마케팅 케이스 스터디: 뷰티. 디지에코.

DMC Report(2020b). 2020 디지털 마케팅 케이스 스터디: 외식. 디지에코.

OECD(2019). Artificial Intelligence in Society, OECD issues report.

Publy(2018). 인비저블 마케팅-다음 시대의 마케팅, 어떻게 변할까?, Stylus 번역보고서.

네이버지식백과(2016. 3. 17.). 인공지능. https://terms.naver.com/entry.nhn?docId=3580383&cid=59088&categoryId=59096

두산백과. 인공지능. https://terms.naver.com/entry.nhn?docId=1136027&cid=40942&categoryId=32845

뉴데일리 경제(2019. 10. 29.). http://biz.newdaily.co.kr/site/data/html/2019/10/28/2019102800199.html

뉴스웨이(2018. 12. 26.). http://newsway.co.kr/news/view?tp=1&ud=2018122611455532850

로봇신문(2016. 6. 14.). http://www.irobotnews.com/news/articleView.html?idxno=7825

모두의 연구소(2016. 5. 29.). 쫄지 말자 딥러닝. https://www.slideshare.net/modulabs/ss-62503747

아시아투데이(2019. 7. 12.). 멜론 15년 독점시대 끝날까…'취향 중심' SK텔레콤 '플로' 맹추격. https://www.asiatoday.co.kr/view.php?key=20190711010007382

인공지능 신문(2018. 7. 24.). 인공지능(AI) 하드웨어 시장 오는 2025년 16조원에 달할 것. http://www.aitimes.kr/news/articleView.html?idxno=11518

전자신문(2018. 7. 4.). 中 알리바바, "인공지능(AI) 카피라이터가 초당 2만줄 카피 작성". https://www.etnews.com/20180704000462

주간경향신문(2019. 4. 29.). AI 활용 어디까지 왔나. http://weekly.khan.co.kr/khnm.html?www&mode=view&art_id=201904221341581&dept=114

주민식(2017. 9. 15.). 인공지능은 어떻게 발달해 왔는가 인공지능의 역사. 삼성 SDS 인사이트 리포트. https://www.samsungsds.com/global/ko/support/insights/091517_CX_CVP3.html

한국 IDC(2020. 4. 2.). 한국IDC, 국내 인공지능(AI) 시장 2023년까지 연평균 17.8% 성장 전망. https://www.idc.com/getdoc.jsp?containerId=prAP46186820

한국정보통신기술협회 정보통신용어사전. 인공지능. http://word.tta.or.kr/dictionary/dictionaryView.do?subject=%EC%9D%B8%EA%B3%B5%EC%A7%80%EB%8A%A5

Business insider(2017. 3. 12.). A Japanese ad agency invented an AI creative director-and ad execs preferred its ad to a human's. https://www.

businessinsider.com/mccann-japans-ai-creative-director-creates-better-ads-than-a-human-2017-3

CIO Korea(2018. 12. 20.). http://www.ciokorea.com/news/113544

Google. Deep dream generator. https://deepdreamgenerator.com/

HSAD Blog(2018. 8. 17.). 데이터 사이언스 in 광고 마케팅 2편 : 머신러닝과 인공지능. https://blog.hsad.co.kr/2604

HSAD Blog(2019. 3. 21.). 인공지능의 한계를 논하다, 미디어를 넘어 크리에이티브 영역에 진출한 인공지능. https://blog.hsad.co.kr/2721

IAB(2019. 12. 9.). Artificial Intelligence in Marketing Report. https://www.iab.com/insights/iab-artificial-intelligence-in-marketing/

IBM. Watson Anywhere. https://www.ibm.com/kr-ko/watson?cm_mmc=OSocial_blog-_-Watson_Core_Watson_Core_-_Platform-_-KR_KR-_-20180117&cm_mmca1=000021ES&cm_mmca2=10000408

medium(2019. 5. 6.). Voice, the rise of the third platform and why it matters. https://medium.com/voice-tech-podcast/voice-the-rise-of-the-third-platform-and-why-it-matters-db4399b787f8

제9장

모바일 앱과 동영상을 활용한 광고PR 사례

차원상(세종사이버대 디지털마케팅학과 교수)

최근 광고PR 시장에서 가장 각광 받고 있는 주제는 모바일과 동영상일 것이다. 소비자들이 일상에서 가장 많이 이용하는 매체가 스마트폰이며 그중에서도 유튜브(Youtube)를 비롯한 동영상 시청이 높은 비중을 차지하고 있다. 따라서 모바일 광고가 전체 온라인 광고 시장에서 1위 광고 매체가 되었으며, 유튜브 광고가 TV 광고를 대체하기 시작하였다. 기업들도 모바일과 동영상을 통한 광고PR에 주력하고 있는 추세다. 그러나 모바일이나 동영상 광고도 기존 TV 광고나 배너 광고와 별반 차이가 없는 것이 현실이다. 이 장에서는 새롭게 등장한 다양한 모바일 앱, 동영상에 관한 광고PR 그리고 마케팅 기법과 성공사례를 통해 모바일과 동영상 광고PR에 대한 새로운 인사이트(Insight)를 제공하고자 한다.

1. 모바일 앱과 광고PR

모바일이 ICT 생태계를 넘어 기업과 사람들의 일상에서 중심으로 부상한 지도 13년이 넘었다. 2007년 6월 29일, 혁신적 운영 체계와 터치스크린(Touch Screen)이 탑재된 혁신적인 스마트폰인 '아이폰'이 출시되면서 인류는 새로운 모바일 혁명을 경험하게 되었다. 인류 역사상 가장 혁신적인 발명품의 하나로 꼽을 수 있는 아이폰은 스티브 잡스(Steve Jobs)가 강조했던 '혁명과 혁신의 디자인'을 앞세워 지금까지도 성공 신화를 이어 가고 있다. 아이폰으로 인해 촉발된 모바일 혁명은 10여 년 동안 인류의 생활을 혁신적으로 변화시키고 있다. 소비자들은 이제 자연스럽게 PC를 떠나 모바일을 통해 정보를 검색하고, 게임과 동영상을 즐기고, 쇼핑을 하고, 금융 거래를 한다. 모바일은 이제 모든 매체의 중심이 되었다. 2020년을 기점으로 국내에서는 모바일이 TV를 제치고 1등 광고 매체가 되었다. 그만큼 대다수의 사람이 하루 대부분의 시간을 모바일을 통해 소비한다는 것을 보여 준다. 이제 모바일은 기업에 있어서 생존과 성장을 위한 필수적 매체이자 디바이스(Device)가 되었다. 소비자를 대상으로 한 모바일 커머스나 모바일 마케팅은 이제는 선택이 아닌 필수적 기업 활동이다.

모바일 분석 업체 '앱 애니'에 따르면 2019년 한국인의 스마트폰 일 평균 이용 시간은 3시간 40분이다. 또한 20억 건의 앱을 다운로드하고 5.8조 원을 지출했다. 이제 스마트폰의 매체 영향력은 PC나 TV를 넘어섰고 그만큼 비즈니스에서 영향력도 점점 커지고 있다. 이제 모바일 마케팅의 과제는 단순히 고객이 앱을 다운로드받게 하는 것이 아니라 정기적으로 사용하고 구매하게 만드는 것이다. 따라서 모바일을 통한 고객 관계 관리(Customer Relationship Management: CRM)가 모바일 마케팅의 과제가 되고 있다. CRM은 기업이 고객에게 친근한 존재가 되며, 고객의 사회적 가치를 만족시켜 지속적 관계를 형성하고 유지하는 마케팅 전략이다. CRM 측면에서 고객은 '잠재고객 단계-고객 관계-옹호자 단계-파트너 단계'가 있으며 각기 다른 특성을 보인다. 따라서 모바일 마케팅은 고객 단계별로 각기 다른 전략을 구사해야 한다. 예를 들어, 보상의 제공은 앱 설치를 통한 잠재고객 단계에선 효과적이지만 옹호자 단계로 전환하기 위해서는 고객에게 심리적 가치를 제공하는 것이 더 효과적이다. 모바일 마케팅을 통해서 구매 전 고객뿐 아니라 구매 후 고객도 지속적으로 관리하고 고객과의 지속적 관계를 만들 수 있다. 또한 개별화된 고객의 요구에 맞추어 마케팅 전략을 시행할 경우 더 큰 효과를 얻을 수 있다.

또한 모바일 커머스는 매년 30% 이상의 급속한 성장을 하고 있다. 모바일 커머스의 성장 동력은 구매 절차의 간소화에 따른 소비자 편의성 제고와 모바일 결제에 대한 불안감 해소에 있다. 그러나 더 큰 원인은 소비 트렌드의 변화다. 밀레니얼 세대는 바쁜 일상 속에서 더 이상 오프라인 매장에서 쇼핑하지 않으며 모바일로 모든 것을 해결하고 있다. 따라서 모바일 커머스는 오프라인 유통 채널뿐 아니라 모든 기업의 필수가 되었으며, 소비자의 니즈(Needs)를 빠르게 파악하고 모바일 커머스에 선제적인 투자와 과감한 결정으로 변화를 선도하는 기업만이 새로운 유통 시대의 기회를 잡을 수 있을 것이다.

1) 모바일 앱과 마케팅

모바일 앱은 스마트폰의 앱 스토어를 통해 다운로드받는 모바일 어플리케이션(Moble Application)의 약칭이다. 모바일 어플리케이션은 스마트폰을 사용하면서 누구나 다운로드하여 프로그램을 설치하고 프로그램이 제공하는 서비스를 이용하도록 만든 응용 프로그램이다. 모바일 앱은 IOS(아이폰)과 안드로이드로 구분되는 스마트폰 운영 체계(OS)에 맞도록 프로그램을 개발하게 되어 있다. 모바일 앱의 장점은 먼저 스마트폰 사용자의 경험(User Experience)에 최적화하기 유리하다는 것이다. 특히 모바일 게임과 같이 사용자와의 상호작용성을 통해 높은 수준의 재미를 경험하게 해 줄 수 있으며, 개인별로 맞춤형 콘텐츠를 제공하기에도 편리하다. 또한 단말기의 카메라, GPS 등 기능을 효과적으로 활용할 수 있으며, 이러한 기능은 인터넷 접속 없이도 기능이 작동할 수 있는 특징을 가지고 있다.

모바일 앱의 종류는 크게 네이티브 앱(Native App), 모바일 웹 앱(Mobile Web App), 하이브리드 앱(Hybrid App)으로 나뉜다. 첫째, 네이티브 앱은 특정 모바일 기기와 플랫폼에 최적화된 언어로 개발된 앱이다. 대부분은 모바일 앱은 이러한 네이티브 앱 형태이며 대표적인 예로 '카카오톡'이 있다. 네이티브 앱은 모바일에 저장된 파일 같은 고유 정보를 변경할 수 있을 뿐 아니라, 카메라 등의 장치 제어가 가능하고 실행 속도가 빠르다는 특성이 있다. 그러나 모든 앱을 안드로이드와 IOS 운영체제별로 별도로 개발하고 유지 보수해야 하기 때문에 개발과 유지보수 비용에 대한 부담이 있다. 둘째, 모바일 웹 앱은 모바일 웹과 네이티브 앱의 특징을 모두 가지고 있다. 웹 앱은 모바일 웹의 특징인 HTML5를 사용하고 브라우저를 통해 접속한다. 반면 네이티브 앱과 같이 단일 페이지 형식으로 제공되어 페이지 이동 속도가 빠르다. 대표적인 예로 '서울시청 앱'이 있다. 셋째, 하이브리드 앱은 웹 앱의 단점을 보완한 것으로 웹 앱을 개발한 후에 네이티브 앱으로 변환해 배포하여 웹 앱을 네이티브 앱처럼 보이게 하는 것이다. 대표적인 예로 '네이버 앱'이 있다.

모바일 앱 마케팅은 앱 인스톨(Install) 증대, 유저(User) 유입, 재방문 증대 등 모바일 앱과 관련한 특정 목표를 달성하기 위한 마케팅 활동이다. 모바일 앱 마케팅 프로세스는 인지, 설치 페이지 유입, 앱 설치, 앱 설치 유지, 앱 실행, 앱을 통한 구매 순으로 이루어진다. 먼저 모바일 앱의 설치를 유도하기 위해서는 앱 스토어의 설치 페이지를 반드시 거쳐야 한다. 설치 페이지로 고객을 유입하기 위해 앱 스토어의 해당 카테고리 순위를 올리거나 앱 스토어 내부 광고를 진행하기도 한다. 그러나 신규 앱 간의 치열한 경쟁을 고려할 때 앱 스토어 내부 마케팅만으로는 한계가 있다. 따라서 유저 정보나 콘텐츠 정보 중심의 타깃팅 광고 집행과 같은 외부 마케팅 활동이 필수적이다.

모바일 앱 광고를 진행할 때는 먼저 광고 소재와 키워드, 노출 매체, 랜딩 페이지, 앱 마켓 상세 페이지, 광고주 사이트 등이 적절하게 배치되었는지 체크해야 한다. 또한 고객이 어떤 정보를 보고 유입되었는지, 고객이 유실되는 단계는 어디인지, 고객이 구매 전환을 했는지, 유입 채널별 유저의 행동 특성은 무엇인지와 함께 채널별 CPI, ROAS 지표를 확인해야 한다.

마지막으로 모바일 앱 사용자 데이터를 분석하기 위해서는 앱 마케팅 트래킹 솔루션을 사용해야 한다. 트래킹 솔루션을 활용하면 고객 ID와 매칭하여 정확한 기여도를 파악할 수 있을 뿐 아니라 유입 경로를 파악하고 다양한 행동 데이터를 분석할 수 있다(차원상, 2020).

2) 모바일 마케팅과 커머스 동향

모바일은 이제 마케터가 가진 가장 중요한 채널로 떠오르고 있다. 오늘날 모바일이 제공하는 기회뿐 아니라 향후의 잠재력을 보아도 모바일은 대체 불가한 마케팅 채널이자 커머스 채널이 되었다. 모바일 마케팅의 주요 목표는 고객 참여와 만족도를 높이는 것이다. 사람들이 모바일을 일상생활의 다양한 활동에 활용하면서 모바일은 지속적으로 '디지털 허브(Digital Hub)'로 발전하고 있다. 따라서 모바일 마케팅을 통해 고객을 유치하고 고객의 만족도를 높이며 혁신적 이미지를 높이고 충성도를 구축해야 한다.

이를 위해 먼저 고려해야 할 모바일 마케팅은 '브랜드 앱(Branded App)'이다. '브랜드 앱'이란 기업이 자사 브랜드와 제품 홍보를 위해 제작하여 배포하는 모바일 앱을 말한다. 이러한 '브랜드 앱'은 브랜드를 서비스의 개념으로 제공하는 고유한 기회를 창출한다. 미국의 식품 회사 크래프트(Kraft)는 7,000여 개의 조리법이 담긴 앱을 출시했는데, 여기에는 동영상, 사진 등 다양한 형태의 조리법과 함께 요리 재료가 되는 제품의 쿠폰, 매장 정보를 전달해서 브랜드 마케팅뿐 아니라 실제 매출에도 큰 성과를 거두었다.

지포(Zippo)에서는 소비자의 호기심을 자극하는 재미있는 '브랜드 앱'을 출시했다. 이 '브랜드 앱'은 지포 라이터의 특징인 라이터 뚜껑을 열고 켜는 느낌과 소리를 그대로 재현했다. 특히 젊은 층의 폭발적 인기를 누렸는데 스마트폰을 흔들 때마다 불이 따라 움직이기 때문에 공연장에서 효과적으로 활용되었다. 지포는 28개의 라이터 디자인을 무료로 제공하고, 다른 디자인은 0.99달러에 판매해서 마케팅과 매출에서 일거양득의 효과를 거두었다.

[그림 9-1] **크래프트 브랜드 앱**

[그림 9-2] **지포 라이터 브랜드 앱**

해외에서의 성공과 달리 국내에서는 '브랜드 앱'이 큰 성공을 거둔 사례가 많지 않으나 스타벅스나 버거킹, 맥도널드 같은 식음료 업체의 경우 브랜드 앱을 통해 쿠폰 제공, 포인트 적립 등 고객 유치와 고객 관리 도구로 효율적으로 활용하고 있다. 향후 스마트폰 이용자들이 다양한 앱을 다운로드받고 활용하는 트렌드를 보이므로 고객 유치와 관리 채널로 '브랜드 앱'의 파급 효과가 더욱 커질 것으로 예상된다.

세계적 화장품 체인 기업 세포라(Sepora)는 '브랜드 앱'을 넘어서 다각적인 모바일 마케팅 전략으로 유명하다. 세포라는 고객에게 멋진 모바일 경험을 선사하는 것을 매출향상보다 우선시한다. 이를 통해 고객의 모바일 경험을 향상시키고 오프라인 매장과 모바일 쇼핑 경험을 오가는 옴니채널의 연결성에 주목했다. 세포라는 매장과 온라인에서 컬러와 스킨케어 퀴즈를 통해 고객이 자신의 피부색과 피부 특성에 맞는 최적의 제품을 선택할 수 있도록 제안해 준다. 또한 모바일을 통해 증강현실(AR) 기술이 적용된 특별한 메이크업 경험을 제공하며. 챗봇(Chatbot)를 활용해 미용에 대한 실시간 조언을 해 주고 있다. 더 나아가 세포라는 '뷰티 인사이더 커뮤니티 페이지'를 개설하여 고객들이 전문가의 조언을 받으며, 다른 고객과 의견을 나누고 경험을 공유할 수 있게 하였다. 세포라는 모바일을 통해 콘텐츠 마케팅, 커뮤니티 마케

[그림 9-3] **세포라 브랜드 앱**

팅, 옴니채널 마케팅을 다각적으로 성공시킨 사례로 높게 평가받고 있다.

또한 모바일 메신저를 활용한 마케팅과 커머스가 새로운 대세로 부상하고 있다. 특히 카카오톡 채널은 누구나 무료로 만들고 운영할 수 있는 국민 메신저 카카오톡의 비즈니스 홈이다. 카카오톡 채널을 통해 기업들은 카카오톡이라는 거대한 플랫폼에서 쉽고 편리하게 모바일 마케팅이 가능하며, 기업, 브랜드, 단체, 소상공인 등 누구나 자유롭게 채널을 개설하여 고객과 소통할 수 있다. 특히 고객의 행동을 유도하는 다양한 액션 버튼을 통해 구매 전 상담하기 같은 맞춤 서비스를 제공할 수 있다. 또한 사진, 동영상 등 다양한 포스트를 발행하고 실시간으로 '댓글'이나 '좋아요'를 통해 고객 반응을 확인할 수 있으며, 이벤트나 할인 쿠폰을 발송할 수도 있다. 더 나아가 실시간 일대일 채팅을 통한 고객 응대로 높은 만족도를 이끌어 낼 수 있다. 한마디로 카톡 하나로 모바일 마케팅과 커머스의 대부분을 해결할 수 있는 것이다. 이러한 카카오톡 채널은 홈쇼핑의 대항마로서 효율성 높은 판매 채널로 부상하고 있다. 예를 들어, 여행 상품의 경우 카카오톡 채널은 홈쇼핑의 10% 비용으로 유사한 매출 실적을 보이고 있다. 따라서 카카오톡 채널은 홈쇼핑에 드는 비용을 줄이고 이를 고객에게 더 많은 혜택으로 돌릴 수 있는 획기적인 판매 채널이 되었다. 따라서 대기업뿐 아니라 중소기업도 커머스 채널로서 카카오톡 채널의 가능성에 대한 검토가 필요한 시점이다.

페이스북(Facebook)도 단순한 메신저 서비스를 넘어 카카오톡, 위챗과 같은 커머스, O2O, 결제를 제공하는 종합 모바일 플랫폼으로 진화할 것이라고 밝혔다. 따라서 전 세계 23억 명이 사용하는 페이스북 메신저와 10억 명이 사용하는 인스타그램(Instagram) DM, 왓츠앱(WhatsApp) 등 메신저 서비스를 통합하고 상담 · 주문 · 결제를 쉽게 할 수 있는 메신저 쇼핑몰 플랫폼을 구축하겠다고 하였다. 이미 위챗을 통해 검증된 메신저 쇼핑몰의 성과는 세계 최대의 소셜미디어인 페이스북의 참여로 커머스의 미래이자 대세로 급성장이 예상된다.

3) 카카오, 위챗, 라인을 통해 본 韓 · 中 · 日 소비자의 변화

2010년 3월 시장에 출시된 카카오톡은 10년 만에 국내에서만 4,500만 명이 이용하는 국민 메신저로 성장하였다. 모바일 시대에는 커뮤니케이션 중심의 시장이 될 것으로 예상하고 개발된 카카오톡은 아이폰 국내 출시로 촉발된 스마트 모바일 혁명의 핵심 서비스가 되었다. 출시 1년 8개월 만에 가입자 3,000만 명을 넘어 폭발적 성장을 기록하였다. 카카오톡은 현재 전 세계 230개국 16개 언어로 서비스된다. 그러나 국내를 제외한 이용자 수는 500만 명 남짓으로 글로벌화에 성공하지 못한 아쉬움이 있다.

그러나 국내에서 카카오톡은 국내 모바일 시장과 소비자 행동에 엄청난 변화를 가져왔다. 카카오톡과 연계한 다양한 마케팅 기술과 툴(Tool)이 등장한 것이다. 첫 번째 성공사례는 '이모티콘'이다. 전 세계적인 선풍적 인기를 불러일으킨 '이모티콘'은 카카오톡에서 시작된 것이다. 카카오톡은 고유의 '이모티콘'뿐 아니라 웹툰 작가나 아티스트의 다양한 '이모티콘'을 판매하였다. 이를 통해 소비자들이 다양한 개성을 표현할 수 있게 되었고 기업들은 '브랜드 이모티콘'을 제작하여 다양한 마케팅 활동을 전개하였다. 특히 '브랜드 이모티콘'은 초기 고객 유입에 큰 도움이 되었다. 단순해 보이는 '이모티콘'을 통해 창작과 마케팅의 생태계가 만들어진 세계적인 성공사례다.

두 번째는 최근 '채널'이라는 이름으로 바뀐 '플러스 친구'다. '플러스 친구' 기능은 별도의 가입 없이도 특정 기업이나 브랜드에 관심 있는 고객들이 지속적으로 정보와 혜택을 받을 수 있다. 또한 기업 입장에서는 큰 비용 부담 없이 고객 관리부터 커머스까지 할 수 있는 원스톱 마케팅 플랫폼(One-stop Marketing Platform)을 구축하게 되었다. 소비자의 일상 속에 파고들 수 있는 최적의 플랫폼이 '플러스 친구'인 것이다. 또한 비용 부담으로 디지털 마케팅을 하지 못했던 소상공인과 중소기업들에게 '플러스 친구'는 가뭄의 단비와 같은 존재가 되었다.

카카오톡을 철저히 벤치마킹해서 2011년에 출시한 위챗(Wechat)은 현재 11억 명이 이용하는 세계 2위의 메신저로 성장하였다. 위챗의 강점은 단순한 채팅을 넘어 각종 앱의 기능을 한데 모아 놨다는 데 있다. 위챗에 없는 서비스라면 중국에 없는 서비스라는 말이 나올 정도다. 예를 들어, 회사 인트라넷과 연동해 휴가계를 내거나 항공편을 찾아 구매하는 것이 위챗 안에서 가능하다. 이처럼 위챗이 모바일 포털(Mobile Portal)의 성격을 갖게 된 것은 중국의 열악한 인프라로 발전한 모바일 교통 서비스와 온라인 결제 기능 때문이다. 중국은 일찍이 열악한 교통 인프라 때문에 택시 호출 서비스가 발전했고, 은행 시스템도 낙후되었기 때문에 모바일 결제가 급속하게 발전하였다. 위

[그림 9-4] **중소기업 카카오톡 채널 활용사례**

챗은 여기서 기회를 발견하고 위챗 안에서 모든 것을 다 해결할 수 있도록 하였다. 단순한 QR코드에서 출발한 위챗 페이를 통해 어디에서든 오프라인 결제가 가능하게 하였다. 또한 중국 사회의 고질적인 문제인 '신뢰'의 문제를 모바일을 통해 해결하기도 했다. 가짜 식자재 공포를 경험한 중국인들은 믿고 먹을 수 있는 음식에 대한 관심이 많다. 중국인들은 위챗을 통해 방문한 식당, 주문한 배달 음식에 대해 평점과 리뷰를 남긴다. 이를 통해 얼마나 안전하게 음식을 만드는지에 대한 정보를 생산하고 공유한다.

이처럼 위챗은 단순한 메신저 서비스를 넘어 중국 사회를 변화시키는 주역으로 발전하고 있다. 음식을 주문하고, 게임을 하고, 택시를 부르는 일상을 넘어서 중국인들은 위챗을 통해 제품 정보를 탐색하고 구매한다. 이는 중국 시장에 진출하고자 하는 국내 중소기업에게도 좋은 기회를 제공한다. 국내 중소기업도 쉽게 활용할 수 있는 성공사례를 하나 소개해 보도록 하겠다. 중국 중소기업인 '리펑궈'는 위챗 그룹 대화방을 이용해서 마케팅을 전개했다. 위챗 대화방 운영자 중 7,000명을 확보해서 이들을 사업 파트너인 '사장'으로 삼았다. 판매상품이 정해지면 '리펑궈'는 상품을 조달하고 상품 정보를 제작해서 사장들에게 배포한다. 사장들은 대화방 회원들에게 이를 소개하고 회원들은 위챗 페이를 통해 상품을 구매하는 사업 구조다. 이 사업 모델은 전통적 온라인 쇼핑몰과 달리 충동구매를 유발한다. 대화방 친구들이 상품을 구매하면 따라서 구매하는 쇼핑 행태를 이용한 것이다.

[그림 9-5] **신세계면세점 위챗 활용사례**

한국에 카카오톡이 있듯이 라인(Line)은 일본의 국민 메신저다. 2011년 동일본 대지진 당시 일본인들이 라인을 통해 안부를 확인하면서 대중화된 라인은 일본인들에게는 한국에서 만든 것이 아니라 일본에서 만든 서비스라는 인식이 강하다. 자국 중심주의가 강하던 일본 소비자들의 마음을 얻으며 일본 시장에 안착한 라인은 철저한 '현지화 전략'을 통해 성공한 대표적 사례다. 현재 일본에서 모바일을 사용하는 사람 10명 중 8명이 라인을 쓰고 있을 만큼 일본 소비자들에게 국민 메신저로 포지셔닝(Positioning)되어 있다. 현재 일본에서는 메신저를 넘어 간편결제, 송금, 뉴스, 소액투자, 보험 등 다양한 서비스를 제공하며 모바일 플랫폼 1위 사업자의 지위를 공고히 유지하고 있다. 특히 '라인페이'를 중심으로 다양한 핀테크(Fin-tech) 서비스를 강화하고 있다. 또한 라인은 사용자의 일상 전반을 지원할 수 있는 '라이프 인프라(Life Infra)'로 진화시키기 위해 O2O, 핀테크, AI에 집중하고 있다. 이러한 전략의 일환으로 라인은 새로운 서비스 플랫폼인 '라인 미니 앱'을 공개했다. '라인 미니 앱'을 이용하면 별도의 다운로드 없이 라인의 모든 서비스와 정보를 온라인 또는 오프라인상에서 검색할 수 있다. 이를 통해 중소기업과 소상공인은 라인 내 메뉴, 가격표 등 서비스 정보를 담은 자체 페이지를 개설할 수 있고, 고객들에게 예약, 쿠폰 발행, 포인트 등 다양한 서비스를 제공할 수 있다. 더 나아가 라인은 야후 재팬과의 합병을 통해 핀테크와 AI 분야에서 시너지를 기대하고 있으며 구글(Google)과 맞서는 세계 최고의 AI 테크 회사가 되는 것을 목표로 하고 있다.

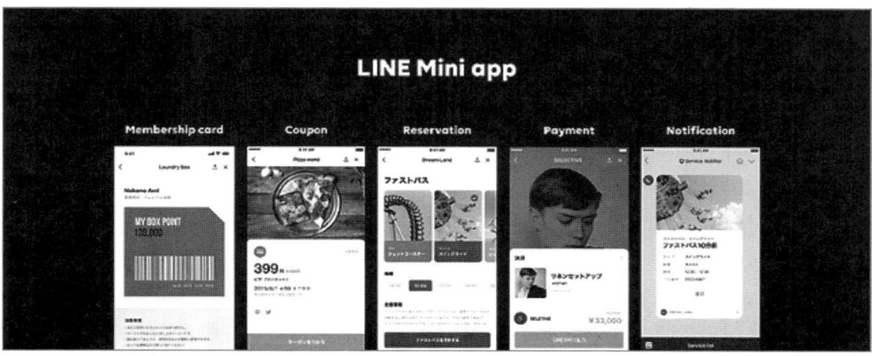

[그림 9-6] **라인 미니 앱**

2. 동영상과 광고PR

1) 유튜브와 광고PR

2005년 설립된 유튜브(Youtube)는 2007년 구글에 인수되면서 막강한 기술과 자원을 지원받아 2018년 기준 매달 19억 명이 사용하는 세계 최대의 동영상 플랫폼으로 급성장했다. 페이스북에 이은 세계 2위의 소셜미디어다. 특히 TV를 대체하는 동영상 매체의 대표 플랫폼이 되면서 최고의 온라인 광고 매체로 자리 잡고 있다.

유튜브의 성장으로 이제는 방송이 아니라 유튜브에서 스타가 탄생하고 있다. 국내만 해도 수백만의 구독자를 거느린 스타 유튜버는 연간 수십억 원대의 수입을 올리며 연예인을 능가하는 인기를 누린다. 또한 초등학생부터 노년층까지 유튜버를 희망하는 사람들이 급증하면서 콘텐츠뿐 아니라 비즈니스와 산업 영역에서도 유튜브 생태계가 구축되고 있다. 이와 함께 유튜브는 기업의 핵심 마케팅 채널로서 영향력이 계속 커지고 있다.

유튜브는 전 연령층에 걸쳐 67%의 압도적 동영상 시청 점유율을 가지고 있다. 특히 음악 콘텐츠와 다양한 유튜버 방송 콘텐츠의 소비 비중이 높으며, 동영상 검색 비중도 갈수록 높아지고 있다. 특히 10대는 검색을 할 때 유튜브 이용률이 29%로, 유튜브는 네이버와 구글에 이어 3위의 검색 매체로 성장했다. 이런 동영상 검색은 주로 게임, 엔터테인먼트, 뷰티, 여행 등 유튜버 방송과 관련된 것이 많다.

따라서 유튜브 광고에 대해서는 기존 TV 광고와는 다른 접근이 필요하다. 유튜브 광고는 브랜디드 콘텐츠(Branded Contents)로 접근해야 한다. 즉, 브랜드 홍보 영상으로 제작되었더라도 시청자들이 엔터테인먼트로도 충분히 즐길 수 있는 영상이어야 한다. 그래서 크리에이터와 브랜드가 협업하여 제작하는 유튜브 영상이 증가하고 있다.

오늘날 유튜브 광고가 성공을 거둔 비결은 역설적으로 광고를 스킵(skip) 할 수 있는 트루 뷰(True View) 광고 덕이다. 광고를 보지 않으면 과금이 되지 않아서 실제 광고를 시청한 타깃만을 대상으로 광고비를 지불하고, 광고 성과도 확인할 수 있다. 이는 구글이 광고 시장에서 대성공을 거뒀던 검색광고 CPC 모델을 그대로 다시 적용한 것이다. 트루 뷰 광고는 가장 대표적인 광고 상품으로 영상 시청 전이나 중간에 '5초 건너뛰기' 버튼과 함께 노출된다. 영상 옆이나 하단에 배너와 같이 노출하여 소비자 행동을 유도할 수 있다.

최근 가장 인기 있는 광고상품은 범퍼(bumper) 광고다. 스킵이 안 되는 짧은 광고가 6초 동안 노출되며, 짧은 시청 시간이기에 거부감이 적어서 높은 브랜딩 효과를 거둘 수 있다. 특히 비용 대비 많은 광고 노출량을 확보할 수 있다. 또한 유튜브 메인 화면에 24시간 동안 노출되는 마스터 헤드(master head) 광고도 있다.

유튜브 광고는 키워드, 주제, 게재 위치 등 콘텐츠 기반의 타깃팅을 할 수 있고 인구통계, 잠재고객 등 사용자 기반 타깃팅도 할 수 있다. 그리고 유튜브 계정과 구글 애즈(Google Ads) 계정을 연동하고 유형별로 다양한 리마케팅 목록을 생성해서 유튜브 리마케팅 광고를 집행할 수 있다.

유튜브는 이용자의 행동을 유도하는 다른 소셜미디어에 비해 인지도와 선호도를 높이는 브랜딩 효과가 더 크다. 따라서 크리에이티브 아이디어가 중요하다. 크리에이티브 아이디어가 돋보이는 스토리 있는 브랜디드 콘텐츠를 제작하는 것이 성공의 비결이다. 최근 유튜브 광고의 트렌드로는 짧은 광고, 개인화된 광고, 웹 드라마 형식, B급 광고, 유튜버와의 협업을 들 수 있다. 이를 염두에 둔 콘텐츠 제작도 중요하다. 또한 브랜딩 효과가 중심이지만 고객의 참여를 유도할 캠페인을 기획해서 바이럴을 통한 콘텐츠 확산을 이루어야 한다.

덴마크의 세계적 완구 기업 레고(LEGO)는 유튜브 마케팅의 대표적 성공사례라고 할 수 있다. 레고는 2015년 〈레고 무비〉라는 영화를 개봉하면서 대중적으로 레고에 대한 브랜드 인지도를 높이고, 제작 과정을 담은 동영상 콘텐

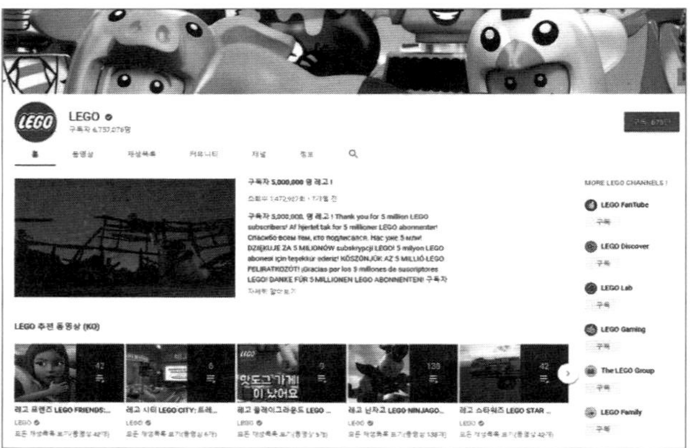

[그림 9-7] **레고의 유튜브 마케팅**

출처: 유튜브 LEGO 채널

츠를 유튜브를 통해 배포했다. 이 동영상은 세계 각지에서 참여한 창의적 레고 조립가의 작품을 다큐멘터리로 제작해서 레고에 대한 긍정적 브랜드 이미지를 만들고, 레고 조립 팁을 공유해서 브랜드 친밀도를 높였다. 이를 통해 100만 명이 넘는 구독자를 확보하는 성과를 거뒀다(차원상, 2020).

세계적인 에너지 음료 브랜드 레드불(Redbull) 역시 유튜브를 통한 콘텐츠 마케팅의 대표적 성공사례다. 유튜브 구독자 수 940만 명, 최고 조회 수 1.3억 회로 기업 유튜브 채널로서는 최고의 성과를 거두었다. 레드불은 산하에 둔 '레드불 미디어 하우스'라는 인하우스 마케팅 회사를 통해 글로벌 미디어 네트워크를 구축하고 있다. 매출의 30%를 마케팅 비용으로 쓰고 그중 70%를 콘텐츠 제작, 관리 비용으로 쓸 만큼 콘텐츠 마케팅에 집중하고 있다. 레드불의 콘텐츠 마케팅 전략은 크게 세 가지로 나눌 수 있다.

첫째, 구체적인 타깃 소비자에게만 집중한다. 콘텐츠를 익스트림 스포츠에 집중하여 익스트림 스포츠 팬들에게 집중 소개하였다. 특히 유튜브 알고리즘을 활용해서 익스트림 스포츠 팬들에게 영상을 추천해 주었다. 이러한 영상은 바이럴 마케팅을 통해 타깃층에게 확산된다.

둘째, 역대 최고의 허브 콘텐츠를 히트시켜서 지속적으로 구독자를 유입시켰다. 대표적인 허브 콘텐츠 사례는 2012년 '성층권 스카이다이빙' 프로젝트다. 지구 대기 밖 성층권에서 맨몸으로 초음속 낙하에 도전한 이 프로젝트는 당시 유튜브 역대 최고 기록인 800만 명의 실시간 스트리밍 시청자를 기록할 만큼 화제를 끌었다. 이 콘텐츠는 하이라이트, 인터뷰 등 다양한 방식으로 재가공되고 다양한 자유낙하 관련 콘텐츠를 업로드하여 지속적인 관심을 끌고 있다.

셋째, 전문가가 아닌 아마추어가 만든 영상 콘텐츠를 통해 친근한 브랜드 이미지를 구축하고 있다. 이들은 사이클 선수일 수도 있고 프로게이머일 수도 있다. 레드불의 브랜드 이미지와 잘 부합되면 된다. 따라서 시청자들은 기업 유튜브 채널이 아닌 개인 유튜버를 구독하는 느낌을 받게 되어 더욱 레드불에 대해 친밀한 이미지를 가진다.

유튜브가 TV를 대체하는 영상 매체가 되면서 국내에서도 많은 기업과 관공서가 앞다투어 유튜브 채널을 개설하고 홍보 콘텐츠를 제작하고 있다. 심지어는 마케팅 부서의 KPI(Key Performance Index)를 유튜브 구독자 수로 설정하는 기업들도 나타나고 있다. 그러나 국내 주요 대기업의 유튜브 채널을 보면 크게 활성화된 경우는 흔하지 않다. 대부분 TV 광고나 홍보 영상을 그대로 유튜브에 업로드한 경우가 많다. 그러나 삼양식품은 유튜브를 활용한 입소문 마케팅을 통해 '불닭볶음면'을 대박 상품으로 성공시켰다. 별다른

[그림 9-8] **레드불의 유튜브 마케팅**

광고 없이 유튜브를 통한 입소문만으로 해외 유튜버 사이에서 라면을 넘어 K-food의 아이콘으로 성장한 '불닭볶음면'의 성공 비결을 알아보자.

'불닭볶음면'은 출시 초부터 대중적 인기보다는 소수의 매니아들이 찾는 매운맛의 대명사였으나, 유튜브를 통해 매운맛 도전의 아이콘이 되면서 폭발적 인기를 끌기 시작했다. 유명 유튜버인 '영국 남자' 조쉬가 불닭볶음면 먹기에 도전하는 영상은 조회수 1,000만 회가 넘는 영상으로 인기를 끌었다. 이를 본 먹방 유튜버, 해외 유튜버들이 앞다투어 불닭볶음면 도전 영상을 올리면서 'fire noodle challenge'라는 키워드로 검색되는 관련 영상이 20만 건에 이를 만큼 전 세계 유튜브 시청자들이 불닭볶음면에 열광하게 된 것이다. 이렇게 유튜브를 통한 자발적 입소문에 의해 글로벌 대박 상품이 된 불닭볶음면의 성공 비결은 바로 제품이 아닌 소비자를 주인공으로 만들어 준 것이다. 그동안 제품이 주인공이었던 기존 라면 광고를 넘어서 불닭볶음면은 매운맛에 도전하는 일반 소비자가 콘텐츠의 주인공이 되면서 자신이 주인공이 되길 원하는 밀레니얼 세대의 감성과 트렌드에 잘 맞는 콘텐츠로 성공한 것이라고 할 수 있다.

이후 삼양식품은 철저하게 소비자들이 참여하는 게임형 이벤트를 통해 고

[그림 9-9] **삼양식품 불닭 TV 유튜브 채널**

객 경험을 강화하는 마케팅에 집중하였다. 대표적 사례로 전국 중·고등학교를 돌면서 불닭볶음면에 도전하는 고 투 스쿨(Go to school) 이벤트를 개최했다.

불닭볶음면이 유튜브 마케팅에 성공한 또 다른 이유는 유튜버들이 선호하는 콘텐츠 형태인 '일반인이 등장해서 매운맛에 도전하고 매워하는 모습을 사실적으로 보여 줌으로써 재미를 주는 콘텐츠'에 최적화된 제품이라는 데 있다. 특히 해외의 많은 유튜버가 익숙하지 않은 매운맛에 도전하는 콘텐츠는 충분히 화제와 재미를 가져올 수 있다.

2) 틱톡과 동영상 생태계

2016년 중국에서 시작된 1분 이내의 짧은 동영상을 공유하는 SNS 서비스인 틱톡(Tiktok)은 2018년에 세계에서 가장 많이 다운로드된 앱으로 기록될 만큼 선풍적인 인기를 끌고 있다. 틱톡은 사용하기 쉬운 비디오 캡처와 편집 툴을 활용해서 영상을 쉽고 다양하게 제작하고 크리에이터와 팬을 즉각적으로 연결시켜 주는 특징이 있다. 직관적이고 쉬운 방식으로 누구나 쉽게 영상 제작을 할 수 있으며, 특히 인공지능 기반의 기술을 도입해서 특수효과, 각종 제작 도구, 스티커, 편집 도구를 개인의 니즈(Needs)에 맞게 제공하고, 포 유 피드(For-You-Feed) 기능을 통해 사용자별 맞춤 동영상을 추천한다.

틱톡의 모기업은 2012년 창업한 바이트댄스라는 중국의 인터넷 기업이다. 바이트댄스는 틱톡을 개발하기 전에 인공지능을 활용한 개인 맞춤형 뉴스 서비스로 유명했다. 인공지능 기술을 활용해 이용자의 관심사와 행태를 분석해서 뉴스를 추천해 주는 방식이었다. 따라서 틱톡의 인공지능 활용 개인 맞춤형 동영상 추천 기능도 이러한 바이트댄스의 인공지능 기술이 진화한 것이라고 할 수 있다. AI 알고리즘을 통해 사용자가 '좋아요'를 눌렀거나 오래 머문 콘텐츠를 지속적으로 학습하고, 그와 유사한 콘텐츠들을 추천 페이지에 제공해 준다. 이용자도 몰랐던 개인의 취향을 틱톡의 추천 영상을 통해 알 수 있는 것이다. 결국 이용자도 모르는 사이에 분석된 개인의 취향에 따라 적절한 내용의 짧은 영상이 계속 제시되어 틱톡에 한번 들어가면 몇 시간씩 이용하게 되는 결과를 가져왔다.

2017년 바이트댄스는 다른 짧은 음악 영상 앱인 '뮤지컬리'를 인수했다. 뮤지컬리는 어린 아이를 둔 부모들에게 친숙한 앱으로 이러한 뮤지컬리의 인수로 3천만 명의 사용자가 틱톡에 추가되었다. 틱톡은 현재 5억 명이 넘는 실질 사용자를 거느리고 있으며 이 중에서 40%는 중국 바깥의 사용자다. 틱톡의 선풍적 인기 비결은 간단하게 전문가 수준의 영상을 제작할 수 있게 만들어서 동영상 콘텐츠 제작의 진입장벽을 획기적으로 낮춘 데 있다. 일반인이 유튜브 영상을 만들기 위해서는 동영상 편집이나 배경음악, 자막 등 배워야 할 것이 너무나 많다. 그러나 틱톡은 스마트폰과 틱톡 앱만 있으면 누구나 쉽게 동영상을 제작해서 올릴 수 있다. 이러한 틱톡의 단순하고 쉬운 편집 기능이야말로 성공의 숨은 배경이다.

틱톡과 유사한 짧은 동영상을 공유하는 SNS는 이미 2013년에 트위터가 론칭한 바인(Vine)이라는 서비스가 있었다. 초기에는 선풍적인 인기를 끌었지만 이용자 수가 급감하면서 2016년 10월 서비스를 종료했다. 결국 짧은 동영상 공유라는 것만으로 롱런할 수 없음을 보여 준 것이다. 바인과 달리 틱톡이 성공할 수 있었던 배경은 무엇인가? 먼저 틱톡이 청소년층을 집중적으로 공략할 것이 성공의 첫 번째 요인이다. 글자보다 영상에 더 친숙한 요즘 청소년의 심리와 트렌드를 제대로 공략한 것이다. 2019년의 틱톡 사용자의 41%가 16~24세라는 사실을 보더라도 틱톡의 전략이 청소년층에 제대로 통했다는 것을 알 수 있다. 청소년들이 틱톡에 매료될 수 있었던 건 손쉬운 편집 기능과 풍부한 영상 소스 덕분이다. 유튜브에선 영상을 보는 건 쉬워도 올리기는 어렵다. 전문적인 영상 편집 프로그램을 다루지 못하면 고퀄리티의 영상을 만들기 힘들기 때문이다. 이에 반해 틱톡에선 터치 몇 번으로 손쉽게 영상을 편집할 수 있다. 수많은 이모티콘과 배경 음악도 무료로 제공되어 영상을 더욱 풍성하게 꾸밀 수 있다. 틱톡은 직접 콘텐츠를 만들어 다른 사람들과 소통하고자 하는 요즘 10대의 감성을 제대로 자극하며 하나에서 열까지 직접 영상을 편집해야 하는 유튜브와 달리 간편하게 편집하고 풍부한 영상 소스를 제공하기 때문에 젊은 층에서 더 선호한다. 결국 유튜브가 영상 전문가인 유튜버가 올린 콘텐츠를 보는 데 중점을 둔다면, 틱톡은 누구나 자기만의 영상을 쉽게 올릴 수 있는 강점이 있다. 어찌 보면 유치하기도 한 15초짜리 춤추는 동영상이 대부분이지만 10대는 자신이 직접 만든 동영상이 공유되는 데 더 열광하는 심리를 가지고 있는 것이다.

틱톡의 간판 콘텐츠인 '립싱크 영상'은 대표적인 성공사례 중 하나다. 틱톡은 영상제작 앱 '뮤지컬리'를 인수하고 틱톡에 립싱크 기능을 추가했다. 이 기능을 쓰면 손쉽게 유명 가수의 노래를 립싱크한 영상을 만들 수 있다. 이미 유명한 노래에 이용자들의 재미있는 행동이 더해지니 시너지 효과가 클 수밖에 없는 것이다. 대중매체에 민감한 10~20대 이용자들이 적극적으로 립싱크 영상을 만들었고, 이를 재미있게 본 사람들이 온라인 이곳저곳에 영상을 공유하기 시작했다. 결국 립싱크 영상은 틱톡에 어마어마한 입소문 효과를 가져다주었다.

또한 틱톡은 모바일에서 보기 편하도록 기본적으로 세로 영상을 지원한다. 모바일 네이티브 세대인 1020 세대는 TV나 PC에서 영상을 시청하는 것이 아니라 모바일 환경에서 영상을 시청하는 것이 익숙한 세대다. 따라서 유튜브가 PC 시대에 태어난 영상 서비스라고 한다면, 틱톡은 모바일 시대에 태어난 영상 서비스라고 볼 수 있다.

한편, 틱톡의 성공에 위기의식을 느꼈는지 페이스북은 2018년 11월 동영상 공유 플랫폼 '라쏘(Lasso)'를 조용히 출시했다. 연예인의 춤을 따라 추거나 립싱크를 하는 등의 짧은 영상을 제작할 수 있는 앱인데, 틱톡과 다를 게 없다는 지적을 받으며 큰 인기를 끌지는 못하고 있다.

이제 틱톡은 전 세계적으로 20억 다운로드를 기록했으며, 월평균 이용자가 8억 명에 달한다. 또한 이용자들이 하루 평균 8번 이상 앱을 켜고, 약 45분간 사용한다고 한다. 킬링타임용 가벼운 영상 플랫폼에 45분이나 머문다는 것은 비즈니스적으로 매우 의미 있는 수치라고 할 수 있다. 이제 틱톡은 비즈니스 모델이 없는 동영상 공유 플랫폼이 아닌 거대한 비즈니스 생태계가 구축되는 단계로 진화하고 있다.

첫 번째 비즈니스 모델은 '라이브 커머스' 시장이다. COVID-19 사태 이후 '라이브 커머스' 시장은 폭발적으로 성장할 것으로 전망되고 있다. 라이브 커머스는 '생방송 스트리밍'과 '커머스'의 합성어로 모바일이나 인터넷으로 실시간으로 중계하며 제품을 판매하는 것이다. TV 홈쇼핑과 유사하지만 판매자가 시청자와 실시간 채팅을 통해 자유로운 양방향 소통이 가능하며 쉽게 제작할 수 있다는 강점을 가지고 있다. 중국에서는 2018년부터 틱톡 사용자 계정 프로필에 쇼핑몰 기능을 연동시키는 서비스를 실시했다. 초기에는 100만 명 이상 팔로워를 보유한 크리에이터(Creater)에만 해당 기능을 오픈했다. 얼마 지나지 않아 틱톡의 막대한 유저 수와 생생한 영상 콘텐츠가 인스타그램(Instagram)이나 페이스북 등 다른 플랫폼보다 더 큰 소비 효과를 불러왔다. 자연스럽게 유명 인플루언서(Influencer)들이 틱톡 중심으로 라이브 커머스 마켓을 열기 시작했다.

두 번째는 브랜드 마케팅 모델이다. 최근 국내에서도 많은 유명 연예인이 틱톡 계정을 오픈하면서 지코의 '아무 노래 챌린지'와 같은 형식의 동영상들이 선풍적 인기를 끌고 있다. 틱톡에서 챌린지 해쉬태그를 검색한 뒤 해당 페이지에서 카메라 버튼만 누르면 필요한 음원과 효과가 바로 촬영화면에 적용되고 촬영 후 업로드 버튼만 누르면 누구나 쉽게 참여할 수 있다. 이용자들은 누군가가 시작한 챌린지를 따라 하며 재미를 느끼기도 하고, 이를 넘어 사회적 공감을 이끌어 내기도 한다. 중국 틱톡에는 다양한 연예인 계정뿐 아니라 다수의 기업 브랜드 계정도 개설되어 있다. 최근에는 외식 프랜차이즈 같은 오프라인 매장도 틱톡을 활용하고 있다. 이들은 틱톡을 통해 매장 홍보뿐 아니라 고객들에게 쿠폰을 제공하기도 한다. 인스타그램이 사진을 통해 음식의 비주얼로 마케팅했다면, 틱톡은 영상을 통해 새로운 외식업계 마케팅 채널이 되고 있다. 국내에서도 틱톡은 2019년 7월 다이아TV, 샌드박스 네트워크 등 유명 크리에이터들과 파트너십을 맺은 유명 MCN과 업무협약을 체결했다. 크리에이터의 영상에 노출된 광고에 대한 수익을 틱톡과 나눠 갖는 방식인데, 이는 페이스북과 유튜브의 대표 수입원이다. 틱톡이 유튜브와 인스타그램이 양분하고 있는 동영상 광고 시장에 본격적으로 뛰어든 것이다.

세 번째는 라이브 방송을 통한 수익 창출이다. 중국의 온라인 콘텐츠 시장에서는 온라인 팁 문화라고 하는 '다샹문화'가 활성화되어 있다. 마치 국내 아프리카TV의 별풍선 같은 개념이다. 아프리카TV에서 많은 인기 VJ를 배출했듯이 모바일 기반의 틱톡을 통해서도 일반인들이 팬들과 소통하며 수익을 창출하는 시대가 열리고 있다.

네 번째는 광고 플랫폼 '틱톡 포 비즈니스(Tiktok for Business)'는 광고 수익 모델이다. 틱톡은 이미 국내에서도 다양한 브랜드와 협업 챌린지를 중심으로 광고 플랫폼 역할을 해 왔다. 먼저 '해시태크 챌린지 캠페인'은 특정 해시태그를 활용해 틱톡 커뮤니티의 브랜드 캠페인 참여를 독려한다. '해시태그 챌린지 플러스 캠페인'은 사용자가 제품 검색, 인앱 쇼핑 등 브랜드의 제품을 손쉽게 확인하고 구매할 수 있는 상품이다. 'Top View & In-Feed 광고'는 틱톡의 실감 나는 숏폼(short-form) 비디오 스타일을 사용하는 기본 형식이자, 앱의 첫 화면을 광고로 활용할 수 있다. 또한 중소기업을 위한 광고 비즈니스에도 적극적으로 나섰다. 비즈니스 카테고리나 규모에 관계없이 틱톡의 광고 플랫폼을 자유롭게 활용하며, 원활한 광고 집행을 돕고자 광고 크레딧(credit)도 함께 제공하고 있다. 최근에는 '틱톡 크리에이터 마켓플레이스(TikTok Creator Marketplace: TCM)' 서비스를 게시하며 세계 각국의 틱톡 크리에이터와 브랜드 간의 효율적인 협력을 위한 매칭 작업도 이루어진다. 역량 있는 크리에이터 육성과 콘텐츠 저변 확대를 위한 서비스로, '틱톡 포 비즈니스'에 시너지를 더할 것으로 기대된다.

틱톡 광고 플랫폼 모델의 첫 번째 장점은 기업들이 글로벌 커뮤니티를 통해 언어와 시간에 구애받지 않고 전 세계 사용자와 실시간으로 소통하고 새로운 경험을 제공할 수 있다는 데 있다. 또한 다양한 콘텐츠 크리에이터와의

[그림 9-10] **틱톡의 다양한 동영상 콘텐츠**

협업을 통한 자연스러운 브랜드 마케팅을 제공하여 소비자들의 호감을 이끌어 내고 브랜드와의 관계를 형성할 수 있다는 장점이 있다.

최근 틱톡은 기존의 숏폼 동영상 형식에서 진화하여 다양한 동영상 콘텐츠를 선보이고 있다. 틱톡을 통해 자선 활동도 할 수 있고, 랜선 여행도 지원하며, 음악 콘서트도 선보이고 있다. 이러한 다양한 동영상 콘텐츠의 등장은 이제 틱톡이 더 이상 춤과 노래 따라하기 정도의 킬링타임용 동영상 플랫폼이 아니라 유튜브와 본격적으로 경쟁할 만한 글로벌 동영상 SNS 플랫폼으로 성장했다는 것을 보여 준다.

참고문헌

차원상(2019). **검색광고 마케터**. 서울: 명진씨앤피.

차원상(2020). **디지털마케팅:전략과 실전 사례**. 서울: 한국금융연수원.

제10장

융합현실과 홀로그램을 활용한 광고PR 사례

김활빈(강원대학교 신문방송학과 교수)

1. 상상이 현실이 되는 디지털 기술

디지털 기술의 급속한 발전은 상상 속으로만 그려 왔던 많은 일을 실제와 같은 경험으로 실현시켜 주고 있다. 지난 2016년 6월 김광석 홀로그램 콘서트가 대구에 있는 김광석 거리에서 있었다(황치규, 2016). 대역 배우의 움직임을 바탕으로 홀로그램이 제작되어 실제로는 아무도 없는 무대에 김광석 씨가 직접 노래를 부르고 있는 것처럼 느낄 수 있었다. 이전에 녹화된 김광석의 무대가 아닌 실제 콘서트 무대를 디지털 기술을 통해 경험할 수 있게 된 것이다. 홀로그램은 또한 스타워즈나 아이언맨 등과 같은 영화를 통해서도 많은 사람에게 익숙한 기술이기도 하다. 영화 속에 등장한 홀로그램을 통한 원거리 커뮤니케이션과 같이 가능할까 상상했던 일이 이제는 현실로 다가오고 있다.

홀로그램 기술뿐만 아니라 최근 가장 빠르게 성장하고 있는 디지털 기술이 가상현실(Virtual Reality: VR), 증강현실(Augmented Reality: AR), 혼합현실(Mixed Reality: MR)과 같은 융합현실(Merged Reality: MR) 혹은 확장현실(eXended Reality: XR)이다. 모두 개념에 현실을 포함하고 있지만 진짜 현실이 아닌 것을 디지털 기술을 이용해 현실을 가깝게 흉내 내는데, 이러한 기술은 4차 산업혁명 시대의 핵심 기술로 빠지지 않고 등장한다. 가상과 현실의 구분이 사라지는 기술로 융합현실 혹은 확장현실 기술이 발달하면서 가상이 현실이 되고, 현실이 가상이 된다. 이러한 현상은 중국의 사상가인 장자의 호접몽(胡蝶夢)이 디지털 기술로 현실화되는 단계에 근접하고 있음을 보여 준다.

기업들도 발 빠르게 움직이고 있다. 삼성전자는 '기어 360'을 이미 2016년에 내놓았다. 기어 360을 통해 360도 사진과 영상을 쉽게 촬영할 수 있고, 어안렌즈가 찍은 영상을 하나로 합쳐 어느 방향이든 360도로 감상할 수 있는 영상 콘텐츠가 가능해졌다. 이 기어 360은 스마트폰 갤럭시S 시리즈와 갤럭시노트 등을 통해서 연결이 가능해 접근 가능성과 이용 가능성을 높였다. 구글은 누구나 간단하게 가상현실을 체험할 수 있는 구글(Google) 카드보드(Cardboard)를 제공하고 있다. 종이로 된 구글 카드보드와 스마트폰을 간단히 결합하면 헤드셋이 만들어지며, 해당 앱을 설치하여 유튜브(Youtube)나 구글 어스 등에서 제공하는 VR 영상을 쉽게 감상할 수 있다. 페이스북(Facebook)도 2014년에 오큘러스(Oculus) VR을 인수하여 본격적으로 가상현실 산업에 진출하고 있다.

융합현실 기술이 대중적으로 널리 알려진 계기는 AR 기술을 이용한 '포켓몬 고' 게임의 성공이었다. 이 게임은 2016년부터 전 세계적인 인기를 끌었지만, 출시 초기에는 한국에서 정식 서비스를 하지 않았다. 당시 강원도 일부 지역(속초와 고성 등)에서만 이용이 가능해서 많은 사람이 게임을 위해 해당 지역으로 몰리는 해프닝이 일어나기도 했다. 주로 게임 분야에서 시작된 융합현실 기술은 이제 교육, 헬스케어, 자동차, 영화, 방송, 건설 등 다양한 산업에서 활용되고 있다. 이용자와의 활발한 상호작용이 가능하기 때문에 광고와 PR, 마케팅 분야에서도 다양한 콘텐츠가 개발되고 있다.

융합현실이나 홀로그램과 같은 디지털 기술이 대중화된 가장 큰 계기는 역시 스마트폰과 스마트폰 애플리케이션이 많은 사람에게 보급된 것이다. 또한 데이터 통신 기술의 급격한 발전도 큰 비중을 차지하고 있다. 스마트폰이나 앱과 같은 기기와 소프트웨어를 가지고 있어도 전송속도에서 문제가 있으면 대중화되기 어렵기 때문이다. 한국은 2019년 4월부터 5G 통신 기술이 상용화되었고, 2020년 6월 기준으로 가입자 수가 700만 명을 넘어섰다. 5G 서비스가 본궤도에 오르면서 융합현실과 홀로그램과 같은 차세대 디지털 기술을 사용하는 게임, 엔터테인먼트, 의료, 마케팅 분야 등은 다양한 방식으로 상품과 서비스를 제공할 환경을 갖춘 것이다. 특히 디지털 기술 기반의 상호작용성이 보다 실감나게 구현될 수 있는 광고, PR 콘텐츠의 제작이 증가하고 있다. 광고나 PR 메시지의 전달 방식이 소비자의 시각, 청각, 촉각 등 모든 감각기관을 자극할 수 있고, 소비자의 능동적인 상호작용 혹은 참여가 가능한 메시지 전달 방식이 가능해졌다(차영란, 2019). 따라서 앞으로의 광고와 PR 산업에서 융합현실과 홀로그램 기술을 활용하는 전략에 대한 방향성과 새로운 시장을 발굴하는 방안을 모색하는 일이 무엇보다 중요해지고 있다.

이 장에서는 새로운 형태의 광고와 PR 전략에 적극적으로 대처할 수 있도록 VR, AR, MR 기술과 같은 융합현실 기술과 홀로그램 기술에 대해서 살펴보고 구체적인 국내외 사례를 소개한다. 이를 통해 디지털 미디어 환경 변화에 대하여 광고PR 산업계가 어떻게 대응하고 혁신해야 할지 논의해 보도록 한다.

2. 융합현실과 홀로그램

1) 가상현실

가상현실은 가상과 현실이 결합된 말로, 현실은 아니지만 현실과 유사한 가상의 세계를 보여 주는 공간 및 환경을 의미한다. 즉, 가상현실은 디지털 컴퓨터 기술을 통해 실제가 아니지만 이용자가 실제 환경이나 상황인 것처럼 느끼면서 상호작용할 수 있는 인간과 컴퓨터 사이의 인터페이스나 시스템이다(이아름, 2018). 디지털 컴퓨터 기술로 만들어진 가상의 세계에 이용자들이 충분히 몰입하게 해 주는 것이 가상현실의 핵심으로, 사용자가 디지털 기술로 재현된 가상세계에 몰입하여 완전한 현실세계처럼 느끼게 해 준다는 점에서 현실세계와 가상세계가 혼합되어 있는 증강현실이나 혼합현실과는 차이가 있다(이성미, 2019). 광고 분야에서는 2000년대 초반부터 상품이나 장치, 공간의 내외관을 보여 주기 위한 3D 랜더링 영상 등을 통해 웹사이트에서 접할 수 있었다(심성욱, 김운한, 신일기, 김신업, 김상현, 2019).

가상현실을 이용하는 가장 대표적인 장치는 헤드 마운트 디스플레이(Head Mount Display: HMD)라는 기기로, 고글과 같이 머리에 쓰고 외부 현실을 차단시켜 우리 눈으로는 가상공간만을 보게 해 준다. 기기의 성능 역시 시간이 지나면서 점차 개선되어 해상도나 시야각, 트래킹 기술 등이 높은 수준에 이르

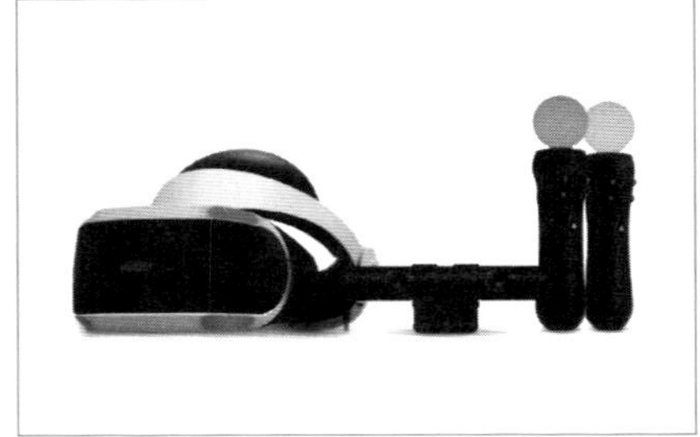

[그림 10-1] **구글 카드보드와 소니 플레이스테이션 VR**

출처: 구글 카드보드 웹페이지(https://arvr.google.com/cardboard/), 소니 플레이스테이션 VR 웹페이지(https://www.playstation.com/ko-kr/explore/playstation-vr/)

러 보다 몰입감을 줄 수 있다. 이러한 몰입형 HMD는 이용할 수 있는 기기에 따라 스마트폰 기반, 콘솔 기반, PC 기반의 몰입형 HMC로 구분할 수 있다(정동훈, 2017). 예를 들어, 구글이 내놓은 구글 카드보드는 간편히 이용할 수 있는 스마트폰 기반 HMD 가운데 하나이고, 소니가 내놓은 'PS VR'은 콘솔 기반의 HMD다.

가상현실 기술은 이용자가 가상현실을 실제와 비슷하다고 느끼게 할수록 완성도가 높다고 할 수 있다. 실제 세계라는 물리적 공간에 스스로 존재하고 있다고 느낄 수 있어야 하고, 주위 환경과 상호작용할 수 있어야 하며, 주위 자극에 자연스럽게 반응할 수 있어야 하는 것이다. 초창기 가상현실 기술은 시각에 초점을 맞추어 기술적 구현이 이루어졌으나, 이제는 청각 · 촉각 · 후각 등과 같은 다른 감각 기관이 현실세계에서 느끼는 것과 유사한 방향으로 기술 발전이 이루어지고 있다. 예를 들어, 미국의 노스웨스턴대학 연구팀은 인간 피부에 밀착한 VR 스킨을 개발하였는데, 해당 VR 스킨을 착용한 이용자는 전기적 자극을 통해 생생한 진동감을 느낄 수 있다(김시균, 2019). 그리고 가상현실은 이용자 개인이 경험할 수밖에 없는 기술적 한계가 존재했지만, 특수 장갑을 통해 다른 사람들과 동시에 가상현실을 즐길 수 있는 이른바 '공존현실' 기술이 개발되고 있다(임주영, 2019). VR 스킨이나 특수 장갑과 같은 웨어러블 기기를 통해 기존의 시각이나 청각에서 나아가 촉각까지 실감이

나도록 해 주고 다른 사람들과 함께 가상현실을 경험할 수 있다면, 소비자에게 상품이나 서비스 등을 직접 만져 보고 느끼는 경험을 제공하여 보다 새롭고 흥미로운 광고PR 전략이 가능해질 것으로 기대한다.

2) 증강현실

'포켓몬 고(Pokémon Go)'로 잘 알려진 증강현실은 실제 현실 세계에 가상의 정보와 사물을 합성하여 마치 실제 환경에 존재하는 것처럼 보이게 하는 디지털 그래픽 기술로 가상현실 기술 중 하나의 분야다(이아름, 2018). 포켓몬 고는 스마트폰 게임으로 앱을 실행시키면 눈앞의 현실 공간을 배경으로 보여 주면서 가상의 3D 포켓몬 그래픽이 겹쳐져서 스마트폰 안에 물체가 현실에 존재하는 것과 같이 보여 준다. 이케아(Ikea)의 AR 쇼룸 앱의 경우 증강현실 가구 배치 기능을 넣어 사용자가 직접 자신의 집에 이케아 가구를 배치해 보고 얼마나 잘 어울리는지 확인하게 해 주며, 롯데 하이마트 앱에서도 가전제품의 가상 배치 기능을 추가하여 증강현실 기술을 활용하고 있다(차주경, 2017). 증강현실은 기본적으로는 현실 세계가 주가 되고 가상의 정보나 캐릭터, 제품, 사물 등이 이를 보조하는 수단이 된다. 증강이라는 용어는 크기나 가치를 더 크게 만든다는 것으로, 증강현실은 디지털 기술로 실제가 아닌 증강된 가상의 객체를 실감나게 구현하고 이를 실제 환경이나 배경과 합성하여 제시한다. 증강현실 기술은 실제 현실 배경을 활용하기 때문에 가상현실에 비해 몰입감은 다소 떨어지더라도 현실감은 매우 뛰어난 것으로 평가된다.

증강현실을 구현하기 위해서는 몇 가지 기기가 필요하다(이성미, 2019). 먼저 가상현실 기술에서와 마찬가지로 이용자가 착용하는 HMD가 있다. 다만 증강현실의 경우 가상현실에서 사용하는 HMD에 비해 안경 형태로 제작되어 비교적 가벼우며 실제로도 이용이 편리한 HMD가 주로 출시되고 있다. 예를 들어, 2019년 새롭게 출시한 '구글 글라스 엔터프라이즈 에디션2' 모델은 기기에 장착된 소형 프로젝터를 통해 컴퓨터가 만든 이미지를 사용자 눈에 투사하는 방식이며 이를 통해 사용자는 현실 세계에 겹쳐진 컴퓨터 그래픽을 볼 수 있다(박광수, 2019). 그밖에 TV나 모니터와 같은 디스플레이 기기와 영상을 투사할 수 있는 프로젝터, 그리고 스마트폰과 같은 모바일 기기가 필요하다.

증강현실 기술이 현실의 세계를 기반으로 하기 때문에 현실 세계에 도움이 되는 정보를 얻을 수 있고, 비교적 가벼운 HMD를 사용하거나 별도의 장비 없이도 이용 가능하기 때문에 편의성이 높은 장점이 있다. 페이스북 CEO 저커버그(Mark Zuckerberg)도 2010년대 기술 플랫폼이 휴대전화였지만 2020년대에는 증강현실 글라스에서 혁신이 나올 것으로 주장했다(정성호, 2020). 증강현실은 많은 사람이 이미 사용하는 스마트폰에서도 구현이 가능하고, 가상현실 HMD보다 더 가볍고 편리한 AR 전용 헤드셋 혹은 AR 글라스를 통해 더 대중적인 사용이 가능하다. 국내에서도 2020년 3분기에 LG유플러스는 중국 스타트업 엔리얼과 함께 '엔리얼 라이트'라는 AR 글라스를 출시할 예정이며, SK텔레콤도 미국의 매직리프의 AR 기기에 대한 유통권을 확보하고 AR 생태계를 구축하고 있다(조성흠, 2020). 2012년 처음 소개되어 시험 단계에 그쳤던 초기 구글 글라스의 뒤를 이어 다수의 IT기업이 AR 글라스를 시장에 내놓고 대중화를 위해 노력하며, 통신 기술을 접목하여 향후 스마트폰의 자리까지 넘보고 있다.

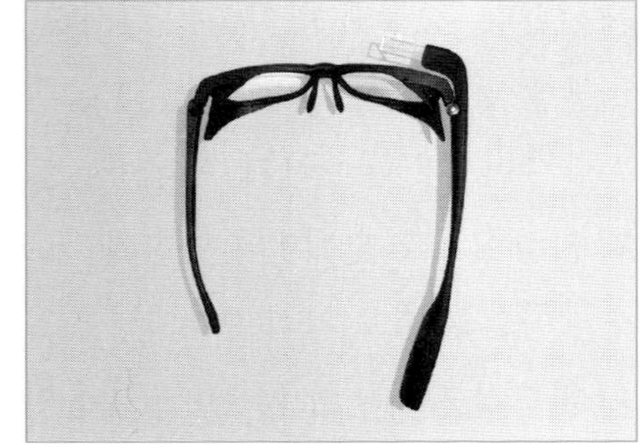

[그림 10-2] **구글 글라스 엔터프라이즈 2**

출처: Google Glass(www.google.com/glass/start/)

광고와 PR 분야에서 증강현실 기술은 현실과 가상의 혼합현실을 증폭하여 이용자(소비자)와 즉각적인 상호작용을 구현하는 방식으로 나아가고 있다(차영란, 2019). 시간과 공간에 제약을 받지 않는 특성으로 소비자와 언제 어디서든 접촉이 가능하게 만들어 주기 때문에 COVID-19 사태와 같이 사회적 거리두기가 일상화가 되고 비대면 접촉을 할 수밖에 없는 상황에서 더욱 유용할 것으로 예상할 수 있다.

3) 혼합현실

가상현실과 증강현실과 비슷한 개념으로 섞여 있는 혹은 혼재된 현실이라는 의미의 혼합현실 기술이 있다. 혼합현실은 현실세계에 가상의 존재를 추가하고 결합하여 재현한다는 점에서 증강현실과 비슷할 수 있다(이상엽, 2018). 하지만 가상현실과 증강현실의 장점은 살리고 단점을 보완한 개념으로, 실제 환경 속에서 HMD에서 구현된 디지털 화면을 통해 실시간 상호작용이 가능하다.

혼합현실은 현실세계와 가상현실이 결합되어 현실의 객체와 가상의 객체가 서로 상호작용할 수 있는 환경을 의미한다(이아름, 2018). 증강현실과의 차이는 혼합현실에서는 현실에 존재하는 객체와 동등한 성격의 가상의 객체가 구현되어 독립적인 형태로 운영된다는 점이다(이성미, 2019). 따라서 몰입감의 측면에서 볼 때 증강현실 기술보다 혼합현실 기술이 더 뛰어난 편이다. 혼합현실은 가상에서의 감각적 경험이 현실과 연결되어 가상의 객체가 실제로 존재하는 것으로 느끼게 된다. 최근에는 가상현실, 증강현실, 혼합현실 그리고 홀로그램과 같이 디지털 기술을 통해 인간의 감각을 확장해 준다는 점에서 확장현실(XR)이라고 부르는 경우가 많으며, 이러한 기술은 모두 몰입경험을 제공해 주는 실감 기술(immersive technology)이라고 할 수 있다.

밀그램과 키시노(Milgram & Kishino, 1994)는 양극단에 현실세계와 가상세계를 놓고 가상성의 연속 체계(continuum) 개념을 제시했다([그림 10-3]). 증

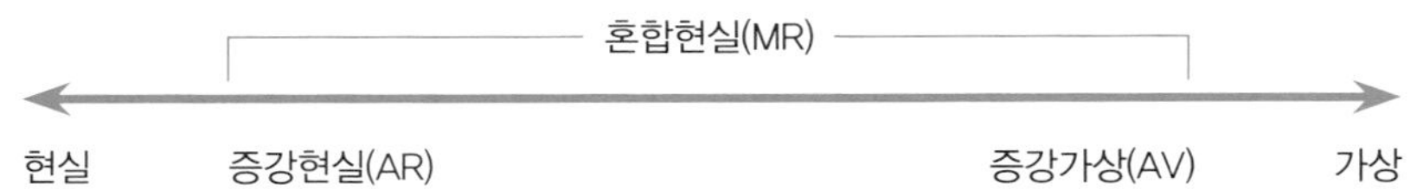

[그림 10-3] **현실과 가상의 연속 체계**

출처: Milgram & Kishino (1994).

강현실은 현실세계에 가상의 존재나 객체를 구현하여 증가된(혹은 증강된) 정보를 제공하므로 연속 체계에서 현실에 더 가깝게 위치하고 있다. 증강가상(Augmented Virtuality: AV)은 증강현실과 다르게 실제의 공간에 사용자가 가상공간으로 들어가서 형성되는 이미지로 실제 공간에 출력되는 디스플레이 등을 통해 인지되는 공간을 의미한다(심성욱 외, 2019). 그리고 혼합현실은 양극단의 현실과 가상 사이에 존재하는 연속 체계 내의 모든 차원을 의미하며, 증강현실과 증강가상을 포함한다.

혼합현실을 이용하기 위해서 필요한 대표적 기기는 투시형 HMD(see-through HMD)다. 혼합현실은 실제 환경을 바탕으로 가상의 존재가 혼합되는 형태이기 때문에 투과가 가능한 디스플레이가 필요하다. 마이크로소프트사는 2019년 초부터 새롭게 개선된 투시형 HMD인 홀로렌즈 2(HoloLens 2)를 공급하기 시작했다(안희권, 2019). 홀로렌즈는 반투명 디스플레이를 통해 현실과 상호작용하며, PC나 스마트폰과 연결하지 않고 독립적으로 사용이 가능하다. 2세대는 1세대에 비해 무게를 줄이고 헤드밴드를 조이는 식으로 착

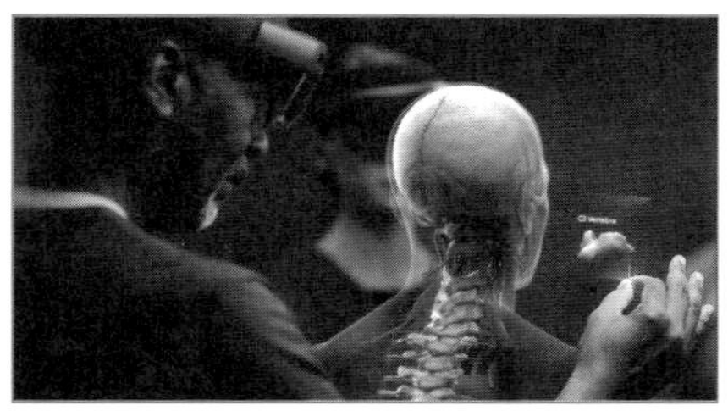

[그림 10-4] **마이크로소프트사의 홀로렌즈 2**

출처: Microsoft(https://www.microsoft.com/en-us/hololens)

용 편의성을 향상시켰다(이기범, 2019). 삼성전자는 2018년 혼합현실을 지원하는 HMD 오디세이 플러스를 출시했고, HTC는 바이브(VIVE) 그리고 바이브 프로(VIVE Pro)와 같은 HMD 기기를 출시하는 등 많은 IT기업이 혼합현실 시장에 진입하고 있다.

이와 같은 가상현실, 증강현실, 혼합현실 기술을 구현 방식과 장단점 등을 비교해 놓으면 다음 〈표 10-1〉과 같이 정리할 수 있다.

〈표 10-1〉 **가상현실, 증강현실, 혼합현실의 비교**

구분	가상현실	증강현실	혼합현실
구현 방식	• 현실세계를 차단하고 디지털 환경만 구축	• 현실 정보 위에 가상 정보를 입혀서 보여 주는 기술	• 현실 정보 기반에 가상정보를 융합
장점	• 컴퓨터 그래픽으로 입체감 있는 영상 구현 • 몰입감 뛰어남	• 현실 세계에 그래픽을 구현하는 형태로 필요한 정보를 즉각적으로 보여 줌 • 현실과 상호작용 가능	• 현실과 상호작용 우수 • 사실감, 몰입감 극대
단점	• 현실 세계와 차단되어 있어 현실과 상호작용 약함 • 별도의 컴퓨터 그래픽 세계 구현해야 함	• 시야와 정보 분리 • 몰입감 떨어짐	• 처리할 데이터 용량이 커서 다루기 어려움 • 장비나 기술적 제약 있음
제품	• 오큘러스 HMD 등	• 포켓몬 고 등	• MS 홀로렌즈 등

출처: 심성욱 외(2019).

4) 홀로그램

홀로그램(Hologram)은 그리스어로 전체를 뜻하는 Holo와 정보나 메시지를 뜻하는 Gram이 합쳐진 용어로, 홀로그래피 기술로 촬영된 결과물이다(남현숙, 2020). 홀로그램은 보통 실제 물체처럼 입체로 보이는 3차원 이미지나 영상을 의미하는데, 실제 존재하지 않은 대상을 실제로 존재하는 것처럼 보이게 재현하기 때문에 몰입경험을 제공하는 실감 기술의 한 예라고 할 수 있다. 따라서 홀로그램이 만들어 내는 이미지는 앞서 살펴본 증강현실이나 혼합현실의 성격을 갖는다(신일기, 2019).

홀로그램은 2개 이상의 레이저광이 서로 만나 빛의 간섭을 일으키는 현상을 이용하여 3차원의 입체 정보를 기록하여 재생하는 기술이다(남현숙, 2020). 홀로그램은 만들고 재생하는 방법에 따라 크게 세 가지로 구분된다(이길영, 2019). 첫째, 유사 홀로그램으로 디지털 영상합성 기술로 투명한 스크린 뒤에 이미지가 나오는 투사를 통해 사람이나 사물이 해당 홀로그램 이미지를 자유롭게 지나가거나 옆에 있는 것과 같은 효과를 주며, 홀로그램 광고나 원격회의 등에서 사용된다. 둘째, 아날로그 홀로그램으로 사진촬영 기술을 응용하여 광원으로 레이저를 사용해 촬영한 3차원 영상 기술로 홀로그램 사진과 전시에 주로 사용된다. 셋째, 디지털 홀로그램으로 사물로부터 반사된 빛을 디지털 기록이 가능한 형태로 바꾸고 이를 다시 전자식 홀로그래피 디스플레이 장치를 통해 동영상으로 구현하는 기술로 홀로그램 게임 등에서 사용된다.

홀로그램은 스타워즈와 같은 SF영화 속에서 주로 등장하여 미래의 대표 기술로 인식되었지만 최근에는 주로 공연 분야를 비롯한 다양한 분야에서 사용되고 있다. 예를 들어, 동대문에 위치한 홀로그램 전용관에서는 '강남스타일'로 유명한 가수 싸이를 비롯한 대표적인 K팝 가수들이 실제가 아닌 홀로그램 형태로 등장하여 실감나는 공연을 펼치기도 했다(이은정, 2014).

홀로그램을 이용한 광고와 PR은 시각적 효과가 강렬하기 때문에 소비자와 공중에게 손쉽게 흥미와 호기심을 불러일으킬 수 있다. 지난 2016년 독일의 자동차 회사 포르쉐(Porsche)는 새로운 모델을 선보이면서 세계에서 최초로 상호작용 홀로그램 광고를 공개했는데, 스마트폰이나 태블릿PC 위에 프리즘이라는 도구를 놓으면 포르쉐 웹사이트를 통해 홀로그램 영상을 확인할 수 있다(설성인, 2018). 중국의 가전회사 하이얼(Haier)은 냉장고를 홀로그램을 이용하여 광고를 했는데, 냉장고 내부를 보여 주기도 하고 냉장고 주변으로 얼음조각이 날아다니기도 하면서 소비자들의 주목을 끌었다(신다은, 2019).

디지털 홀로그램 기술은 의료, 자동차, 전자기기 등의 분야에서 활발하게 사용되고 있는데, 궁극적으로 이 기술이 대중화되기 위해서는 '3무 홀로그램 기술', 즉 무안경, 무어지럼증, 무왜곡을 실행할 수 있는 기술 개발이 이루어져야 한다(남현숙, 2020). 홀로그램뿐만 아니라 융합현실 역시 기술적 제약을 극복하고 보다 많은 사람이 손쉽게 이용할 수 있을 때 광고와 PR 분야를 비롯한 다방면에서 그 효과가 극대화될 것이다.

5) 시장 동향 및 예측

미국의 정보 기술 연구 및 자문 회사인 가트너(Gartner)는 매년 5단계로 이루어진 디스플레이 기술(Display and Vision)의 하이프사이클(hypecycle)을 발표한다. 2019년 기준으로 VR 기술은 4단계에 해당하고 AR과 MR 기술은 3단계에 해당한다. 융합현실 기술을 이용하는 데 주로 사용되는 HMD도 3단계로 모두 1~2단계는 지난 것으로 판단된다. 가트너의 하이프사이클에 따르면 1단계는 잠재적 기술력으로 관심을 받는 단계이고, 기대가 정점에 이르면 2단계로, 일부 기업들만 투자를 이어 나가는 3단계, 그리고 기술이 안정화되고 수익성이 나타나 다수의 기업 투자가 이루어지는 4단계를 거쳐, 해당 기술이 주류로 자리 잡는 5단계로 구분한다(이은민, 2020). 현재로서는 가상현실 기술만이 시장에서 수익이 나타나는 안정화 단계로 2년에서 5년 사이에 5단계로, 증강현실이나 혼합현실은 이보다 긴 5년에서 10년 정도 지나면 5단계로 진입할 것으로 예상되고 있다. 한편, 2022년 이후에는 몰입형 디스플레이의 수요가 증가하여 융합현실 기술이 대중화 단계로 진입할 것으로 예상되어(이은민, 2020), 이미 많은 IT 관련 기업이 VR, AR, MR과 같은 융합현실 기술에 투자를 하고 있다.

한편, 영국의 다국적 회계 감사 기업인 PwC(PricewaterhouseCoopers)에 따르면 전 세계의 VR/AR 시장이 2019년 464억 달러에서 2030년에는 약 1조 5천억 달러로 대폭 증가할 것으로 예상된다(이은민, 2020). 이와 같이 융합

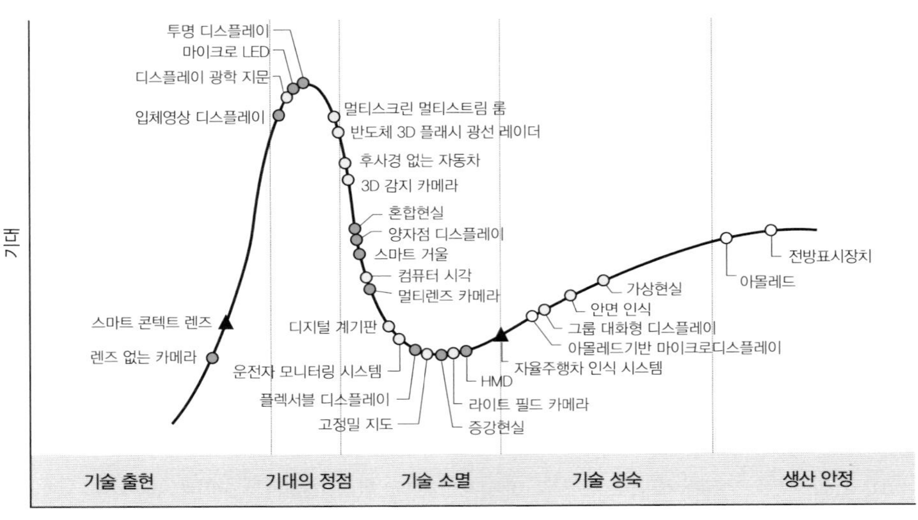

안정단계에 도달할 기간

○ 2년 이하 ○ 2~5년 사이 ● 5~10년 사이 ▲ 10년 이상

[그림 10-5] **가트너의 디스플레이 기술 하이프사이클**

출처: Gartner (2019).

현실 기술의 글로벌 시장 전망은 매우 밝을 것으로 예상되기 때문에 기존의 ICT 기업을 비롯한 통신사업자들의 적극적인 참여가 이루어지고 있다.

홀로그램 산업의 시장 규모 역시 증가할 것으로 예측된다. 세계 홀로그램 산업은 2018년 160억 달러로 추산되며 2022년에는 205억 달러로 지속해서 성장할 것으로 전망하고 있다(이길영, 2019). 홀로그램의 국내 시장 규모는 대기업의 비중이 매우 높은 편이며, 연평균 10% 내외의 성장률로 2025년에는 약 1조 4천억 원 규모가 될 것으로 추산된다(이길영, 2019). 삼성이나 LG와 같은 대기업이 주로 투자를 하고 있지만, 경쟁력 있는 강소 IT기업의 적극적인 참여를 유도하기 위한 정부 당국의 지원책이 필요한 분야라고 할 수 있다. 또한 기술적 진입장벽이 비교적 낮은 유사 홀로그램 기술을 적용할 경우 체험이 용이하므로, 이미 초고속 네트워크 환경이 갖추어진 우리나라에서는 지속적인 산업 장려 정책이 요구된다.

한편, 차영란(2017, 2019)은 AR과 VR 전문가들을 심층 인터뷰하여 융합현실 기술이 광고, PR 산업 분야에서 어떻게 활용되고 활성화될지 연구하였다. SWOT 분석 결과, AR과 VR 시장 모두 정부가 미래 콘텐츠 육성을 위해 국가적 차원에서 지원을 하고 있고 융합현실 기술 활용으로 광고 효과가 나타나고 있는 점이 장점으로 제시되었다. 하지만 민간 주도가 아니고 해당 기술에 대한 대중적 인지 부족이나 콘텐츠 부재로 인한 관심도 하락 그리고 기술적 한계 등이 단점으로 지적되었다. 4차 산업혁명의 신기술에 대한 정부의 진흥 정책과 규제완화 가능성이 커지고 관련 산업과의 시너지 효과 및 우수한 네트워크 환경 등은 기회로 고려되었다. 하지만 외국 기업과의 경쟁과 시장의 미성숙 및 우수한 인력의 부족 등이 위협 요인으로 지적되었다. 결론적으로 광고, PR 분야의 활성화를 위하여 몇 가지 함의가 제시될 수 있는데, 먼저 모바일 시장 환경이 성장하면서 광고, PR 분야 역시 성장했듯이 융합현실 생태계가 지속적으로 성장하는 것이 필요하다. 융합현실 기술은 4차 산업혁명의 주요 기술로 인식되어 정부의 투자가 이루어지고 있기 때문에, 기업 역시 자생적으로 활성화할 수 있는 환경을 만들어 주어야 할 것이다. 또한 융합현실 기술을 활용한 원천 콘텐츠와 서비스 가치를 개발하는 것이 중요하다. 단순히 주목을 받고 흥미를 끄는 콘텐츠에 그쳐서는 안되며 포켓몬 고와 같은 킬러 콘텐츠를 지속적으로 만들어 내야 한다. 그리고 많은 이용자가 편리하게 이용할 수 있는 네트워크 및 플랫폼 개선이 지속적으로 이루어져야 한다. 결론적으로 홀로그램 기술을 포함하는 융합현실 혹은 확장현실 기술의 건전한 생태계가 형성되어야 광고, PR 산업 역시 함께 발전할 것이다.

3. 광고PR 사례

1) AT&T의 'It Can Wait' 캠페인

운전을 할 때 한눈을 파는 일은 졸음운전과 같이 매우 위험하다. 특히 스마트폰이 널리 보급되면서 운전자들이 운전 중 스마트폰 메시지에 바로바로 답장을 하게 되었고, 운전 중 스마트폰 조작으로 인한 교통사고 역시 증가했다. 한국에서도 운전 중 휴대전화를 사용하지 못하도록 하고 이를 위반할 경우 벌점과 범칙금을 부과하는 도로교통법과 시행령을 제정하게 이르렀다.

미국의 통신기업 AT&T는 이러한 운전 중 휴대전화 사용으로 인한 사고를 막기 위한 캠페인으로 운전할 때는 운전에만 집중하고 휴대전화 사용은 운전을 마친 후 혹은 정차 중에 하자는 의미를 담은 'It Can Wait' 캠페인을 2015년부터 전개했다. 특히 '360 It Can Wait Driving Simulation'이라는 동영상은 2015년 10월에 공개되어 2020년 8월 말까지 약 7백만 조회수와 1,859개의 코멘트가 달렸다. 해당 동영상은 가상현실 동영상으로 유튜브에서 시청할 경우 마우스를 통해 360도 시야각을 통해 영상을 볼 수 있다. 스마트폰 기반 혹은 PC 기반 HMD를 착용할 경우 높은 몰입도에 빠져서 이용자가 직접 운전을 하고 있다는 착각이 들게 한다. 특히 음향 효과나 운전에 움직임 및 요동 등이 잘 구현되어 있다. 해당 영상의 주인공은 운전을 하면서 휴대전화 메시지가 오면 답장을 보내기 위해 조작을 하면서 한눈을 팔게 되는 상황이 매우 실감나게 재현되어 있다. 몇 차례 사고 위기를 겪음에도 불구하고 계속해서 운전 중 휴대전화를 사용하다가 마지막에는 결국 다른 차와 충돌을 하고 시선이 부감(high angle)되면서 결국 죽음을 암시하는 것으로 영상이 끝난다. 이렇게 체험이 중요한 경우 유튜브 동영상을 시청하는 것보다 HMD를 착용하고 VR영상으로 시청할 경우 그 효과가 매우 클 것이다.

AT&T는 ItCanWait.com을 운영하고 있는데 VR 동영상과 일반 동영상 그

[그림 10-6] **AT&T의 It Can Wait 캠페인과 VR 영상**

출처: www.itcanwait.com

리고 최신 뉴스 등이 게시되어 있다. 그리고 운전 중 한눈을 팔지 않겠다는 서약 캠페인을 함께하여 2020년 8월 말까지 약 40,382,800명이 참여하는 성과를 올렸다. 캠페인 방법은 두 가지인데 하나는 손바닥에 It Can Wait라는 메시지를 적어서 맹세하듯이 손을 들고 사진을 찍어 올리는 방법이다. 다른 하나는 '산만한 운전은 결코 괜찮지 않다(Distracted driving is never OK)'와 관련된 세 가지 사항을 읽고 맹세한다는 페이지로 넘어가 자신의 이름과 이메일 주소를 적어서 제출하는 것이다. 트위터(Twitter), 페이스북, 인스타그램(Instagram) 등과 같은 SNS 계정을 통해서도 캠페인을 널리 알리고 있다.

운전 중 휴대전화 사용으로 한눈을 파는 것은 운전자 본인의 잘못이지만, 휴대전화 통신 서비스를 제공하는 기업에서 이에 대한 캠페인을 적극적으로 시행하는 것은 기업의 사회적 책임(CSR)을 다하는 것으로 볼 수 있으며 브랜드 평판 관점에서도 매우 큰 성과를 거두고 있다고 평가할 수 있다.

2) 현대자동차

남한과 북한으로 분단되어 있는 현실에서 북한 지역은 가깝지만 갈 수 없는 곳이다. 현대자동차 그룹이 2016년 선보인 '고잉홈(Going Home)' 온라인

[그림 10-7] **현대자동차 고잉홈 캠페인과 동영상**

출처: https://www.hyundai.co.kr/intro/goinghome-introduction.hub

캠페인 영상은 이러한 분단의 현실을 감동적으로 풀어내었다. 고향에 가고 싶어도 갈 수 없는 실제 실향민이 등장하여 북한의 2D 위성지도를 3D 지도로 구현하여 가상현실 속에서 고향집까지 방문하는 여정을 담고 있다. 해당 광고는 '2016 칸 국제광고제'에서 미디어 부문 입선과 '2016 애드페스트 어워드'에서 인터렉티브 부문 은상을 수상하는 성과를 거두었다.

한국인에게 북한 지역에 방문하여 북한 사람들을 만나는 일은 좀처럼 일어나기 어려운 일이다. 융합현실 기술을 통해 북한지역을 가상으로 재현하여 실제로 방문하는 듯한 느낌을 들게 하는 아이디어는 단순한 기업과 제품 광고 이상의 의미를 가진다. 상상의 세계가 꼭 미래의 이야기나 공상 속의 세계만이 아닌 가깝지만 정치적 이유로 혹은 종교적 이유 등으로 현실적으로 갈 수 없는 지역을 방문하게 해 주는 것이다. 한국인들에게는 북한 지역이 이에 해당할 수 있다. 융합현실 기술은 가상의 세계를 통해 종교 난민을 자신의 고향으로 돌려보내 주는 따뜻한 커뮤니케이션 기술이 될 수 있다. 또한 이러한 아이디어를 기업이 광고나 PR 캠페인으로 풀어 냄으로써 브랜드 이미지 제고에 큰 도움을 줄 것으로 기대할 수 있다.

3) 대학교 PR 영상

고3 수험생들은 자신이 가고 싶은 대학교 캠퍼스에 방문하여 학교 캠퍼스를 둘러보고, 대학생 선배들을 만나 궁금한 점도 물어보고 싶어 한다. 이에 국내외 대학에서 대학교 홍보대사 제도를 마련하여 현재 재학중인 학생들 중에서 홍보대사를 선발하여 학교 홍보에 대한 교육을 시키고, 고등학생을 비롯한 방문객들의 캠퍼스 투어를 맡기고 있다. 미디어를 통해서 접하거나 주위 사람들을 통해서만 이야기를 듣는 것보다 자신이 직접 캠퍼스를 방문해 실제 경험을 하면서 자연스럽게 해당 학교에 대한 좋은 이미지를 가질 수 있다. 대학교 입장에서는 장래의 입학생이 될 중고등학생들과 그 학부모를 상대로 좋은 관계를 유지하는 것이 우수한 신입생을 유치하여 학교를 발전시키기 위한 첫걸음이 될 수 있다.

중고등학교의 경우 자신이 사는 집 근처에서 있는 학교를 걸어서 혹은 버스나 지하철을 타고 다니는 경우가 보통이다. 하지만 대학교는 집 근처가 아닌 다른 지역에 있는 곳을 다니게 되는 경우가 많다. 한국의 경우 대중교통을 이용하면 전국이 4~5시간 이내에 도달할 수 있지만, 미국이나 중국과 같이 국토가 넓은 국가의 경우 더 오랜 시간을 들여 가야 하는 경우도 많기 때문에 중고등학생이 자신이 가고 싶은 대학교 캠퍼스를 방문하는 일이 쉽지만은 않다. 그리고 COVID-19 사태에서처럼 감염 등으로 인하여 장기간 사회적 거리두기를 실천해야 하는 등의 특수 상황에서는 캠퍼스 방문이 모두 중단된다. 이를 해결할 수 있는 방법으로 VR, AR, MR 캠퍼스 투어와 같은 새로운 형태의 PR을 제시할 수 있다.

국내 대학의 경우 캠퍼스 투어에 융합현실 기술을 사용한 곳이 적지 않다. 대부분 360도 카메라로 캠퍼스와 건물 및 그 내부를 찍은 이미지를 제공하고 있다. 줌 기능을 통해 확대해서 볼 수도 있고, 간단한 상호작용성을 갖춘 경우가 많다. 특정 건물이나 건물 내 특정한 공간을 클릭하면 설명이 제시되는데 음성으로 나오는 경우는 많지 않고 대부분 텍스트 형태로 제공된다. 하지

[그림 10-8] **국민대학교 캠퍼스 360도 VR영상**

출처: 국민대학교 웹페이지(https://www.kookmin.ac.kr/site/about/cyber/movie.htm)

만 평면의 캠퍼스 지도만 제공하는 학교도 적지 않다.

국내 대학교 가운데 비교적 융합현실 기술을 잘 적용한 곳이 국민대학교다. 국민대학교 홍보 영상에는 일반적인 학교 통보에 약 12분 분량의 캠퍼스 VR영상을 함께 제공하고 있다. 360도 카메라로 찍은 영상에 남녀 한 명씩 두 명의 주인공이 등장하는데 여학생이 남학생에게 학교를 설명하면서 캠퍼스 투어를 하는 형식을 취하고 있다. 자연스럽게 대화를 이어 나가기는 하지만 주인공 학생들이 직접 등장하지는 않고 목소리만 등장한다.

미국의 대학교들은 이보다 몰입감이나 실제감이 높은 수준의 융합현실 기술이 사용된 학교 홍보 영상을 제공한다. 특히 유비지트(youbisit.com)라는 가상현실 기술 전문기업이 개발한 대학교 투어 플랫폼은 이미 많은 대학교에서 이용하고 있다. 예를 들어, 예일대학교(Yale University)는 유비지트가 제공한 플랫폼을 통해 가상 캠퍼스 투어 웹페이지를 운영한다. 해당 사이트에 방문하면 다섯 가지 투어 종류(Yale Campus Tour, Yale Science Tour, Yale Engineering Tour, Yale Athletics Tour, Yale Residential College Tour)가 제시되어 있다. 원하는 투어 종류를 클릭해서 입장하면 오른쪽 하단에 예일대학교 티셔츠를 입은 재학생이 등장하여 설명을 하는데, 실제 캠퍼스 투어와 같은 느낌을 갖게 해 준다. 볼륨 아이콘을 클릭하면 음성이 꺼지고 텍스트 설명으로 전환되어 청각 장애인도 이용할 수 있다. 또한 화살표를 따라 움직이면 다른 공간으로 이동하고 같은 학생이 다시 등장하여 설명을 계속한다. 오른쪽 하단에 사진을 클릭하면 해당 공간에 대한 보다 많은 스틸 사진과 360도 파노라마 영상, 그리고 일반 동영상이 제공된다. 왼쪽 하단에는 구글 맵이 있어서 해당 공간이 캠퍼스에서 어디쯤에 위치하는지 쉽게 알 수 있다.

모든 미국의 대학교가 이 같은 형태의 캠퍼스 투어를 제공하는 것은 아니다. 주립 대학교인 미시간대학교(University of Michigan)의 경우 일반적인 캠퍼스 안내와 함께 가상 투어 코너(Take a Virtual Tour)가 있다. 클릭하면 유튜브에 있는 미시간대학교 캠퍼스 투어 영상으로 링크가 되어 있다. 해당 영상은 일반적인 학교 홍보 동영상과는 달리 다양한 재학생이 등장하여 학생회관, 기숙사와 식당, 도서관, 각종 단과대 건물, 캠퍼스 교통, 헬스센터, 대학

[그림 10-9] **예일대학교 VR 캠퍼스 투어**

출처: https://admissions.yale.edu/virtual-tour#virtualtour

스포츠, 대학교가 위치한 도시인 앤아버(Ann Arbor) 등에 대한 소개를 직접 들려줌으로써 단순한 정보 제공 이상의 친밀감을 느낄 수 있게 해 준다. 오늘날과 같은 언택트 시대에는 예전보다 더 많은 사람이 이러한 VR 형식의 투어에 관심을 가지고 있을 것으로 판단된다.

VR 캠퍼스 투어는 대학교뿐만 아니라 소비자나 관계 공중이 방문하고 싶어 하는 다른 조직이나 기관에서도 충분히 활용할 수 있는 훌륭한 PR 수단이다. 지리적으로 멀리 떨어져 있어서 방문하기 힘든 경우는 물론이고 대면이 어려운 여러 비상 상황에서도 매우 효과적이다.

4) 돈의문 디지털 복원

서울은 조선 시대부터 이어져 온 수도로 많은 유적이 남아 있지만 일제강점기와 한국전쟁을 거치면서 사라진 유적도 적지 않다. 문화재청과 서울시, 우미건설, 제일기획은 2019년 8월 서울 돈의문박물관마을에서 '한양도성 돈의문 IT건축 개문식' 행사를 열었다. 이 행사에서 사대문 가운데 유일하게 복원되지 못한 돈의문(서대문)이 디지털 기술로 복원되었다. 그리고 증강현실과 가상현실을 통해 돈의문의 옛 모습을 가상으로 체험할 수 있다. 돈의문 증강현실 체험용 모바일 앱을 정동사거리 주변에서 실행하면 디지털로 재현된 돈의문의 모습을 다양한 각도에서 경험할 수 있으며, 특히 시간대에 따라 조도가 다른 돈의문의 모습을 볼 수 있다. 또한 정동사거리 근처에 설치된 키오스크를 통해 옛 돈의문 자리에 증강현실로 재현된 돈의문의 모습을 감상할 수 있고, 체험관에는 실사 모형인 디오라마 전시와 함께 VR 체험존이 설치되어 관람객들이 이용할 수 있다.

현실적인 이유로 복원이 불가능한 문화재를 디지털 기술을 통해 복원시키고, 실감 기술을 통해 실제 경험하는 것과 같은 체험을 할 수 있게 해 주는 작업은 많은 문화재가 소실된 우리나라에서 필요한 공공 PR이라고 할 수 있을 것이다.

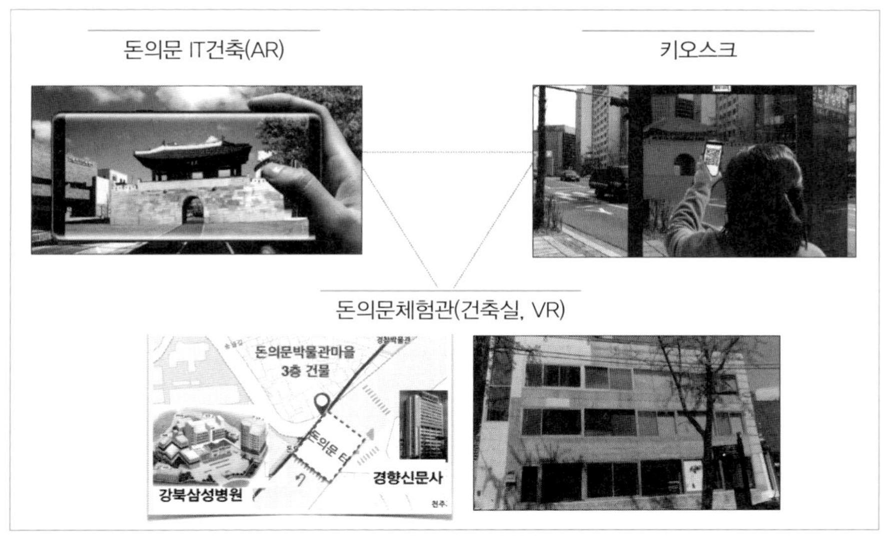

[그림 10-10] **돈의문 디지털 복원과 융합현실 기술**

출처: 문화재청.

5) 홀로그램 기술로 재현된 레고

2018년 코펜하겐에 위치한 레고의 플래그십 매장에서 딥프레임(Deep-Frame)이라는 홀로그래픽 디스플레이 혹은 혼합현실(MR) 기술이 사용되어 사람들의 시선을 끌었다. 레고 이노베이션 하우스와 덴마크의 IT기업인 리얼픽션(Realfiction)의 공동 프로젝트로 시작한 것으로, 레고 박물관에서 유령에 대한 소문이 나온 것에서 최초의 아이디어가 시작되어 딥프레임 기술을 통해 현실화시킨 것이다. 해당 기술을 사용하여 고해상도의 이미지를 재현해 낼 수 있어, 레고의 플래그십 매장에 레고와 상어 등이 홀로그램 이미지 혹은 혼합현실로 재현되어 나타나서 지나가던 사람들의 발걸음을 멈추게 만들었다.

해당 프로젝트를 이끈 마이클 리(Michael Lee)는 미래를 예측하며 디지털 대상들(objects)이 실제 세계와 합쳐지는 모습을 다음과 같이 파악했다. "우리의 공적 공간에서 스크린이 더 큰 역할을 하고 있고, 홀로그램 기술이 사람들의 눈에 띄고 그들을 멈춰 세울 수 있다는 점은 의심의 여지가 없다. 그러나

[그림 10-11] **홀로그램 기술인 딥프레임으로 재현된 레고**

출처: Realfiction(www.blog.realfiction.com)

차이를 만드는 것은 디지털 대상을 현실과 결합시키는 광학 렌즈의 능력이다. 사람들은 공감할 수 있는 무언가가 필요하다. 트렌드는 확실히 스토리텔링을 다음 단계로 끌어올릴 수 있는 기술로 향해 가고 있다." 즉, 융합현실이나 홀로그램 기술과 같은 새로운 ICT 기술을 사용할 때도 기술 그 자체보다 사람들의 공감을 이끌어 내는 것이 광고와 마케팅 분야에서 매우 중요하다는 것을 강조했다고 볼 수 있다.

4. 마치며

가상의 세계가 더 실제와 같아서 어느 것이 실제인지 가상인지 구분이 되지 않는 상황은 예전 영화 속에서 단골소재로 다루어져 왔다. 영화 속에서만 이야기되거나 상상 속에서만 존재해 왔던 일들이 융합현실과 홀로그램 기술과 같은 디지털 ICT 기술의 발달로 우리가 사는 시대에 실현될 수 있을 거라는 기대를 갖게 한다. 광고, PR 및 마케팅 분야에서도 소비자의 오감을 자극하여 실감나고 차별화된 경험을 제공하고 손쉽게 관심과 흥미를 이끌 수 있다는 점에서 융합현실과 홀로그램 기술은 활발하게 적용될 것으로 예측된다. 하지만 새로운 기술이라고 해서 무조건적으로 받아들일 필요는 없다. 기업과 조직 입장에서 융합현실과 홀로그램과 같은 기술이 적용되었을 때 더 큰 효과가 예상되는 경우를 찾기 위한 노력이 필요하다. 앞서 살펴본 몇 가지 사례에서 알 수 있듯이, 융합현실 및 홀로그램 기술이 적절히 사용된 광고와 PR이 집행될 경우 해당 기업이나 조직의 브랜드 이미지가 제고될 수 있고, 사회적 책임도 다할 수 있다. 특히 여러 가지 이유로 특정 공간을 방문할 수 없을 경우 가상현실과 같은 기술이 매우 효과적일 수 있다.

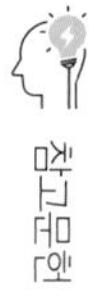

관련 산업과 시장은 계속 성장할 것으로 예상되지만 아직은 해당 기술을 이용하기 위한 기기의 구입 가격이 대중화되기에는 어려운 것이 사실이다. 하지만 많은 ICT기업이 기기의 대중화를 위해 노력하고 있고, 통신기업들도 보다 나은 네트워크, 플랫폼 그리고 콘텐츠 서비스를 제공하고 있다. 따라서 광고 및 PR 산업계도 지속적인 관심과 투자를 통해 새롭게 열리는 시장의 기회를 놓쳐서는 안 될 것이다.

참고문헌

남현숙(2020). 의료와 자동차 산업에서의 디지털 홀로그래피 기업 기술 동향. **월간SW 중심사회**, 4, 4-10.

신일기(2019). 홀로그램과 광고의 미래. 김현정 외, **스마트 광고 기술을 넘어서** (pp. 285-318). 서울: 학지사.

심성욱, 김운한, 신일기, 김신엽, 김상현(2019). **인터랙티브 광고론 제2판**. 서울: 서울경제경영.

이길영(2019). 홀로그램(Hologram) 기술의 이해와 서비스 사례. **이슈리포트 2019-24**. 충북: 정보통신산업진흥원.

이상엽(2018). XR(Cross Reality)의 기술 개요와 동향. **주간기술동향**. 서울: 정보통신기획평가원.

이성미(2019). 증강현실, 가상현실, 혼합현실과 광고. 김현정 외, **스마트 광고 기술을 넘어서** (pp. 255-283). 서울: 학지사.

이아름(2018). 혼합현실(Mixed Reality, MR) 시장 및 산업동향. 서울: 융합정책연구센터.

이은민(2020). VR/AR 시장 전망 및 사업자 동향. 정보통신방송정책, 32(1), 7-18.

정동훈(2018). 가상현실에 관한 사용자 관점의 이론과 실제. 정보화정책, 24(1), 3-29.

차영란(2017). 광고, PR 산업 분야의 VR 콘텐츠 활용 가능성에 대한 탐색: 심층인터뷰를 중심으로. 한국콘텐츠학회논문지, 17(9), 107-119.

차영란(2019). AR 생태계(C-P-N-D)에서의 광고, PR 산업 분야의 활성화 방안: 질적 연구를 중심으로. 한국콘텐츠학회논문지, 19(9), 67-80.

Gartner(2019. 7). Hype Cycle for Display and Vision 2019.

Milgram, P., & Kishino, F. (1994). A taxonomy of mixed reality visual displays. *IEICE TRANSACTIONS on Information and Systems, 77*(12), 1321-1329.

김시균(2019. 11. 21.). 이제는 촉각으로 가상현실(VR) 체험한다. 매일경제. https://www.mk.co.kr/news/it/view/2019/11/967727/

박광수(2019. 5. 21.). 구글, 더 날렵해진 디자인... '구글 글래스2' 공개. 중앙일보. https://news.joins.com/article/23473930

설성인(2018. 9. 23.). 진화하는 광고 기술... 움직이는 LED부터 홀로그램까지. 조선비즈. https://biz.chosun.com/site/data/html_dir/2018/09/21/2018092102155.html

신다은(2019. 9. 9.). 홀로그램으로 냉장고 광고를? 한겨레. http://www.hani.co.kr/arti/economy/it/908979.html

안희권(2019. 11. 6.). MS, 400만원대 홀로렌즈2 공급시작. 아이뉴스24. http://www.inews24.com/view/1220676

이기범(2019. 2. 27.). 3년 만에 돌아온 MS '홀로렌즈2', 뭐가 달라졌나. 블로터닷넷. http://www.bloter.net/archives/332268.

정성호(2020. 1. 10.). 저커버그 페이스북 CEO "10년대 증강현실 글라스서 혁신 나온다." 연합뉴스. https://www.yna.co.kr/view/AKR20200110030400091

이은정(2014. 1. 17.). 실제보다 더 진짜 같은 싸이...홀로그램 전용관 개관. 연합뉴스. https://www.yna.co.kr/view/AKR20140117141700005

임주영(2019. 10. 16.). 시각에 촉각까지...가상현실 넘어 함께 즐기는 '공존 현실.' KBS. http://mn.kbs.co.kr/news/view.do?ncd=4303469

조성흠(2020. 6. 11.). '넥스트 스마트폰'이 온다...올해 AR글라스 시대 개막. 연합뉴스. https://www.yna.co.kr/view/AKR20200610135400017

차주경(2017. 11. 17.). 포켓몬고 해봤다면...스마트폰으로 즐기는 증강현실 앱. IT조선. http://it.chosun.com/site/data/html_dir/2017/11/17/2017111785055.html

황치규(2016. 6. 15.). 김광석은 어떻게 홀로그램으로 부활했나. 지디넷코리아. https://zdnet.co.kr/view/?no=20160615145831

인명

저자소개

김병희(Kim, Byoung Hee)

현재 서원대학교 광고홍보학과 교수로 재직하고 있다. 서울대학교를 졸업하고 한양대학교 광고홍보학과에서 광고학 박사학위를 받았다. 한국PR학회 제15대 회장과 한국광고학회 제24대 회장으로 봉사하였다. 제1기 정부광고자문위원회 위원장을 맡고 있다. 주요 저서 및 논문으로는 『문화예술 마케팅 커뮤니케이션 전략』(학지사, 2020), 『정부광고의 정석』(커뮤니케이션북스, 2019), 「Analysis of the Interrelationships among Uses Motivation of Social Media, Social Presence, and Consumer Attitudes in Strategic Communications」(2019), 「광고의 새로운 정의와 범위: 혼합연구방법의 적용」(2013) 등 다수가 있다. 한국갤럽학술상 대상(2011), 제1회 제일기획 학술상 저술 부문 대상(2012) 등을 수상했고, 정부의 정책 소통에 기여한 공로를 인정받아 대통령 표창(2019)을 받았다.

김신엽(Kim, Shin Youp)

한국디지털사이니지연구소 소장 및 한양대학교 광고홍보학과 겸임교수로 재직하고 있다. 서울과학종합대학원에서 경영학 박사학위를 받았다. 약 20여 년간 덴츠코리아, 한국야쿠르트 등 디지털 광고회사와 종합광고회사, 광고주를 거쳐 디지털 솔루션 개발로 이어지는 역량을 개발해 왔다. 2016년부터 2018년까지 부산국제광고제 애드테크 콘퍼런스를 기획하여 국내 광고계에 애드테크를 대중화시켰으며 집행위원으로서 부산국제광고제 자문 및 콘퍼런스를 총괄하고 있다. 현재 디지털 옥외광고 효과측정 특허 2종을 발명하여 관련 측정 및 정책 연구 그리고 디지털 마케팅에 관한 자문과 컨설팅을 수행하고 있다. 2019년에는 데이터 분석 스타트업 투자를 유치하고 공동 창업하였다. 주요 연구 분야는 디지털과 브랜드 마케팅, 옥외광고의 디지털 전환 그리고 트랜스미디어와 광고융합이며 이에 관련된 저작과 논문을 다수 발표하였다.

김용환(Kim, Yong Hwan)

현재 네이버 정책연구실의 팀장으로 재직하고 있다. 중앙대학교 심리학과를 졸업하고, 중앙대학교 대학원에서 소비자광고심리학 전공으로 석·박사학위를 받았다. 마케팅 리서치 회사의 연구원, 마케팅 컨설팅 회사의 선임 컨설턴트를 거쳤으며, 네이버의 시장분석실에 입사해 NBP(NHN Business Platform)에서 경영지원팀장 등을 지냈다. 온라인에서 발생하는 다양한 심리학적 문제에 대해 관심을 가지고 있다. 주요 저서로는 『인터넷 생태계 진단』(공저, 고려대학교 출판문화원, 2020)이 있으며, 주요 논문으로는 「소비자 의사결정 여정 모델에 따른 검색 광고 효과 연구」(2020)가 있다.

김운한(Kim, Woon Han)

현재 선문대학교 미디어커뮤니케이션학과 교수로 재직하고 있다. 한양대학교 광고홍보학과에서 광고학 박사학위를 받았다. 주로 광고 콘텐츠와 크리에이티브 관련 과목을 가르친다. 대학교에 오기 전 광고대행사 대홍기획과 웰커뮤니케이션즈에서 크리에이티브 디렉터로 근무하였다. 주요 저서로는 『브랜디드 콘텐츠』(나남, 2016), 『크리에이티브 세렌디피티』(공저, 커뮤니케이션북스, 2016) 등이 있다.

최민욱(Choi, Min Wook)

현재 남서울대학교 광고홍보학과 교수로 재직하고 있다. 한양대학교 신문방송학 학사, 한양대학교 광고홍보학 석·박사학위를 받았으며, 오리콤 광고기획 대리, 금강기획 광고기획 국장으로 근무하였다. 한국정보통신진흥협회 자문위원 등으로 활동하고 있으며, 한국광고홍보학회, 한국광고학회, 한국OOH광고학회 등에서 활동하고 있다. 주요 관심 분야는 뉴미디어 광고홍보, 광고 제도 및 정책, 브랜디드 콘텐츠 등이다.

오현정(Oh, Hyun Jung)

현재 차의과학대학교 의료홍보미디어학과 교수로 재직하고 있다. 미시간주립대학교 언론정보학과에서 언론정보학 박사학위를 받았다. 주요 논문으로는 「When Do People Verify and Share Health Rumors on Social Media? The Effects of Message Importance, Health Anxiety, and Health Literacy」(2019), 「한국 언론은 '노인'을 어떠한 시선으로 바라보는가?」(2019), 「소셜미디어와 인플루엔자 비상사태: 한국의 2015년 MERS 사태 트위터 내용 분석」(2019), 「트위터에서의 정보 공유, 탐색 및 순응에 대한 '루머' 레이블의 영향」(2018), 「Estimating the Impact of a Television Campaign on Tuberculosis Knowledge and Intention to Test for TB in South Korea」(2018) 등이 있다.

김상현(Kim, Sangh Hyun)

현재 이노션 미디어본부 국장으로 재직하고 있다. 성균관대학교 경영학과를 졸업했으며 고려대학교 경영대학원을 수료하였다. 대홍기획, 이노션에서 20년간 광고마케팅 전문가로 근무했으며, 주요 캠페인으로는 〈마이클럽 선영아 사랑해〉 〈롯데칠성 미녀는 석류를 좋아해〉 등이 있다. 스파이크아시아 광고제 심사위원(2016)을 역임하였으며, 대한민국광고대상 대상(2019), 뉴욕페스티벌 IMC 통합 마케팅 부문 은상(2011)을 수상한 바 있다. 저서로는 『인터랙티브 광고론』(공저, 서울경제경영, 2019)이 있다.

차영란(Cha, Young Ran)

현재 수원대학교 미디어커뮤니케이션학과 교수로 재직하고 있다. 이화여자대학교를 졸업하고, 중앙대학교에서 광고, PR 전공으로 광고홍보학 석·박사학위를 받았다. 1982년부터 20여 년간 광고 및 브랜드 컨설팅 실무를 하였다. 주요 저서로는 『광고·PR 실무를 위한 전략적 커뮤니케이션』(공저, 한경사, 2019), 『한국 광고학연구 30년과 전망』(공저, 학지사, 2020) 등이 있다. 역서로는 『정치캠페인과 정치광고』(공역, 한경사, 2010)를 포함한 다수의 역서가 있다. 논문으로는 「광고 및 미디어 산업 분야의 인공지능(AI) 활용 전략」(2018), 「AR 생태계(C−P−N−D)에서의 광고·PR 산업 분야의 활성화 방안」(2019), 「광고·PR 산업 분야의 VR 콘텐츠 활용 가능성에 대한 탐색」(2017)을 비롯한 50여 편의 논문을 발표하였다.

차원상(Cha, Won Sang)

현재 세종사이버대학교 디지털마케팅학과 교수로 재직하고 있다. 한양대학교 광고홍보학과에서 광고학 박사, 미국 일리노이대학교에서 경영학 석사학위를 받았다. KT, 야후 코리아, 오리콤, 한국IDG 등에서 다양한 광고 마케팅과 온라인 비즈니스 경험을 쌓았다. 주요 저서 및 논문으로는 『디지털마케팅: 전략과 실전 사례』(한국금융연수원, 2020), 『검색광고 마케터』(공저, 명진씨앤피, 2019), 「NFC 기술 활용한 극장 광고에 대한 관람객의 광고 수용에 관한 연구」(2019), 「고주파 디지털 옥외광고에 대한 태도와 수용에 대한 연구」(2019) 등이 있다.

김활빈(Kim, Hwal Bin)

현재 강원대학교 신문방송학과 조교수로 재직하고 있다. 고려대학교 신문방송학과에서 학사와 석사학위를, 오하이오대학교에서 언론학 석사학위를 그리고 사우스캐롤라이나대학교에서 매스커뮤니케이션 박사학위를 받았다. 주요 저서 및 논문으로는 『건강과 커뮤니케이션: 이론과 실제』(공저, 한울아카데미, 2020), 「청소년의 흡연에 대한 인식이 금연 캠페인 효과에 미치는 영향에 관한 연구: 심리적·사회적 효용성과 위해성 인식을 중심으로」(2020), 「유튜브(Youtube) 1인 미디어 뷰티채널의 이용 동기가 채널 평가, 제품 태도 및 구매 의도에 미치는 영향에 관한 연구」(2019) 등이 있다.

KADPR 지식총서 7

디지털 변화 속 광고PR 산업

•현재와 미래•

The Present and Future of Advertising PR Industry in Digital Media Change

2021년 1월 10일 1판 1쇄 인쇄
2021년 1월 20일 1판 1쇄 발행

엮은이 • 한국광고홍보학회
지은이 • 김병희 · 김신엽 · 김용환 · 김운한 · 최민욱 · 오현정
김상현 · 차영란 · 차원상 · 김활빈

펴낸이 • 김진환
펴낸곳 • ㈜학지사
04031 서울특별시 마포구 양화로 15길 20 마인드월드빌딩
대표전화 • 02-330-5114 팩스 • 02-324-2345
등록번호 • 제313-2006-000265호

홈페이지 • http://www.hakjisa.co.kr
페이스북 • https://www.facebook.com/hakjisa

ISBN 978-89-997-2236-3 93320

정가 17,000원

이 도서의 국립중앙도서관 출판시도서목록(CIP)은 서지정보유통지원시스템 홈페이지(http://seoji.nl.go.kr)와 국가자료공동목록시스템(http://www.nl.go.kr/kolisnet)에서 이용하실 수 있습니다.
(CIP 제어번호: CIP2020044959)